近代中日關係研究 第二輯 4

汪精衛降日秘檔

影佐禎昭 著
陳鵬仁 譯

蘭臺出版社

譯者的話

《汪精衛降日秘檔》一書，主要由把汪精衛弄出來，建立汪偽政權之影佐禎昭的回憶錄，周佛海、梅思平、陶希聖與影佐、須賀彥次郎、犬養健等人有關雙方協議紀錄，陳公博與須賀彥次郎的會談紀錄，板垣征四郎與汪精衛的會談紀錄等而成。

影佐的回憶錄，在大陸，有人介紹過其一部分，但中文全譯，這還是首次。影佐的這個回憶，對我們了解汪精衛之出走以及與日本合作的來龍去脈，極有幫助，是很重要的有關文獻。譯文曾在《近代中國》雙月刊連載過。

附錄選刊兩篇汪精衛的文章、兩篇拙作，和田尻愛義的一篇文章，無非是爲了幫助讀者了解這個公案的意義和全貌。對於汪精衛在歷史上的定位，有不同的說法，本書的內容，或能幫助各位讀者作比較冷靜而客觀的判斷。

目次

我走過來的路

影佐禎昭

自序

我自關心中日問題以來，大多棲身中國大陸，未能照顧家事，對女兒覺得非常遺憾。今日在南溟之地作戰，生還難卜乃是戰事之常情，此次作戰尤然，此由大勢可以判斷。因此，爲贖過去作爲家庭父親該盡而未盡的罪惡，我想應該留下「我在（中國）大陸幹些什麼」的紀錄，而在兵馬倥偬之間開始執筆。本文的目的既如上述，自非要給他人閱讀。於是我便憑我個人的記憶，隨意口述，沒有系統，請副官大庭春雄中尉爲之筆記。

加以我生平不記日記、紀錄之類，故身邊無一物可以參考，完全憑記憶口述，筆記完畢之後，雖經過一番推敲和修正，但難免有些事實的錯誤，尤其日期的記載。

本文題曰：我走過來的路，是因爲與「漫書」（sozorogaki）的語韻相通，寓意「曾走過路途之手記」。

昭和十八（一九四三）年十二月十三日於紐不列顛島拉巴烏　影佐禎昭

第一篇　從一九二九年至爆發中日事變我與中國之關係

第一章　中國研究員時代

一九二一年左右，我開始欲爲中日合作略盡棉薄，但一直未能如願以償，迨至一九二九年四月，才獲得在華北各地研究中國問題兩年的機會，這是我在中國大陸研究中國問題的開端。在研究期間，深烙於我腦海裡的是：在中國，排日思想正在日趨蔓延。眼看因爲國民黨黨部的宣傳和教育，此種情勢日加激烈，使我不寒而慄。尤其目睹對兒童徹底的排日教育，想起十年、二十年以後的中日關係時，更令我寢食難安。

第二章　九一八事變

一九三一年四月，結束中國的出差任務，我被任命爲（陸軍）參謀本部部員，在重藤（千秋）中國（原文爲支那，以下支那二字皆使用中國二字——譯者）課長、根本（博）中國班長手下工作。在中國班服務伊始，令我最痛心的是我在滿洲的權益和我國民的生命財產瀕於危殆的嚴重情況。偕行社（日本陸軍現役軍官的互助親睦團體，成立於一八七七年，二次大戰以後解散——譯者）一九三一年三月的報導，搜集了有關的正確情報，喚起了陸軍軍官的注意。陸軍軍官據此報導，正確了解滿洲的嚴重情況，逐漸提高了全國國民對滿洲的大關心。該年五月左右，全國各地要求陸軍省、參謀本部等作滿洲問題的演講，多得幾乎無法因應。

我忖度當時一般日本國民對滿洲問題的看法，似可歸納如下：

一、日俄戰爭是日本傾其國運而面對的戰爭，故滿洲的權益是我們前輩流血所獲得的代價。維護這些權益，是我們責無旁貸的義務。

二、爾後所獲得許多權益和既成事實，是依正當的條約交涉所得到，或者由日本官民慘澹經營、辛辛苦苦而來的。因此對於欲以排日的煽動或暴力等非法手段予以奪取者，不得已只有出於發動自衛權之一途。

三、日俄戰爭時，因為英日同盟，日本得到英國的援助。美國也對日本表示善意。對日本努力於維護戰爭結果日本在滿洲所獲得的權益，英國和美國都沒有反對的理由。

而對於日本民族自然的向外發展，美國首先關其門戶，其他各國亦有向她看齊的趨勢。在這種情勢下，不管英、美等國如何想，日本自然會往滿洲求發展，如果對日本此種行動也要予以抑制，無異是要滅亡日本民族。

此種自明之理，英、美不可能不知道。

我得悉有許許多多的人具有如上的見解。

對於中國人在滿洲的徹底抗日，與對它的日本國民感情以及以維護其權益為任務的關東軍的關係，日本政府應該早日決定確實的方針，和在對華外交上及內政上採取有效而適當的措施，否則形勢所趨，必然發生武力衝突，而且陸軍統帥部也應當早日指示關東軍何處去，我同時相信陸軍當局也在這樣做。不過到底如何處置，不在其位的我，實不得而知。

果然，一九三一年九月十八日爆發了柳條湖事件，以此爲開端，關東軍出於迅速果敢的作戰行動，事態日益擴大。日本政府立刻決定不擴大方針，並闡明於世界。此時，爲著不擴大事態，除陸軍長官（應該是金谷範三參謀總長——譯者）指示了關東軍方針外，據我所知道，政府沒有採取什麼措施。

但時至今日我還是認爲，發生戰鬥行動以後，不擴大方針是沒有用的。所謂戰鬥行動是你死我活的行動。敵人的行動愈積極，我要自動攻擊敵人以制機先乃是戰鬥的法則。一旦開始軍事行動以後，要第一線部隊遵守不擴大方針是辦不到的。

加以平常憤怒於東北中國軍閥之排日行爲的關東軍，遂乘這個機會，官兵一致決心徹底予以膺懲，並斷然採取了積極的作戰行動。所以政府即使宣布不擴大方針，情勢之一直擴大，乃形勢之所必然。

第三章　脫離國際聯盟

我於一九三二年一月出任中國駐屯軍司令部附，駐紮天津大約半年，該年六月，我奉命出差歐美，其泰半時間爲協助國際聯盟的日本代表團而逗留於日內瓦。國際聯盟正以李頓調查團的報告書爲材料討論滿洲問題，然而九一八事變以前中國的抗日政策是九一八事變的遠因，因爲中國的抗日政策，才發生九一八事變，如果沒有中國的抗日政策，自不會發生九一八事變——這種主張，在國際聯盟簡直是馬耳東風。身爲日本人的我，實在無法了解。日本終於脫離國際聯盟，在國際上孤立，於是中國一躍成爲世界的寵兒，抗日蔚爲天下的正當事。因此，我們可以預測日後中日關係的調整，日本勢必遭遇到非常的困難。

此時，我很悲觀：「日本不但得放棄滿洲，而且也得讓步到犧牲過去在中國的一切權益，否則一定進入最壞的情況爭個輸贏，捨此無法根本解決中日關係。當然我們應該盡我所能以外交等方法來避免陷於這兩種極端，但這樣作還是只能彌縫於一時。」

第四章　關東軍的關內作戰與塘沽協定（一九三三年）

日本脫離國際聯盟之後，我於一九三三年二月奉命回國，三月，我又以中國駐屯軍司令部附身分前往天津，時值中國欲恢復失地，共軍又想赤化「滿洲國」，「滿洲國」的治安由之極端紛亂，於是關東軍平定了熱河，以其餘勢擴大作戰於關內，因此平津地區群情騷然。中國有名無名的機敏政客，遂與河北一帶的雜軍或者土匪軍聯絡，在河北一些地方建立中立地區，計畫獲得安定的地盤者，或者依表明親日態度以求得地盤的安定而請求日本之諒解者爲數不少，但皆不值得一顧。

一九三三年五月，塘沽協定成立，在河北省北部設立非武裝地帶，至此，關東軍才結束關內的作戰，並回到「滿洲國」內。

記得這時曾經有一位中國青年朋友，由衷對我忠告過。他說：「日本雖然依停戰協定設立了非武裝地帶，但如果要防止中國人恢復失去的東北，只是排除中國的武裝軍隊是達不到目的的。對於九一八事變中國也有責任，而九一八事變的發展與滿洲國的成立，從中國的民族主義來看是日本的挑戰，而中國民族主義的反抗又導致日本軍事行動擴展到關內，其結果雖然設立了非武裝地帶，正因為問題在關內，所以中國民族主義認為這是一種新的挑戰。如此這般，民族主義與挑戰互為因果，惡性循環，使情勢日趨惡化。」他說得很有道理。我相信九一八事變以後日本的行動是絕對正確的。但在另一方面，日本對於生生發展的中國民族主義欠缺理解，犯了欲全面地予以否認的過失，反而助長其抵抗卻也是事實。

第五章　中國班長時代的中國觀（一九三三—一九三四年）

一九三三年七月，我奉派為參謀本部部員，任中國班長（原文為支那班長—譯者）。我看中國駐屯軍及其他各地駐紮武官的情報，華北的情勢不但沒有改善，而且有惡化的傾向，完全如前述某氏所說那樣。

我覺得如果不趕緊除去夾在中日問題之間的癌，勢必進入不可收拾的局面而焦躁不堪。

我任中國班長大約一年，在這歲月裡，我對於中日關係是這樣的看法：

一、國民政府的排日政策，雖然對於要完成國內統一很有幫助，但這個政策不但似乎已經成為國民政府的政治生命，而且九一八事變以後的情勢更強化了國民政府的這個政策。而國際情勢之有利於中國，可能促使中國更加強其推動此項政策。因此要國民政府改正其排日政策，勢必比以前更加困難。

二、欲促進中日關係，日本與日本人必須捨棄對中國和中國人的優越感。

三、對中國的民族主義要十分理解，並讓其順利發展，希望其達到完全的國家統一，為此應該予以援助。中國正在走著日本自明治維新以後為獲得國際平等地位所走的艱難道路。

所以對民族主義要寄以萬般的同情，絕不可能被認爲是挑戰的行爲。但以排日爲主旨的極端偏激的民族主義，對東亞的和平非常有害，故毫無條件地附和民族主義絕非樹立東亞大計之道。九一八事變就是起源於偏狹的民族主義。如果國民政府仍然要採取並加強這種政策的話，有一天，中日關係一定進入最壞的情勢（階段）。避免此種局面的方法是，國民政府應該改正此項政策，並以穩健圓滿的民族主義指導其國民。但情勢已經使國民政府在內政上很難作這種改正，除非採取很不尋常的手段。因而此時此刻日本應該放棄無爲無策的對華態度，捨棄以一時和局部的經濟利益爲滿足的想法，舉國上下一方面理解和同情中國的民族主義，另方面促使國民政府反省和改正其排日政策。尤其對於指導排日政策之根源的國民黨黨部要特別注意，對國民黨黨部的行動，要令國民政府負其責任。

第六章　大使館武官輔佐官時代之調整中日關係的工作（一九三四－一九三五年）

一九三四年八月，我從參謀本部（中國班長）轉任大使館（公使館－譯者）武官輔佐官，在上海擔任駐華公使館武官鈴木美通中將的輔佐官（助理武官）。

如上所述，我因爲憂慮如果不要求國民政府早日改正排日政策，中日關係將日益惡化，所以很努力於盡量尋求與國民政府要人見面的機會，坦率對其責問國民政府的排日政策已經本質化，並警告他們：如不迅速改正，中日關係必然成爲全面抗爭的局面。但除海軍和公使館的一部分人外，似乎大多認爲我的言行過於激進而予以非難，而在上海的日本新聞記者之中，有人贊成我的意見，也有不少人反對我的意見。

如此這般，日本的軍、官、民對中國的看法雖然不一致，但擔憂中日關係的現況和將來，並希望恢復兩國間的正常關係則並無二致。而陸、海、外三省意見之不一致（請參閱拙譯《昭和天皇回憶錄》，七一頁，臺灣新生報社出版），對日本和中國都非常不好，他們雖然曾經努力地想要求得意見的一致，但還是沒有成功。我調職到上海以後沒多久，發生了華北與「滿洲國」間事實上需要通車、通郵、通信、航空聯絡等問題。國民政府的外交部次長唐有壬，在國民政府內部險惡的氣氛中，毅然決然挺身出來奔走於解決問題的誠意和勇氣，令我非常感動。而當我得知唐有壬之所以敢出來為中日合作奔走，是因為有行政院長兼外交部長的汪精衛的支持以後，我便對汪精衛的信念極其尊敬。在日本人之中，有不少人認為只要有汪氏在，中日關係的改善必有希望，但我並不這樣樂觀。因為我知道汪一派人在國民政府中的勢力實在微乎其微，即使再努力於實現其理想，其效果也非常有限。一九三五年春天，我陪同磯谷（廉介）公使館武官會見汪氏時，他對中日關係的現況與未來很是悲觀，並嘆息說其理想的實現受到國民政府內部各種情況的限制，非常困難。

我一直很想與蔣介石氏見面，坦誠奉告我的意見，並聽聽他的忠言，我確信只有透過蔣氏始能打開中日緊迫的關係，但非常遺憾，沒有這種機會。一九三五年春季，蔣氏召見鈴木武官於南京，我有幸隨行鈴木武官。由外交部次長唐有壬擔任口譯。鈴木武官坦率說：「國民政府的排日政策，非常刺激日本人的神經，其對日外交有時候好像是親日，但其背後卻很明顯的有一貫的排日政策。所以中日關係便無從整合。」對此蔣氏坦白說：「我覺得日本的對華政策令人多疑其為侵略，的確是一件遺憾的事。我希望日本放棄優越感，停止一切的侵略行爲。」

此種因果的循環論，是中日雙方各從其主觀立場觀察的肺腑之言。由於日本人和中國人，大部分都各站在同樣主觀的立場，因此不能覺察自己的主觀，彼此以爲對方是錯誤的，當然這包括我自己在內。

我認爲，這種主觀的不同才是發生九一八事變的原因和爾後中日關係尖銳化的因素。蔣氏在會談快要結束的時候突然轉變話題說：「我願意與日本敦厚邦交。」這對我來說簡直是青天霹靂。因爲我一時無法理解一直說日本的侵略政策是因，中國的排日政策是果的蔣氏，爲什麼會突然說出這種意見。由於這對非表面上而本質上希望能改善中日關係的我極其重要，所以我很冒昧地向蔣氏提出了以上的疑問。蔣氏答說：「因爲我一直追尋著調整中日國交的機會而未果。今日有此機會表明這個意見，我很高興。」

但想到日本國內的情勢時我又很迷惑。因爲日本的報館特派員很重視今日的會談，故我必須告訴他們會談的結果，但如果原封不動地報導了蔣氏意見的話，日本人尤其民間商人一定歡欣鼓舞，從而出現表面的中日合作論，這種膚淺的中日合作論，將妨害眞正的中日關係的整合。我相信大家所追求的不是那麼簡單的中日合作。

國民政府應該改正教育、宣傳等一切排日政策，日本對中國必須放棄優越感和改正容易被視爲侵略的一切行爲。這樣想以後，我覺得把蔣氏原則論的說話原封不動地發表是很危險的一件事。從其原則論的說話衍生出來的具體政策內容和讓日本人知道這個內容才是重要的。因此我又說：「我對於蔣委員長的話很感動。但我們不敢對日本國內作可能導致『這樣一來中日關係就能夠調整」這種印象的報告，蓋重要的不是蔣委員長的話，而是今後所實行的具體事實。我期待個事實，並願意讓記者們將這個事實正確地向日本國內報導。」大概我講話欠缺精煉，措詞不恰當，唐有壬不敢傳譯，於是我請在座的黃郛，由黃郛幫我傳譯。蔣氏不但沒有責難我，並且笑著聽，而令我對蔣氏人品的非凡更加敬佩。

與蔣氏會見之後，我就發布消息一事對有吉（明）公使表示管見，有吉公使說：「蔣氏的應該如實報導。」而反對我的意見也不無道理。

有吉公使將我們與蔣氏會見時蔣氏所說的話照實發表於報紙。很不幸，結果證實我的擔心是杞憂。大阪的報紙報導說：「日本願意貸款國民政府三億日圓。」這個態度令國民政府的有人瞧不起日本。

某要人對我說：「日本對於中國沒有要求的事，不必提出。這樣的態度對調整中日關係反有害無益。」這使我不寒而慄。財政部長孔祥熙對我說：「日本願不願意借國民政府一百億圓。」爾後因爲財政危機國民政府實行了李茲·羅斯的幣制改革，所以孔氏所說的也許是眞話，但當時我覺得那是對貸款三億日圓挖苦的話。

蔣氏實踐他所說的話，馬上公布了「邦交敦睦令」。因此我對於今後國民政府的動向予以大的期待，並很關心它。但「邦交敦睦令」是抽象的原則論，重要的是由它衍生的具體政策容。日本政府應該設法趕緊將其具體化，同時聽取中國方面的意見，以根本調整中日關係，但卻從未聽過要將它的交涉具體化。由於日方的態度是這樣，所以國民政府沒有進一步將其具體也是理所當然的。故調整中日關係的氣氛，因爲蔣氏所說的話，一時出現些光明，但不知不覺中，這個氣氛便□（一個字不清楚——譯者）了。而實際上的中日關係，尤其在華北，日漸惡化。迨至一九三五年五月，中國駐屯軍鑒於華北的排日激烈，遂要求國民政府撤退在河北的中央軍，撤銷國民黨部和撤換排日的官吏，由之簽訂了所謂梅津·何應欽協定（請參閱近代中國出版社出版《中國現代史辭典·史事部分㈠》，四三八頁，「何梅協定」——譯者），而對本協定的成立負全部責任的汪精衛，竟被狙擊下野。

第七章　廣田三原則

一九三五年八月，我由駐華大使館（公使館於該年五月升格爲大使館——譯者）武官輔佐官調任陸軍省軍務局課員，主辦中日關係事項，在這期間，國民政府聘請李茲·羅斯實行幣制改革，對於中國經濟的改善有很大的貢獻。從國內政治來說，對中國的統一雖然有相當大的幫助，但從國際政治來說，它使中國更加依靠英國，自然顧不了調整中日的邦交。

鑒於中日關係毫無好轉，爲了努力轉變它，以及我於上海勤務期間一向所說陸海軍對中國的意見不一致非常不好，爲了早日求得一致見解，並確立政府的對華方針，於一九三五年六月，陸、海、外三省的事務當局屢次在外相官邸開會，我也代表陸軍省參與。七月，完成事務當局案，經內閣會議，決定爲政府案。這就是所謂廣田三原則。這個案雖然不是具有根本調整中日關係之特別構想的方案，而是很事務性的方案，但在使各省（部——譯者）的對立意見一致這一點很有效果。我記得其要點如下：

一、要努力於使國民政府根本改正排日教育及其他的排日政策。

策。

二、在此以前，既不過早採取與其握手的媚態措施，也不採取可能減縮國民政府勢力的施

三、國民政府如果能一新排日政策，日本應該改變對中國的看法，消除一切的優越感，並眞正與中國合作。

上述的廣田三原則，決定由陸、海、外三省的事務當局對其派駐中國的機關說明，我則歷訪關東軍、中國駐屯軍及駐上海大使館武官，對其說明並取得其諒解。

我完成此項任務以後，於一九三六年八月一日，調往仙台爲野砲兵第二聯隊附。

第二篇　協助汪精衛建立政府

第一章　從爆發中日事變到第一次近衛聲明的中日關係

一九三七年七月七日，華北的中日軍隊終於發生衝突，出現前途不容樂觀的情勢。如前面所說，當時我服務於仙台的聯隊，一九三七年八月上旬，我調任參謀本部中國課長（原文爲支那課長——譯者），對此事件，我詳知政府及統帥部的方針是堅持不擴大。尤其是參謀本部作戰部長石原（莞爾）少將爲了停止這個紛爭，認爲日軍可以後退到東北與華北的境界以北。但第一線的情勢日益進展，輿論亦強硬主張應該乘這個機會根本解決中日問題，因此石原少將的意見未能實現。我由仙台要到東京履新時，在仙台車站送我的官民之中，有不少人對我表示：華北的情勢幾年來日趨惡化，因而主張當乘此機會設法根除中國的排日，由此也可見得輿論之一般。而軍中央的不擴大方針的限度是不越過永定河。所以，即使事件波及山東或者華中，參謀本部也不準備派兵。

故在山東抗日非常激烈化的時候也沒有出兵，而撤回了在山東的日本僑民。凡此不外乎都是絕對要實行不擴大方針的日本的眞意。可是情況驟變，迨至八月九日爆發大山（勇夫）事件，在現地發生戰鬥，輿論沸騰，爲保護僑民，內閣會議決定派兵，至此不擴大方針遂被打破。盧溝橋事變是日本爲侵略中國所計畫的這種看法，與九一八事變的柳條湖事件一樣，將是未來史家的研究課題，但據我個人的看法，我確信不是這樣。如果是有計畫的行爲，不可能決定不擴大方針，惟很不幸，不擴大方針因情況變化而破產了，但如下面所說，如果是蓄意侵略，自不會提案和平。換言之，繼出兵上海，進攻南京，不擴大方針事實上破產了，但軍和政府的腦子裡一直充滿著想早日獲致和平的念頭，因而於該年十月便請德國駐華大使陶德曼調停日本與中國的和平，日本政府經內閣會議提出七項和平條件，交給陶德曼。

可是，國民政府的回答，日本政府認爲不是很有誠意，因此近衛（文麿）內閣遂於一九三八年一月十六日，發表「今後不以蔣政權（應該是國民政府——譯者）爲對手」的聲明，即所謂近衛第一次聲明。當時的統帥部本來很想再試探國民政府的誠意，但結果還是遵從政府的決定。近衛聲明的意思是，日本一直以國民政府爲中國的中央政府，以其爲對手，希望得到和平，惟國民政府沒有和平的誠意，因此今後不期待以國民政府爲對手來解決中日事變，而要與我同其憂患並具有眼光之中國人士一起謀求解決。與此同時也有這種意思：但如果國民政府有意變更其政策，更換極端的排日主義分子，眞正願意與日本合作的話，爲建設新東亞，日本願意與國民政府攜手。由於一九三八年一月十六日的第一次近衛聲明文字過於簡單，容易發生誤解，如果將其與一九三八年十一月三日的近衛第二次聲明比較和對照，就可以了解日本政府的這個意思（請參閱拙譯《石射猪太郎回憶錄》一書，〈我對於收拾中日事變的意見〉一文，此書由水牛出版社出版——譯者）。

對於如何因應否認國民政府的新情勢，以早日收拾中日事變，有關人士都絞盡了腦汁。

此時我認爲，今日既然不可能與重慶政府直接謀求和平，實只有希望在中國出現以對日本和平很熱心，在群衆之中具有聲望且同其憂、有眼光之人士爲中心的新勢力，與日本的和平主義者協力一致，在中日雙方展開和擴大運動，以造成日本政府和重慶政府以及中日兩國國民贊成和平的情勢之一途。

第二章　董道寧、高宗武之赴日

一九三八年二月，前（外交部）亞洲司課長（第一科長——譯者）董道寧，經由松本重治、西義顯、伊藤芳男的介紹前來東京。我對於單槍匹馬來到敵國日本的董氏的熱情和勇氣很是感動。我秘密地在橫濱與董道寧見面，他說我們應該趕緊設法結束中日的衝突，並強調中國內部，無論朝野都充滿著和平的氣氛，爲實現和平，盼望日方的理解和努力。

他這番話扣緊了我的心弦，其熱情和至誠使我感動不已，因而我下定決心要幫助實現董氏的心願，所以我對他說：「今日追究中日事變的責任，等於算著死去之兒子的年齡。日本和中國都得反省。我們如果不能完全拋棄過去的壞感情，早日解決中日事變，不幸將永遠籠罩中日兩國。」我贊成董氏的熱情，約定傾我全力予以協助，並將其介紹給參謀次長多田（駿）中將。

董道寧要離開東京的時候，我自動給我所尊敬，且爲蔣介石氏在軍政兩方面的輔翼者何應欽、張群兩氏寫信，並請董氏帶回去給他倆。因爲發表近衛聲明以後沒多久，我覺得我直接寫信給蔣氏不合適，何況以一個課長給蔣氏寫信更不禮貌，故寫給老朋友的張、何兩氏。在這信裡我大致說：「中日事變，不是以討價還價的方法所能根本解決，日本與中國必須開誠布公以對。只要雙方能夠捐棄過去的一切，誠心誠意相對的話，武士道國家日本必定願意眞正待之以誠，言歸於好。」

我之所以主張不能提出條件作和平交涉，是由於認為如果提出條件，中國一定主張要日本恢復到七七事變以前的狀態，但當時日本官民都極其強硬，絕不可能接受這種條件的。因此如果提出條件來交涉的話，結果一定是徒勞無功。所以我主張雙方無條件地來談和平，祇要有這種心，條件並不重要（這是一種天眞的空想，沒有條件，怎麼談和平？那是空談——譯者）。

我為董道寧的愛國和愛東亞的熱情所動，認為只要中國表示眞正願意與日本坦誠相見，即使有第一次近衛聲明，我決心以自己的責任予以妥善處理。我以為這是日本的武士道。五、六月間外交部亞洲司長高宗武抵達東京（七月二日到達橫濱，九日離日——譯者）。他大概聽了董道寧的報告之後來的吧。我在箱根與高宗武見了兩次面。我記得高宗武是這樣說：「日本既然否認蔣政權，現在要為中日間帶來和平恐怕只有找蔣氏以外的人。這除汪精衛氏莫屬。汪氏一直覺得必須早日解決中日問題，主張和平，但國民政府不會接受他的主張。所以我認為以在政府之外面發起國民運動，展開和平運動，造成蔣氏傾聽和平論的契機為適當。」高宗武的意見與我的希望很接近，我覺得在現階段只有這個方法，因而我表示同意，隨即報告參謀次長並得其贊同。但要實行它，日本也得負非常的責任。即日本必須以事實證明在軍事上、政治上和經濟上沒有侵略中國的意圖，日本不否認在中國生生發展的民族主義，對於不是狹窄而排他的穩健的民族主義的發展，日本要以充分的理解和同情來予以協助。如果這樣，蔣介石懷疑日本的態度將消逝，並蟬脫以往的抗戰主張，從而可能與日本合作。如果沒有日本這種從大局著眼的態度，高宗武的意見便等於沙上的樓閣。為著幫助實行高宗武的計畫，日本必須作非常的努力。高宗武的運動，以後一時沒有什麼進展，我以爲他的計畫失敗，後來才知道他生了病不能離開香港。

松本重治於該年秋天到香港去探望高宗武的病況時，由於與代替高宗武的梅思平會面，因爲梅思平向松本提出有關和平的試案，和平運動由之又迅速進展。關於其詳，後面再說。

第三章　中日關係調整方針之決定

一九三八年六月，我由參謀本部中國課長調任陸軍省軍務課長，從這個時候起，在陸軍省與參謀本部之間漸有必須早日決定規範中日關係之條件的意見。因爲鑒於國民政府的態度，這將是相當長期戰爭的情勢。戰爭拖長，犧牲者一增，日本人對中國的要求一定增加，這是人情之常。要求一提高，中日間的和平當然會愈來愈困難。和平愈困難，情勢將愈來愈嚴重。換句話說，情勢的進展與要求的增加互爲因果，愈演愈烈，實無止境。

但日本所希望的是中日間的眞誠合作與共存共榮。一九三七年第七十二臨時議會開院式的詔書說：「依（日本）帝國與中華民國之提攜合作，確保東亞之安全，以舉共榮之實乃爲朕之夙夜軫念者。」而一九三八年七月七日，中日事變一周年時所頒的詔書，也同樣主旨，就日本國民對中國的態度有所訓諭。

日本對中國的要求：踰越詔書所召示的限度，絕非樹立國家百年大計之道。

於是有心人便盼望日本早日決定日本所希望的大方針爲國策，雖然如此，各國卻似乎把日本陸軍看成侵略的化身，但陸軍省和參謀本部卻也扮演著侵略思想制動機的角色，這是批評家不可忽略的事實。

一九四一年夏天，我對南京金陵大學的美國教授這樣說時，他卻說他第一次聽到這種話，而覺得非常驚奇，由此可以知道，外國人對日本認識的程度。

基於以上的想法，參謀本部的堀場（一雄）中佐首先起了一個案。我絕對支持堀場案的趣旨，陸軍大臣板垣（征四郎）中將也贊成，因而我擔任主任，根據這個案，與陸、海、外、大藏各省的事務當局連日舉行會議，並於一九三八年八月完成了事務當局案。即中日兩國本於道義，以各發展充實其本質爲基礎，兩國在政治、經濟、軍事、文化等各方面，尋求基於互惠平等之原則的提攜合作。對於中國近代思想的民族主義的發展，要予以充分的理解，並勸戒其勿墮爲褊狹排他的民族主義，日本對中國更要捨棄優越感。既不要求侵略主義之象徵的領土及賠償，並約定要自動歸還租界和廢除不平等條約。爲對抗共產主義的浸透，要以蒙疆爲防共特殊地區。

鑒於華北與日本在地理上和經濟上具有特別的關係，所以在軍事上和經濟上要把它當作中日間緊密的合作地帶。同時要在特定地區駐兵，其他（地區）俟恢復治安即要撤退。這是我記憶中本案的要旨。這個事務當局案經過大本營會議審議，於十一月決定爲最高方針。而這就是中日（日支）關係調整方針及其要領。我回想當時實在感慨萬千，因爲當時一般國民的想法大多是：中、日事變犧牲的代價是獲得領土或者統治權，詔書的精神並不爲大家所了解，只要說些強硬的話，必將獲得喝采。而且，在政府和軍部，也有不少人具有此種思想。在這種環境之下，要決定表面上很軟弱但從大局著眼的對華處理方針，實在很不容易。

但這個從大局著眼的思想，隨更換內閣和主辦事務當局，其熱情也有所消長，其思想和政策也不得不受到影響。這個現象，後面再說。

而將這個決定了的政策抽象化的，便是一九三八年十二月二十二日的第三次近衛聲明。

第四章　重光堂會談，汪精衛逃出重慶

第三次近衛聲明與汪的響應聲明

如前面所說，松本重治與梅思平在香港會見時，梅思平曾經提出一個和平方案。松本帶著它回到上海，但在上海病倒，於是由西義顯和伊藤芳男聽取松本的意圖，並轉達當時出差於上海的今井（武夫）大佐（是時爲中佐——譯者）。

今井中佐帶回梅思平案，並報告陸軍中央。梅思平案是根據已經擬就的中日關係調整方針予以若干的修改。我奉板垣陸軍大臣之命，與參謀本部的今井中佐和犬養健、西義顯、伊藤芳男帶著梅思平修正案於十月下旬前往上海（十一月十九日抵達——譯者），與梅思平、高宗武會談。犬養健之所以同行，是因爲他的父親犬養毅（號木堂）先生曾經爲中日合作奔走事未成而犧牲其生命。犬養健告訴我說，他爲完成乃父未成之遺業，願意爲中日兩國之合作鞠躬盡瘁，這使我非常感動。

重光堂會談的議案，係以上述梅思平案爲基礎，以及根據已擬就之中日關係調整方針予以若干修正者。在這個會談又採納中國方面的意見，再加以若干修正，同意「以中日和平爲理念的中日兩國同志，今後要以這個方針，爲帶來中日和平，對日本政府和汪精衛建議」，日方由我和今井，汪方由高、梅簽字（所謂「日華協議紀錄」）。我們同時約定：日本政府和汪精衛如果同意上述方案時，汪精衛要立刻逃出重慶。得知汪逃出成功之後，日本政府要立即對中外聲明有關調

整中日問題（關係）的根本方針，汪精衛也要發表響應上述日本聲明之聲明。

其一切經過，每次都由陸軍大臣報告五相會議，並獲得其同意。

關於重光堂會談的內容，我和今井中佐曾經分別報告過陸軍大臣和參謀次長，由陸軍大臣向五相會議提出並得其同意。因而將其結果通知汪方。汪方亦告知已同意，並說汪精衛將於十二月十二日逃離重慶。近衛首相根據重光堂會談的約定，預定於十二月十四日左右在大阪以廣播日本政府的聲明（準備在大阪演說——譯者）而到了大阪，因汪未能於該日逃出，因此近衛首相未發表該項聲明，而回到東京。（事實上近衛沒有去大阪，因汪未能照預定逃出重慶，故佯稱生病，取消大阪之行。參閱風見章《近衛內閣》，一六五——一六六頁——譯者）

我們得悉汪精衛於十二月十八日順利逃出重慶。二十二日發表近衛聲明。近衛也透過廣播發表了談話，這是大家都知道的。逃出重慶以後的汪精衛，曾經對我說，他在逃離重慶之前，曾以文字或者促膝（口頭），與蔣氏談論中日合作的重要性四十多次，不僅未能得到蔣氏的同意，和平派在重慶逐漸受到鎮壓，因此汪決心放棄在重慶內部改變蔣氏意思的企圖，並達到只有出於從外面喚起輿論以改變重慶之想法的一途。此時，汪精衛由梅思平得悉日本的對華方針（即重光堂會談的日本對華方針），認爲日本如能眞正堅持從大局著眼的立場，要獲得輿論之支持不是不可能，因而決心逃出重慶，要由外面展開和平運動。

於是克服種種困難的汪精衛，終於抵達河內。汪在河內聽到近衛聲明之後，立刻響應並發表所謂第一次汪精衛聲明。汪在其聲明說明中日和平的需要和不可抗戰的理由，並說既然因近衛聲明明瞭了日本的態度，抗戰自無意義，而呼籲重慶政府反省。

近衛聲明對於日軍的駐屯與撤退，只說將在特定地點從事防共駐屯，比諸重光堂會談的約定事項，將防共駐屯的地區抽象化爲「特定地點」，又省略了撤兵的文字，這是由於陸軍的要求所致。

詳而言之，這個問題在日本國內非常微妙，當時的國內情勢是，因爲會影響在中國大陸的士氣，因此不願意提到撤兵問題。但從汪方來說，與日方完全相反。即抗戰主義者所持的抗戰理由是：日軍以駐屯來侵略。因而要對他們宣傳和平理論，則非就撤兵有所表示不可。要之，當日的情勢是，一提到撤兵便刺激日本一般國民，一說到駐兵就刺激中國的抗戰派。

所以汪精衛的第一次聲明輕描淡寫地說，和平成立之後，希望日本斷然實行撤兵。由此我們可以窺悉汪發表該項聲明在技巧上的苦心。發表第三次近衛聲明時，認爲可能有相當的反彈。事實上，有人責難這個聲明太軟弱，但似爲一般國民所接受。我記得繼而召開的帝國議會，對它也沒有太多的微詞。

第五章　帝國議會對三民主義的態度

一九三八年召開帝國議會之前，近衛內閣換成平沼（騏一郎）內閣（一九三九年一月五日——譯者）。在此屆議會的大會，一個議員就三民主義質問政府的見解，對此平沼首相、有田（八郎）外相、板垣陸相、米內（光政）海相和荒木（貞夫）文相相繼答覆說，希望中國出現穩健妥當的新指導原理，但如果三民主義能將抗日政策和容共政策的解釋予以修正的話，他們也並不在乎，而這位議員也沒有反對。我以爲汪精衛的運動既然是以國民黨爲中心的政治運動，指導原理一定是三民主義，因此對於與汪精衛今後的政治運動具有密切關係的這個質詢我非常關心，得知政府對三民主義如上的理解，同時並沒有對中國（汪方）強制指導原理的意思，而一般議員對政府這種解釋和態度也並不反對。

第六章　汪氏逃離河內到上海，在船上汪氏的重要言論

汪精衛到達河內之後，前後發表過三次聲明，慫恿重慶以和平收場，但重慶政府卻派遣特務人員到河內威脅汪精衛，法國越南當局也妨害汪精衛的活動，汪的身邊由之日趨危險，活動也不如意。一九三九年三月，曾仲鳴在汪的隱匿處遭到特務人員的襲擊成爲和平運動的第一個犧牲者。鑒於河內情勢的急迫，我奉陸軍大臣之命，爲從河內救出汪，將其帶到安全地帶而被派往河內。對於救出的地方，上面指示要考慮到汪的安全和運動的方便，以及尊重汪的意思以行動。而出發之前，首先必須考慮的是我的資格問題。這種工作，不能只有由陸軍出面。至少要由陸、海、外、興亞院，如果可能最好也有民間人士參加，各方面成爲一體，因而徵得板垣陸相的同意，對米內海相要求海軍也派代表。

日後米內海相答應派遣須賀彥次郎少將。外務省和興亞院同意派外務書記官兼興亞院書務官的矢野征記。請求小山（松壽）衆議院議長的協助，請犬養健以衆議院議員的身分與我同往。動身之前，我列席五相會議報告救出汪精衛的計畫並請示。該時，閣員之中有人認爲汪的逃出重慶，可能有蔣氏暗中的諒解。我也贊成其看法，並希望是這樣。由於我和與我同行者在五相會議受到指示，並且從其隸屬關係來說，我們不是陸軍所派遣，而應該算是由五相會議或者有關各部

會所派遣的。因爲這將影響後面所敘述梅機關的性質，所以我在這裡特別要提到。

救出汪精衛當時，日本政府認爲：汪的計畫不是要透過成立中央政府以展開和平運動，而是要在重慶政府外面，發展和擴大以國民黨爲中心的和平運動，以轉變一般輿論和重慶的想法，俾與日本和平與合作。這從前面所說經過可以明白。

我們於四月六日，搭乘從（九州的）三池（港）出發的山下汽船公司的北光丸（五千三百四十六公噸——譯者），於四月十四日到達越南（四月十六日到達海防——譯者），並抵達河內（四月十七日——譯者）。

我們一行是我和犬養等（還有大鈴軍醫、丸山憲兵准尉、松尾軍曹和一條狼狗，參閱犬養健《長江之水流不斷》，一二五—一二六頁——譯者）；矢野外務書記官和伊藤芳男等搭飛機先到達河內（矢野搭機，伊藤自行坐船到達，犬養前述書，一三六頁——譯者）。

北光丸是山下龜三郎的義氣提供的。在河內，陸軍駐越武官門松少佐和大屋（久壽雄）同盟通信社特派員等事先與汪精衛取得了聯絡，因此於翌日即十五日，我與矢野書記官和犬養三個人訪問了汪氏。汪以滿腔的熱情說他很傷心中日事變之發生與發展，蔣氏因爲受到周圍種種情況的限制而不可能實行和平，現在只有在重慶外面訴諸輿論以展開和平運動，說明逃出重慶的經過，並強調近衛聲明對和平運動的發展是最大的鼓勵。我問他今後將往何處去，將以在何種方針之下實行其信念，汪精衛答說：「我覺得待在河內既危險又無意義，正在想離開河內時，貴國政府派遣足下幫助我逃離河內，衷心感謝。我無意在河內呆下去，因爲刺客包圍著我的住處，隔壁房屋落於重慶方面之手。越南當局完全封殺我的行動，故要在此地積極活動實不可能。加以與香港、上海的同志之聯絡通信日感困難，所以不適合今後的運動。我想上海最爲適當。本來我想香港、廣州也可以，但英國官警的監視極嚴，目前陳公博、林柏生等在港同志皆陷於束手無策的困境。廣州在日軍占領之下，雖然安全，但在日軍庇護之下展開運動，將給一般人以被日本強制或者日本傀儡的印象，若是運動自不會成功。上海雖然有點危險，但還有自衛之方法，與維新政府之間的關係雖然有些微妙，但我認爲在上海展開運動，得變更以往的計畫，以更進一步的方法爲適當，目前我正在研究中，將來需要獲得日本政府的諒解，方法一決定，我會與足下商量的。」

我同意汪精衛的意見，因此決定陪同汪到上海。汪精衛又說：「我正在研究如何溫和而順利地離開此地的方法。越南當局可能喜歡我離開，因爲我的離開將減少他們的麻煩。」他說至於其詳細再商量，而結束我們的第一次會談。

可是第二天，汪精衛卻突然聯絡說：「準備今天晚上偷偷逃離居處。我已經與越南當局接洽好，我們將乘停靠在海防後面碼頭的船，明天早晨出發。我租用了法國籍的小汽艇。足下的船請與我們的船同行。萬一中途浪大或者發生情況時，我們準備換乘足下的船。」

因此，我與犬養健立刻完成準備，前往海防，搭上北光丸，即時解纜。矢野書記官等則搭機先往上海。可是我們的船在約定地點卻找不到汪所坐的船，找了一天還是沒找到，我們以爲絕望了，幸好在汕頭海面與汪的船匯合，惟因風浪太大，汪的船不夠安全，於是一行二十多人（犬養說十幾個人，前書一五六頁——譯者）換乘北光丸。此時我才相信所謂天助。海上換船，因爲風浪太大，我以爲不可能，可是換乘之前風浪卻突然平靜下來，並輕而易舉地都上北光丸來了。我們與汪氏，在到達上海之前，天天會談，汪精衛與我和犬養健談的要點大約如下：

第一，汪精衛說：「以往，和平運動的展開，係以國民黨員為中心組織和平團體，以言論指出重慶抗日理論之所以錯誤，宣揚和平是拯救中國和東亞的唯一方法，逐漸擴大和平陣營，以轉變重慶的想法，但仔細思考結果，我覺得只靠言論要改變重慶的態度非常困難。於是我得出這樣的結論：即不如進一步建立和平政府，除以言論啓蒙重慶之外，以事實證明只要中日合作便會這樣成功，和抗戰之毫無意義，以此造成輿論，進而使重慶政府轉變到和平更為可靠。因此如果貴國政府沒有異議的話，我想變更從前的計畫，希望建立和平政府。」汪氏的計畫，實在太重要了。由於我的任務只是要把汪氏帶往安全地帶，對他的計畫，我不能表示意見。所以我回答他說：「我照會政府的意見之後再行奉告。」

第二，汪精衛說：「如果貴國政府同意我依樹立和平政府以展開和平運動的方法，我有一些請求和希望。首先切盼近衛聲明不是日本表面上的宣言而要確確實實實行。如果不能確實實行近衛聲明，我必免不了被責備說受了日本之騙。重慶並不信賴日本。他們心目中的日本是只說好聽話，心裡不是這樣想，即口是心非。如果眞正能夠名副其實地實行近衛聲明，重慶政府的抗日理論必將落空，此時我相信重慶政府非遵從輿論大勢，走向和平不可。其次是即使成立了和平政府，也不是那麼容易就能夠帶來全面和平，其間必定有許多波折。故希望日本能以長遠的眼光來看和平政府的發展。」對於汪氏這個意見，我答他說，如果日本政府同意援助汪氏建立政府之計畫的話，對於他所希望的兩點，我相信日本政府一定會給予能令他滿意的答覆，因為近衛聲明不是近衛文麿個人的聲明，而是（日本）帝國政府的聲明，即使更換政府，這個聲明的生命還是存在的。從日本對中國和世界的信義來說，我深信日本一定會遵守近衛聲明。至於成立和平政府以後不可能馬上導致全面和平一節，只要懂得大局的人都有這個認識。

第三，汪精衛說：「建立政府以後，必須擁有兵力，但這個兵力絕對要避免與重慶的兵力戰鬥即所謂內戰，絕不能發生民族間流血的慘劇。」這是汪氏不以搞垮重慶為目的，即以與重慶合作跟日本的和平為理念的當然結果，也是與汪氏以往的運動為反蔣運動不同的證據。

第四，汪精衛說：「我要請日本人諒解的是，就中國人來說，和平論既是愛國精神的流露，抗日論也是愛國精神的表徵。以這兩種主張為信念的人，都是愛國家和希望民族繁榮的。和平、抗日兩種理論的分歧點實源自對於在東亞中日關係的根本認識，和對日本對華政策認識之不同。希望日本人能夠了解：對於抗日論者，日本只欲以武力來眞正改變他們的這種認識是不可能的，而唯有以日本對中國的施策，亦即事實來改變他們的想法，才是達到目的的最好方法。」

第五，汪精衛說：「就希望日本能對中國眞正實行近衛聲明，以及擬請日本能以長遠的眼光來看和平政府等事，我想與日本政府各位要人直接坦率交換意見，但對此有兩種不同的意見。一種是贊成；另外有人認為時機過早。我在香港的同志大多屬於後者。這可能由於根據英方的情報，對於日本政府的態度以悲觀的眼光來看所致。但在上海的同志們的意見還不清楚，我想到達上海，聽取他們的意見以後再來決定要不要到東京。到時再與足下請教。」

第六，汪精衛說：「我的運動的目的，我要再說一遍，就是完全為了帶來和平，只要導致和平，政權落在誰人手裡我都不管。我的和平運動的目的是要使重慶政府贊成和平停止抗戰。因此，將來重慶政府與我的運動匯合時，既然達到運動的目的，我將毫無躊躇地斷然下野。我要明確地這樣說出，以表明我的心境。」我得知汪的心境極其感動。汪氏的行動的確出於愛中國和愛東亞的赤誠。其崇高的精神和高潔的人格眞令鬼神哭泣。我感佩汪精衛不已。

汪精衛的第七點意見是：「在戰爭狀態的現況，抗戰論一般人比較容易聽得進去。反此，和平論與賣國論是一體之兩面，故很難爲一般人所接受。唯有日本以事實來證明其施策爲正確而公正始能發出光彩。故在和平運動的過程中，必定遭遇到嚴厲的批評，譬如賣國賊、漢奸等等。但我決心甘受此種抨擊，我將把毀譽褒貶置之度外，往我所相信的和平而邁進。」

總而言之，汪氏所意圖的是建立和平政府，與日本樹立和平合作的模範，以事實向重慶政府和一般民衆證明和平論並非沒有根據，從而誘導重慶政府走向和平，使其與日本從事全面的和平合作。這是汪氏之運動的指導原理。

所以汪氏相信新政府暫時將與重慶政府對峙，中國將分成和平與抗戰兩大陣營，但最後將合而爲一，否則無法實現全面的和平。而事實上即使再加強新政府，也幾乎不可能使其具備作爲中央政府的實力，這是汪氏最清楚的。又汪氏的和平運動與以往的反蔣運動不同。上次高宗武來東京時，犬養健曾經提醒高宗武說：不要使這個運動「變成從前的反蔣運動」。而從以上汪氏的說明，我們知道我們的擔心是一種杞憂。

與此同時我曾經問過汪：「日本人之中有不少人批評汪精衛氏時與蔣介石氏合作，時又分離，分離又合作。反復無常，欠缺政治節操，對此批評汪先生有何見解？」汪氏笑著回答說：「此種批評不是沒有道理。但這是以蔣介石氏爲中心的看法。最低限度蔣介石氏願意與日本合作時我從來沒有與他分過手。我德不高，見識不高，唯以孫中山先生的忠實門徒自任。孫先生爲中日合作如何貢獻其一生，這裡不必多說，而作爲孫先生忠實信徒的我，也以中日合作爲生命，我的進退完全以此爲準繩。譬如何應欽‧梅津協定是由我負全責簽訂的。日本以中國爲抗日不得已要訴諸武力，中國則以日本侵略中國故不得不抗日，雙方這樣主張，因果循環，沒有止境，中日的抗爭永遠不會停止，中日的和平永遠無從實現。我深信至誠沒有不通人的道理，一國之至誠必通他國，因而我要中國先讓其難，示之以誠，日本必能了解中國的誠意，中日合作之門將爲之啓開，故由我負全責而要何應欽簽訂。我以該項協定的成立爲開端，俾尋求中日全面的合作，惟遭到反對和狙擊，事遂未成，而不得不下台，實在好可惜。」此時我發現汪精衛眼中有淚珠。

汪精衛到底建立政府以展開和平運動好，還是不要樹立政府來從事和平運動好，這是很値得研究的重大問題。當然這要由汪氏自己去作決定，日本只能決定要不要予以援助，而我個人認爲：日本如果能確實實行第三次近衛聲明，即以建立政府比較能夠展開強有力的和平運動，將來日本在實際政策上很難照近衛聲明作的話，建立政府失敗的可能性還是很大，所以不如不建立政府來作和平運動比較好。總之，我的想法是：汪該不該建立政權，完全要看日本能不能眞正實行近衛聲明來作決定。

第七章　汪與丁默邨等的合作　汪氏準備赴日

五月六日，北光丸抵達上海。我們先行上岸前往重光堂與周佛海、梅思平會面，並檢查汪氏當前的住處。

這時晴氣（慶胤）中佐帶來了一項消息。他說：「以丁默邨、李士群等人爲首的團體，已與周佛海聯絡，在上海展開和平運動，逐漸使重慶系統的重要抗日分子轉向和平陣營，並正在對重慶的恐怖行動研究對抗手段。」

鑒於上海的現況，汪精衛要展開運動，當然會遭遇到各種陰謀和暴力，為防止這些，汪的信念又不許他棲身日軍庇護之下，如在日軍庇護之下其和平運動更將被人懷疑為日本傀儡的運動。故從當時的情勢來看，我認為汪精衛需要與丁默邨、李士群等合作。因而汪與丁、李會面，意見似乎一致，於是丁、李遂不惜為汪效犬馬之勞。

汪氏住進事先準備好的臨時住宅，便與褚民誼、周佛海、梅思平、高宗武等同志見面，並決定訪問日本。汪氏立刻告訴我以上的決定，同時說將擬妥和平工作計畫和研究對日本政府的要求事項，一完成這些就要訪問日本，希望我與日本政府聯絡，我當即答應。我遂將汪的要求電報參謀本部，參謀本部回電說贊成汪的訪日，並說東京準備就緒後將另行電告。

我記得汪精衛為訪問日本所計畫事項的要點如下：

一、擬與近衛公爵、平沼首相以及主要日本政府高官開誠布公交換意見。其目的在決定是否要「依樹立中央政府的方式從事和平運動」。

二、會見結果如果認為建立中央政府從事和平運動比較好的時候，將請周佛海留下來交涉以下各項：

(1)陳述要建立中央政府的順序。

(2)為展開和平運動，需要讓中國國民理解日本完全無意侵略、統治或者干涉中國，故將對日本提出有關中國政治獨立的具體要求，以徵得日方的諒解。

(3)必須證明新政府不是因為受到日本壓迫成立的；和中華民國的法統沒有中斷。所以新政府要稱爲國民政府，要採取還都的方式，以三民主義爲指導理念，國旗要用青天白日旗，希望日方諒解。

三、與日本商討建立中央政府事如果不順利時，將回到原先的計畫，不樹立政府，將展開作爲國民運動的和平運動。

我接到上述各種計畫以後，考慮到日本政府的立場和想法，我便就左列各點請其再斟酌。

⑴關於國旗，一般日本人認爲青天白日旗是抗日的標幟，事實上有青天白日旗的地方必有排日和抗日。因此臨時、維新兩個政府都沒有用它，而改用五色旗。加以就與重慶交戰中的日軍來說，無從區別和平軍還是重慶軍，在軍事上極其不方便。所以青天白日旗的問題太重要了。

⑵對於三民主義，日本也有人在批評，許多日本人認爲這是抗日理論和容共思想的根源，所以不要拘泥於三民主義，斷然創作新的指導原理如何？

我透過周佛海將這個意思轉達給汪精衛，於是汪引見我並說：「我聽到了國旗問題等（你的）高見。我很理解貴國的立場，但也希望（貴國）理解我的立場。中國國民所盼望的是擺脫列強的羈絆和恢復其政治獨立，抗日派便抓住這一點而主張說：如果不徹底抗日，日本帝國主義的侵略將沒有止境；如果屈服於日本，中國將失去獨立並淪爲日本的屬國；抗戰的戰況即使一時陷於不利，只要能保持一省便能保持一省的獨立；苟且偷安，屈服日本，喪失社稷好呢，還是忍辱抗戰，繼續保持社稷好？此種理論（說法）對於中國民衆尤其是血氣方剛的青年很有魅力。所以我必須給予老百姓灌輸這樣的觀念：我的和平運動不是受日本壓迫干涉而來，而是自由自主的發動。這是我所最費心血的。現在我如果放棄三民主義，變更國旗等的話，人們必責難我屈服於日本，在日本壓迫之下成立政府，爲個人利益出賣國家，而對此我實無法反駁。

若是，我的運動一定不可能有所發展。而且我一直以孫中山先生的忠實信徒自任，我之所以大聲疾呼中日合作，反對重慶政府之抗日主義，完全是爲了繼承和實踐孫先生的思想。我認爲完成孫先生未竟之志乃是對恩師的義務。我之堅持三民主義，執著青天白日旗，理由在此。對於日本軍事行動上的需要，國旗的識別，應該可以有其他方法。對於三民主義的解釋，當然有將民族主義解釋爲褊狹的排他主義，把民生主義解釋成共產主義之虞，但我要發誓：我將作明確的解釋。又，今後我的和平運動擬以和平反共建國六個字爲標語前進。」

第八章　汪氏之赴日　決定樹立中央政府

五月底，東京電告已經完成了歡迎汪氏訪日的準備，因而汪氏一行於六月上旬（五月三十一日——譯者）搭乘日本海軍軍機由上海海軍機場出發，經由佐世保飛抵橫須賀。

汪氏一行爲周佛海、梅思平、高宗武、周隆庠和董道寧等人。日方同行者爲矢野（征記）、清水（董三）外務書記官、犬養健和我等等。在東京，計畫從第二天起（實際上是從六月十日起——譯者）會見首相及陸、海、外、大藏各大臣和近衛公爵等人。汪氏與各大臣的會面，大多由清水擔任口譯。

與平沼首相見面時，平沼表示中日合作必須基於道義，同時稱贊汪氏爲解決中日間的不幸事變挺身而出的熱情。

對此汪精衛說，中日兩國的長期爭鬥毫無意義，爲和平願意盡一切努力，爲解決事變，日本是否一定要以重慶政府爲對手進行和平運動，以國民黨以外在野有志之士爲對象策動和平，還是不問在野與否，是否國民黨人，只要關心兩國前途，贊成和平者皆歡迎合作以解決事變？日本的意向如果認爲以第三個方法爲適當，我將樹立和平政權，爲達到和平的目的願意略盡棉薄。

對汪這番話，平沼回答說，先前所發表的近衛聲明，現今的內閣也將繼承和堅持其精神，對於和平的方式，贊同汪的意見，如果汪有此決心，日本一定支持和援助。

汪希望樹立和平政府，展開和平運動的決心，因爲此次會談似乎更加堅定。對於平沼首相的中日道義合作論，日後汪精衛在其新政府內部，常常予以引用來訓諭他的部下。

與其他有關各大臣的會談，也與平沼首相會談一樣，汪氏說明和要求支持和平政府，以及能實行近衛聲明，沒有什麼特別。

唯板垣陸相受平沼首相之委任，毫無保留地將日本的希望面告汪氏並交換意見。根據我的記憶，其要點如下：

一、板垣說：「希望不分在朝在野，是否國民黨員，大家合作建立政府，將政府樹立在廣泛展開和平運動的四萬萬大衆全民的基礎上面；更切盼乘此機會清算過去一國一黨主義的弊害。」汪氏對此表示贊成，同時回答說，政府如果中斷法統，對今後運動的發展將有障礙，因此除國民黨外將網羅各黨、各派、無黨、無派人士來展開運動，以符厚望。

二、板垣說：「臨時、維新兩個政府人士，已經受了許多誹謗，他們皆爲努力於中日和平合作同憂之士，故日本在情感上不能完全取消（其組織）。因此擬於華北及華中設立政務委員會或經濟委員會一類之組織，以處理局部地區中日關係之事項，不知尊意如何？」汪氏答說：「華北遠離南京，故設立政務委員會就地方政務予以某種程度之委任，因前有黃郛政務委員長的例子，故無妨。但在華中我歉難同意成立此類機構。不過對於這些人的優待，我當然會考慮的。」

三、板垣說：「許多人認爲三民主義的民族、民生主義贊成容共和抗日。但我確信這絕不是孫中山先生的意思。所以我希望（你）改正它並明確表明中日合作和反對共產主義的態度。」汪精衛表示完全同意。

四、板垣說：「許多日本人把青天白日旗當作抗日的標幟。且從進行戰爭的實際觀點來說，新政府要使用這面國旗，是否還需要再加以考慮？」汪以從前在上海對我所說同樣理由詳細說明，表示反對。不過說，要研究與重慶的識別方法。

五、板垣說：「近衛聲明雖然沒有明確說出，日本擬以蒙疆爲防共特殊地區，華北爲與日本的國防經濟合作地區，華中爲與日本的經濟合作地區，」對此汪答覆說：「原則上沒有異議，但需要再具體地交換意見。」

六、板垣就承認滿洲國問題訊問汪精衛的意見，汪回答說：「對於滿洲，徵諸孫中山先生於一九二三年（應該爲一九二四年——譯者）在神戶的演說，承認其獨立並不違反孫中山主義。鑒於滿洲國生生發展的現況，只有承認它爲獨立國。既然要與日本和平、我認爲唯有承認滿洲國。」

在板垣與汪精衛的會談，汪所極力反對的國旗問題和解散維新政府問題，因與進行戰爭有關，故板垣陸相於東京召集在華各軍幕僚舉行會議。如所逆料，該項會議議論沸騰。各軍幕僚皆以日軍官兵堅信青天白日旗爲抗日標幟，而且在實際上很難識別和平、抗日兩個陣營爲理由而反對；並以在華中解散維新政府治安上有問題爲理由而加以反對。但討論結果大家還是同意以這是屬於中國的國內問題，應該尊重汪氏的意思這種中央的意向，故中央決定接受汪氏的意見，並命令所屬各部隊必須服從。至於國旗的識別方法，則決定由中央妥善處理。

對於國旗的識別方法，汪方提出暫時以黃色三角布寫上和平反共建國六個字，綁於青天白日旗上面來交涉，日方表示同意，國旗問題遂獲解決。

板垣將以上經緯報告五相會議，各大臣也沒有異議，故決定將盡量尊重汪氏的意思。

汪精衛與平沼首相和各大臣會面之後與近衛公爵會談。近衛沒有用口譯，直接與汪談了幾十分鐘。會談內容不得而知，但會談之後，汪氏對於和平運動的將來似增加了很大的信心。

周佛海對陸軍省提出了「關於中國政治獨立的要求事項」。我已經不大記得其大部分內容，其主要者有：

一、日本不干涉中國內政。所以中日間的交涉事項全部要透過正常的外交途徑。顧問由中央政府聘請，只設於中央政府及最高軍事機關。顧問應諮詢或隨時向長官呈報意見，但決定完全屬於主管長官的權限。各省政府和各軍隊不設顧問。這些地方政府和軍隊等需要與日方聯絡時，設聯絡專員或者聯絡官。

二、中日合資公司中，特定的公司將限制日方股份的比例。

三、沒收房屋及日軍管理工廠要依合理方式歸還中國。

以上關於中國政治獨立的各種要求事項，經由各省（部會）業務主管審議後，大致同意汪方的主張。但因公司的整理及其他為進行戰爭所必須難以馬上實現的事項，則附上理由予以回答。

在五相會議，為援助汪精衛樹立政府的工作，決定每月貸款汪氏三百萬元，自一九三九年七月起，由正金銀行上海支店（分行）以貸給我的方式交付。

但因汪氏的要求，交給周佛海。

第九章　從汪氏訪問臨時維新兩政府到其定居上海

汪精衛於一九三九年六月中旬（六月十八日——譯者），因山下龜三郎的好意，乘山下汽船公司的輪船從東京芝浦往天津出發。汪氏為徵得在華北臨時政府要人的諒解，和拜訪日本駐華北方面軍司令官而前往天津。須賀海軍少將代表海軍，與我們同乘這條輪船。

與汪氏同行的日方人士有須賀少將、我和清水外務書記官、犬養健等人。矢野外務書記官搭機先往天津。汪氏一到達天津便往訪日軍司令官多田（駿）中將，多田也回訪了汪氏。我因為未參加他倆的會談，故不知道他們談得什麼，好像多田與汪很認眞交談，對汪今後運動很是鼓勵，汪似得到很好的印象。

繼而汪精衛訪問了臨時政府的領袖王克敏，汪似乎對王說明了運動的經緯與在東京會談的情況及今後的方針，希望王能協助。其會談內容不得而知，不過會談後汪對我表示和平運動對中國方面比對日本方面難以說明，由此可見其會談的大致氣氛。日軍認為汪氏的運動需要吳佩孚的協助，故建議汪精衛最好與吳佩孚會面，汪也答應了，但為著會面的方式等複雜的問題，日軍又建議不會見為宜，因而未與吳佩孚會面汪精衛便離開了華北（汪未與吳佩孚會面，是因為遭到吳佩乎的拒絕——譯者）。汪由北平飛往上海。時為六月下旬。回到上海的汪精衛，來訪者絡繹不斷，和平運動顯得極其繁忙。一天總有二、三十人前來訪問。

爾後汪氏前往南京，首先訪問華中軍司令官山田（乙三）中將，繼而與維新政府的梁鴻志等要人見面，與臨時政府一樣徵得其諒解。梁鴻志以下對汪的運動表示相當理解，尤其溫宗堯、陳群等的大力支持似使汪精衛非常高興。但臨時、維新政府的要人們是一直被罵為漢奸，一方面為中日合作，另方面為維護中國立場而賣力的一群。由從時間上來說慢出馬的汪精衛出面組織中央政府，臨時政府降格為政務委員會，維新政府將被汪政權吸收而消滅，所以他們當然心裡很不舒服。汪似乎很理解和同情這些人的立場。

迨至七月，位於與共同租界連在一起的滬西地區汪公館的設備「大功告成」，以及以丁默邨、李士群為首的特務工作也日見效果，因此汪精衛遂由臨時住宅搬進汪公館，其運動也隨之公開化。

汪公館的警衛盡量避免假手日方，故汪公館院內，完全由丁、李手下和汪的隨從人員負責，外面則由滬西憲兵分隊臨時派遣若干憲兵，以警衛汪公館附近。

第十章　關於梅機關

汪氏落腳上海以後，我們被賦予繼續協助汪氏的運動和與日方聯絡的任務，因而於北四川路設立事務所（辦事處），將其命名為梅華堂。開設當時，梅華堂同人陸軍方面有我、一田中佐（後來換成谷萩大佐）、晴氣（慶胤）中佐、塚本（誠）少佐、大村主計少佐等，海軍方面為須賀少將和扇少佐，外務省方面的人是矢野、清水書記官，民間人士犬養健等，爾後除各省（部會）也陸續派人前來參與外，更有自動自發來幫忙和參加的，所以最多時有三十多人。其主要民間人士包括華北大學教授北山富久次郎、經濟專家末廣幸次郎、朝日新聞社客座神尾茂、前上海日報社社長波多博等，外務省的太田、杉原兩位書記官、中根領事和興亞院的小池篔等人。在這些人之中，因爲晴氣中佐和塚本少佐有深厚的人脈關係，因此繼續協助丁默邨等的工作。其他各新聞社的上海特派員中的有力者，作爲我們的外圍團體，自動協助我們的工作，努力於疏通和說服對我們的工作有意見的日方大衆媒體工作者，這是爲我所難忘的。此外，還有許多認識與不認識的朋友和人士，從側面給我們幫助和鼓勵，使我非常感激。

後來參謀本部將我們的工作命名爲梅工作，把我們的機關叫做梅機關，但把梅機關當作陸軍的機關是不正確的。如前面所說，我們的工作是遵照五相會議的指示開始的，而不是來自陸軍首長的命令。所以對於梅機關的陸軍人員我雖然有指揮權，但對海軍、外務兩省派來的人員我沒有指揮權，他們所奉到的命令是協助我的工作。民間人士更是以個人身分自動來幫我忙的。因此不但我沒有指揮這些人的權限，陸軍大臣也同樣不能命令這些人行動。

事實上日後對梅機關的命令，係由陸軍大臣對我下達，但與此同時，海軍、外務兩大臣也給他們所派遣的人員直接命令，或特定的省對其派遣人員下達特別的命令，譬如內約的原案就是興亞院指示的。至於梅機關的經費，辦公費悉由陸軍負擔，人事費和汽車費等則完全由各部會負擔，民間人士大多自己負責。由此我們可以知道，梅機關不能純粹視爲陸軍的機關。這是指揮系統截然不同的官員與民間人士的合作體，是同志的結合體。我更非梅機關的機關長，故他們聽我的節制不是因爲法制上的編制，而是自動自發爲工作努力的結果。正因爲如此，所以於一九三九年十二月三十日與汪方簽訂內約時，日方的簽字者包括各省的派遣者和民間人士的各代表，這正如後面我所說。陸軍有一些人，把梅機關當作陸軍的特務機關，但由於上面的理由，它不是陸軍的單獨機關。

而且，梅機關從未被指定爲特務機關，上海有上海特務機關，南京有南京特務機關，各有轄區，各有其特別任務，故梅機關不是特務機關。

梅機關對於爲協助汪氏的運動，定了如下的原則：

一、開始汪精衛運動的目的，在於確實實行近衛聲明，俾使中國民衆走向和平，因此梅機關人員本身要眞正體會近衛聲明之精神。

二、如汪精衛對日方所要求，爲著展開這個運動，中國的政治獨立非常重要，所以援助汪氏行動者，對於汪氏所提出，日本政府所同意之「關於政治獨立的要求事項」要遵守和實踐，對於汪氏的運動要盡量不予干涉，讓汪氏依其信念展開其運動。

因此，對於純粹的國內問題，除非特別被徵求意見外，不要表示意見，對於汪方的會議等，除非特別邀請外，不要列席。

在運動的發展過程中對日本的要求，要將其轉達國內，並盡力接受其要求。

對於中日有關事項，固然應斡旋奔走於兩國之間，尤其對於可能阻礙和平運動之發展的日方要求，要極力促使日方之反省。

總而言之，日本要眞正實行近衛聲明，對重慶政府和中國民衆顯示「日本並沒有墮落成爲權益主義和侵略主義」，對一般大衆證明「日本不壓迫不干涉中國，尊重中國的自由」，從而使中國民衆積極協助汪政府爲他們謀求幸福的政策，否則絕不可能把以爲日本是侵略中國，壓迫干涉中國的國家的重慶政府和中國人帶往和平，由之汪政權的運動自無發展的道理。我們梅機關的人，爲這些事體要與日方聯絡、斡旋，必要時要求日方反省，其工作任重道遠，這眞是天賜給我們的宿命，也是我們的信念。

梅機關的人雖然是各方面湊起來的，幸好大家都能體會前述的「原則」，以此「原則」爲信念，將毀譽褒貶置之度外，不右顧左盼，大家全心一致往唯一的信念邁進。我們之間完全沒有因爲出身有異而有不同意見，或者絲毫感情上的對立，這是我們每個人以爲驕傲的。我們更高興汪氏等一直感謝我們的工作態度。

第十一章　汪氏訪問廣州

對國民黨的工作

收容各黨各派

汪精衛於一九三九年七月和八月兩個月的行動重點是對於國民黨的工作。

從繼承法統的原則來說，在法理上仍然採取黨國主義是應該的。

而要運用這個一國一黨的政□（一個字不清楚）來網羅各黨各派是非常費神的。

爲推動國民黨施策，於七月底汪精衛前往廣州會見華南派遣軍司令官安藤（利吉）中將，對其說明和平運動的計畫，希望在廣東中國軍與日軍之間能成立局部的和平，安藤答允，因而汪氏首次透過電台廣播「告中國軍官民書」，說明抗戰之無意義，即使是局部的和平，如果有志於和平者，他願意保證其與日軍交涉。同時集在香港的同志就今後的和平運動，舉行懇談。參加者數十人，對和平運動的未來壯大了聲勢。

汪氏自廣州回到上海以後即籌備召開（國民黨的）六中全會，於八月底召開會議，決定左列的要旨，並於八月三十一日發表聲明。

決定事項要點如下：

一、擁戴汪精衛爲國民黨中央委員會主席。

二、政府之組織與對日外交全權授與汪精衛。

三、政府組織要容納各黨、各派、無黨、無派人士。

四、要修改三民主義的解釋。

對於這種純粹國內問題的會議，梅機關完全不參與，故不知道會議的詳細情況。

爾後，汪氏在工作上必須努力的是順利地收容各黨、各派於其陣容之內。當時被視爲各黨、各派的是臨時、維新兩個政府、國家社會黨和中國青年黨。但說要網羅各黨各派以組織政府的消息一傳出去，便宛如雨後春筍，新無名黨派競相降世，分別派出黨代表，欲居政府要津，有不少人甚至於以日本的一些軍官憲爲後盾，向我們表示欲參加汪政權。惟因這是應該授權汪精衛的純國內問題，所以我們對於所求一概予以斷然拒絕。在收容各黨各派的工作中，汪精衛感覺最困難的是因應臨時、維新兩政府。

因而決定於九月中旬，在南京舉行汪精衛與臨時、維新兩政府首腦的會談。

但這個會談歸於失敗。理由是我以為要如何處理臨時、維新兩政府，在東京汪氏與板垣陸相會談時，已經按照汪氏所說作成決定，因此汪氏根據它進行就可以，其處置悉由汪氏自由決定，而汪氏本身也這樣想。但實際上並不是那麼簡單。會談時，王克敏說關於臨時政府與汪政府的關係，日方並沒有具體地告訴他，所以他不肯與汪精衛談下去。維新政府也持同樣見解，會談遂陷於僵局，故汪不得已在此次會談不再涉及政治，而改為以溝通意見、懇親為目的的會談。因此此次會談沒有達到充分（眞正）的目的。

臨時、維新兩政府以外的各黨各派無黨無派人士，集於汪精衛旗幟下者，自六月左右以來，逐漸增多，既如上述，而在這些人之中，既有眞正熱心於和平者，也有為職位而來者，非常複雜。以求得一官半職為目的來者，答應給他某種地位時他便立刻變成和平主義者，如果不能給他適當職位時他就一變其態度而大事謾罵汪精衛，這種人很多。但無論組織何種政府，自不可能有太多的位子。尤其是為了節省經費，以及必須收容臨時、維新兩政府的人員，汪新政府當然很難滿足一切的求職者。於是這些不滿分子便立即成為反汪派，到處攻擊汪精衛，日方也有不少人相信這種攻擊，從而批評汪政權的前途，故汪氏的運動的確令人覺得多災多難。中國人的抨擊姑且不談，改正日本的責難是梅機關的工作。所以梅機關同人的苦戰惡鬥實令人不忍目睹。

第十二章　內約的交涉

第三次近衛聲明是關於日本對中國的要求汪精衛所知道的唯一材料。但它很抽象。我覺得把它具體化，甚至於成立政府後能夠締結為條約，且在成立政府前與汪氏約定好是對汪氏的一種誠意，故於一九三九年夏天向中央如此建議，中央亦認爲有此必要，於是以興亞院爲中心研究近衛聲明的具體案，指示我們內約交涉原案。我以爲具體化近衛聲明的是一九三八年年底所決定的「日支關係調整方針」，必要時再加上「戰時下的過渡辦法」就可以了。可是十月初，堀場（一雄）中佐和平井主計中佐所帶來，興亞院會議所決定的交涉原案，使我不禁黯然。

上面雖然指示了「日支關係調整方針」及「戰時下的過渡辦法」，但卻另外加上了不少就便條款，而使我大吃一驚。例如擬將晉北十三縣編入蒙疆，大事擴張華北政務委員會的權限，委任日方經營重要鐵路，顯著擴大防共的永久駐兵區域，在海南島設定權益等等，無論怎樣解釋，都脫離近衛聲明遠甚。堀場中佐問我：「以這種條件汪政權能不能掌握民衆？」我不得不回答說：「不可能。」

我要再說一遍，汪精衛是確信日本如果能夠不折不扣地實行近衛聲明，便能打破重慶的抗戰□□（兩個字不清楚），而發起和平運動的。而且汪精衛與日本政府高官會面時，獲得日本具有如實實行近衛聲明的印象才決心樹立政府的。如果根據這個來龍去脈來鑑定興亞院會議的決定案，我實在不敢說它正確地具體化了近衛聲明。梅機關的清水書記官和二、三位同人對我表示，以這種原案爲基礎與汪精衛交涉，日本的信義將受到質疑，對日本極其不利，即使汪精衛接受了，和平運動也絕不可能奏效，所以不如把它退回，請上面再加斟酌。但我經過考慮之後，對全體梅機關同人表示如下的意見和徵求他們的同意。我說：「對於興亞院的決定我也覺得很不高興，也很想將其奉還請上面重新考慮。但既然命令我們以此案去交涉，我們應該忠實地去交涉才對，第二，我相信政府也考慮過其是否違反近衛聲明爾後負責所決定的原案，因此梅機關如果以主觀的判斷批評予以退回去還是不好。故我想坦白地將此案開示汪氏，聽聽他的意見，如果其意見事理明瞭，我們就接受並修正原案，然後再向政府呈報意見。」大家恍然大悟贊成我的意見。但與此同時我也作了這樣的判斷：「連中日關係調整方針的起草者，對中日關係具有公正正確意見的堀場中佐也不得不帶來這樣的原案，充分說明了在日本短見的強硬論占著絕對的優勢。在這種情況之下即使將原案退回，其結果還是可想而知。」而這也是爲什麼我沒有贊成將其退回的主要原因。

反此，汪氏在東京歷訪各大臣時，各大臣對於履行近衛聲明皆非常熱心和很有誠意。當時汪氏對各大臣感到特別親切，理由在此。可是內閣雖然變了，但不過經過三個多月而已，興亞院會議爲什麼會有那麼與近衛聲明乖離的原案出籠呢？我靜思默慮，可能是由於以下的原因：這不是因爲各大臣的想法變了，而是在日本政府，富於政治性的問題都先由事務當局草擬方案，除特別情況外，長官都不作根本的修正，這是多年來的習慣，其原因在此。詳而言之：

㈠汪氏與各大臣所談的內容，並沒有完全傳到事務當局的主辦人，這是以我個人過去的經驗，可以想像得到的。對於近衛聲明，除參與作業的事務當局者以外，多不大感到責任，這也是能夠想像的。加以事務當局之中，也有不少具有與近衛聲明這種從大局著眼的思想背道而馳的想法者。由想法不同的事務當局所擬定的草案，自很容易逸出近衛聲明。

㈡在日本政府，高度政治性的問題，由各省事務當局擬就的草案，大多不會經過很大的修正就由大臣核可，並原封不動地在內閣會議通過，這是多年來的習慣。我猜測：興亞院會議決定的這個原案，很可能也是這樣通過的。

汪精衛的和平運動，日後也遭遇到數不清的內憂外患，故於一九四二年夏天左右，汪本身不敢相信他的運動會成功。現在回想起來，其不會成功的第一著是內約交涉的結果沒有辦法掌握民心。基於這種認識，前述興亞院會議的決定案，無異是在汪氏成立政府以前，注定其和平運動要失敗的命運的輓歌。我在前面特別詳細說明這個原案，其理由在此。

十一月一日，興亞院所指示的交涉原案，原封不動地作爲一個試辦方案交給周佛海，並轉告他希望以它爲基礎進行交涉，旋即獲得汪精衛的回信，它說：「貴函及日支關係調整試案敬悉。似與近衛聲明趣旨有相當差異，甚爲遺憾。唯仍擬以本試案爲基礎進行交涉無異議。茲任命主任周佛海、委員梅思平、高宗武、陶希聖、周隆庠，祈在肝膽相照，和氣藹藹裡審議東亞之問題。」我自任主任，以須賀少將、谷萩大佐、矢野書記官、清水書記官和犬養健爲委員。

交涉分成正式聯合會議與非正式聯合會議，在非正式聯合會議，由我和周佛海作大體上的交涉之後，舉行正式聯合會議，在正式會議意見不能一致時再舉行非正式聯合會談以求解決，連日召開正式、非正式會談。但海南島問題，除興亞院會議決定之原案外，根據海軍大臣對於須賀少將的特別訓令，與一般會談分開，由須賀與陳公博個別交涉。

一九三九年十一月十五日，交涉停頓，一時面臨決裂的危機。汪氏請我去，並以沈痛的表情說：「我對於以足下爲首的梅華堂諸君，出於努力於欲使交涉的結果盡量接近近衛聲明的慧眼態度，衷心感謝。惟如足下所知，日方所提議的原案與近衛聲明相去甚遠，因此同志之中已有失望脫離的，今後可能還會出現這種人。爾後雖因交涉而有所修正，但現在中日兩委員會交涉停頓的事項，皆爲和平運動的關鍵問題。如果爲使和平運動成立，足下在此等問題上讓步的話，足下必須對日本政府負重大的責任，這是爲我所不忍心的。當然我以和平爲宗旨的信念不變，但我想以停止樹立政府的方法，不知尊意如何？」對此我答說：「我很清楚現在懸案事項正如先生所說對和平運動是很緊要的問題。但日本政府對它的最後態度尚不得其詳，故我並不那麼悲觀。依不樹立政府的和平運動固然也是一個很有效的方法，而是否要變更爲此種方式，完全應以閣下自由意思去決定，不過據我個人的看法，現在還沒到下變更這種決心的時候。對於懸案事項，今後我還會繼續努力，對日本政府斡旋奔走，俾能符合尊意。至於我對日本政府的責任，請不必考慮。」汪氏說他很了解我的意思，而周佛海等也贊成我的意見，因此又繼續交涉。但最大的難關是駐兵問題、鐵路問題和上海問題等等，故終於達到除非請日本政府再作考慮，否則只有決裂的階段。

基於這樣急迫的情勢，爲促請東京重新考慮，我於十一月上旬（十一月十六日）回到東京。我在陸軍省向大臣（畑俊六）、參謀次長（澤田茂）以下有關部局長說明上述情況，並表示意見說大部分問題大多已經取得對方諒解，唯獨鐵路問題尤其是駐兵和撤兵問題無法使汪氏方面同意。對於這些問題，參謀本部主管當局的態度最爲強硬。我爲緩和條件，對澤田參謀次長及其他幕僚說明以往的來龍去脈，並強調：「與汪精衛簽訂內約的目的是，要對重慶政府和中國民衆明示日本對中國要求的程度，俾使他們理解日本絕非以侵略爲事，以消除他們對日本的懷疑。換句話說，內約形式上與汪精衛簽訂，實質上是以重慶政府和中國人民爲對象的。」對於我的說明，有人說如果重慶政府要求和平，條件可以減輕，但現在不能減輕；也有人認爲對於重慶政府還是要堅持日本目前的主張，皆不接受我的意見。既然如此，我下決心，回上海之後與汪精衛商量，不得已時只有停止樹立政府的方法。但畑陸軍大臣卻命令我無論如何要努力於使這個交涉能夠妥協。

我回到上海以後，馬上與汪方再度進行會談，對於駐兵、鐵路問題，屢次折衝，超越准許我的權限範圍我擅自讓步，終於十二月三十日勉勉強強達到結論。但作爲展開和平運動之招牌具有重大意義的這個內約，實在毫無魅力和妙處，我對其成立既感遺憾，又不禁心情黯淡。

對於上述的內約，汪精衛也接受了。

由於這個交涉不是外交交涉，因此採取中日同志間所約定事項的方式，日方分別由各省出身即陸軍由我、海軍由須賀少將、外務、興亞院由矢野書記官、民間則由犬養健簽字，汪方簽字者有周佛海、梅思平、林柏生和周隆庠。

現在，我必須說明在交涉過程中所發生的一件不幸事件。那就是高宗武和陶希聖脫離了汪精衛陣營。如前面所說，高宗武是向日方提案汪精衛和平運動的人，但自汪氏從河內到達上海以後，他的態度便爲汪方人員所懷疑，我也覺得有點奇怪，所以我認爲他的脫離是時間的問題。但陶氏的逃跑，以其那眞摯的人品，是我始未逆料的。可能因爲看到日方內約提案的內容，悲觀和平運動的前途，才出於這種舉動。

高、陶逃離上海，在香港，將興亞院指示的交涉原案照單發表於報上，予一般人以這是日汪間決定案的印象，而引起世人注目。汪精衛深怕這樣一來將大大地影響和平運動的發展，因此特別發表了「他倆發表的是草案，所成立的完全不同其內容」的談話。一九四〇年一月四日，我帶著交涉成立的內約，回到東京向日本政府提出報告。西尾（壽造）總軍（駐中國）司令官同意所成立的內容，表示他可以代表陸軍負責，並爲向中央報告總軍的態度，特地指派板垣總參謀長到東京幫助說明，令我非常感激。我奉陪板垣中將首先報告烟陸軍大臣，並得其同意，但參謀本部對於駐兵、撤兵問題條款的解釋附以條條表示可以接受。繼而我報告總理大臣阿部（信行）大將，他全面同意，並說他願意負責令五相會議通過。如此這般，內約獲得日本政府的同意。與我報告的同時，記得須賀海軍少將和矢野書記官也分別向海軍大臣和外務大臣作了報告。這個內約是成立汪政權後要據以締結條約的基礎案。上述內約中的必要事項，由陸軍中央經過應有程序，秘密指示北京特務機關長兼維新政府顧問的原田（熊吉）中將，由原田開示於王克敏和梁鴻志，以求得他們的諒解。由之決定於一九四〇年二月舉行青島會談，汪精衛、王克敏和梁鴻志正式會面。梅機關的主要人員也與汪氏同往青島。

第十三章　青島會談

因內約已定，日方的意見也大致能夠完全一致，加以臨時、維新兩政府的人員也逐漸理解汪的運動，表示願以誠意相助，因而青島會談進行得很順利，大體上達到其目的。

青島會談的結果，將來成立汪政權時，臨時政府將改組爲政務委員會，在汪政權委任的範圍內具有處理局部問題的權限，維新政府將取消，其人員原則上由汪政權吸收。但到實行時發現有極其微妙的問題，這使汪精衛和梁鴻志等人日後傷透腦筋。

在這裡我特別要說明的是，當時在上海的許多日本新聞記者自動前往青島，向主要來自華北的同業者正確轉達汪氏和平運動的本質，努力於改正華北人往往欲拘泥於華北特殊性的思想。

第十四章 宋子良工作（其一）與重慶直接交涉見聞

從青島會談前後，總軍司令部幕僚透過宋子良，開始與重慶從事直接交涉。對重慶的直接交涉工作，大致可以分爲兩種。

第一種是以上海或者香港爲根據地，主要地由民間中國通所進行，從事過這種工作的人很多，他們大多透過自己朋友中國有力者與重慶接觸。其爲東亞之將來憂心的赤誠是値得敬佩的。但日本政府於一九三七年底透過陶德曼直接交涉沒有成功，以後決定停止直接交涉。一九三八年初春（一月十六日——譯者），發表「今後不以蔣政權（正式聲明爲國民政府——譯者）爲對手」的聲明，同年十一月三日再加以詳細聲明，十二月二十二日，第三次近衛聲明聲言：「期以武力徹底掃蕩抗日的國民政府。」這是衆所周知的事實。汪氏順應此種情勢，爲著企圖中日全面和平，發起和平運動，日本政府亦諒解其意，約定極力予以援助，這既如上述。如果我所得到的情報沒有錯誤，這些工作之當事者所企圖的，與這些國策與經緯毫無關係地欲依重慶與日本的直接交涉求得全面和平，如果是這樣，顯而易見的這是思想上和政治上的矛盾，對於汪氏的運動在信義上値得商榷。我個人對於第一次近衛聲明，也覺得在文字上稍有過於唱高調之嫌。但既然定爲國策，並已聲明，自不能忽視。

如果說非與重慶直接交涉無法導致全面和平，也應該等到汪政府成立後經過相當時日尙沒有可見的成果後再來進行此種工作，否則在信義上實在說不過去。

第二種是希望促使重慶政府與汪政府早日合併的工作。宋子良工作和後面所述的錢永銘工作等均屬於此類。此種工作的目的爲近衛聲明所肯定，也是汪政權的最後目的，故我認爲在政策上沒有任何矛盾。但對於其方法和時期我有些意見。㈠宣布「不以國民政府爲對手」的日本，要在重慶政府與汪政府之間從事居間調停，有若干疑問。㈡日本與重慶進行交涉，從第三者看來，日本無異是對重慶政府和汪政府一隻腳踏兩隻船。若是，欲參加和平陣營者將躊躇不前，而已參加汪政府者將心神不定，結果勢必牽制汪政權的發展。㈢汪氏的運動是建立政府實現近衛聲明般的合作，以消除重慶抗日派的懷疑心，故「實現近衛聲明般的合作」是這個運動的基本。既未成立政府，亦未實現近衛聲明以前就拚命想拉攏重慶（政府），那是辦不到的。所以我覺得進行這種工作的時期還早。如果說好事要快辦，現在就要著手的話，爲消除上述的弊端，最好由汪精衛來擔任這項工作。如果需要由日本親自出面，至少也得取得汪精衛的諒解，並要求其協助才對。

一九四〇年三月中旬，出現了宋子良工作似有希望的情況。如果宋子良工作奏效，重慶政府轉向和平的話，汪精衛的和平運動已經達到目的，汪氏也不必樹立政府了。換言之，宋子良工作的消長與緊鑼密鼓正在準備中的建立汪政府問題具有非常微妙的關係。鑒於這種情況以及對於汪精衛的信義，就此項工作徵求汪氏的諒解並請其協助是很重要這種主旨，我受板垣總參謀長之意圖，將宋子良工作的整個情況告訴汪精衛，並請他協助，而汪氏也欣然同意並明言願意協助。

第十五章　成立汪政權

汪政權決定於（一九四〇年）三月二十六日舉行還都式，各要人陸續到達南京，城裡顯得很有活力。某日，我聽到板垣總參謀長說：「宋子良工作大有進展，這兩三日可能會有成果，將阻礙成立政府的準備實在過意不去，不過爲著大局，我想與汪氏商量把成立政府延期到月底。」對此我在心裡憂慮：各要人都已經齊集，此時如果由日方要求延期，影響太大了，惟因板垣誠心誠意如實告訴汪氏，商量能不能將還都式延後幾天舉行，對此汪氏毫無難色，當場答應。他們兩個人那種虛懷若谷的態度，使我敬佩不已。

因此還都式延長數日，以等著宋子良工作的結果，惟因工作沒有成功，遂於三月三十日舉行還都式，成立汪國民政府。

還都以後，作爲日本朝野的慶祝使節，以阿部（信行）特派大使代表日本政府，貴衆兩院議長代表兩院議員，大衆傳播界、實業界、思想團體等各代表前往南京，並分別與汪氏見面，表示賀忱，日本朝野實披瀝了祝福汪政權誕生的誠意。

第十六章　梅機關的解散　日汪條約的交涉

成立汪政權以後，爲請示梅機關人員今後的進退，我回到東京，此時阿部大將被任命爲駐汪大使，梅機關人員大多被派爲隨員。

梅機關（梅華堂）自從一九三九年八月開設以來滿一年，協助汪國民政府的還都工作，於此完成了它的任務。回想起來，同人有如家庭成員，不分長幼新舊，在有條不紊的指導精神下，突破許多反對，克服一再的難關，終於完成其使命，今日要予以解散，實在感慨萬千。如上所述，梅機關人員多爲阿部大使的隨員，其中陸海軍武官接受汪的聘請，兼任軍事委員會的軍事顧問，我出任軍事委員會最高顧問、須賀海軍少將擔任海軍首席顧問、矢萩陸軍大佐、川本陸軍大佐、原田陸軍大佐、岡田陸軍主計大佐、晴氣陸軍中佐、沖野海軍中佐、扇海軍中佐等也被汪精衛聘爲軍事顧問。此外，青木一男被聘請爲經濟委員會最高顧問，其他若干人受聘爲該委員會顧問。

除軍事委員會最高顧問及顧問外，還設輔佐官若干名，同時在汪的各主要軍隊分設聯絡官。上述各顧問由於是軍事委員會的顧問，所以不另外設立顧問部這種特別機構，而屬於軍事委員會顧問室。

川本陸軍大佐除爲軍事顧問外，因爲與丁默邨關係特別親密，故依丁的請求，直接協助丁默邨的社會部業務。以往協助李士群之特務工作的晴氣中佐（輔佐官爲塚本少佐）也除擔任軍事顧問外，繼續協助李士群的工作，因不能屬於軍事委員會，所以設立事務所，承襲已經廢止的舊梅機關的名稱，以命名其事務所。岡田主計大佐因周佛海的邀請，兼任經濟顧問。因爲處理中日經濟關係，大多以日軍所管理者爲對象。

本來，顧問是依顧問契約決定的，受該汪官廳首長之指揮，因諮詢或者於適當時機提出所需意見，其採納與否，完全由該首長負責決定。我記得顧問契約是於一九三九年六月，以汪氏與日本政府間的「關於政治獨立之要求」爲基礎的。因此，顧問要避免干涉或者要求實行政策，也不能有讓人家感覺有此種行爲。顧問更不能成爲實行日本政策的工具。日本政策的推動，應該透過日本國大使館與汪外交部的外交交涉，這是內約所規定的。

關於這些顧問在服務上的規則，曾有深切的指示，而各顧問也都能體會此旨，沒有過錯，這是值得慶幸的。

派在汪各主要軍隊的聯絡官，爲避免與現地日軍的摩擦，係以聯絡雙方的感情爲其主要任務。

在戰爭期間，由於需要規律日軍所行維持治安與汪政權所行維持治安的關係，以及從前由日軍所掌管事項，因成立汪政權需要轉讓給它的既多而且非常廣泛，因此大約一週由汪軍事委員會、其他汪政府有關人士與日軍幕僚、大使館館員舉行會談一次，以商議這些問題。軍事顧問和經濟顧問也列席，這個會談曾經產生很大的效果。

成立汪政權以後，最大的問題是承認該政權的問題。在成立汪政權稍前，顯得頗有希望繼而說鮮有希望的宋子良工作，又死灰復燃令人覺得有希望。可是也認爲應將先前以中日間同志的名義臨時所訂內約正式簽訂爲條約才是合理，所以日本政府遂採取邊透過宋子良的重慶直接交涉的進展，慢慢與汪政權交涉締結條約，以這個條約的簽訂作爲承認該政權的方式。

對於上述的情況，汪精衛也理解。日本政府爲著（與汪方）締結條約，任命阿部大使爲特派全權大使，於七月五日正式開始交涉。阿部以日高（信六郎）公使爲主任，須賀少將、松本（俊一）參事官、田尻（愛義）參事官、犬養健和我等隨員爲委員，汪方派褚民誼爲主任，周佛海、梅思平、林柏生、周隆庠等爲委員（雙方交涉委員名單及條約內容，請看中國國民黨中央黨史委員會編《中華民國重要史料初編——對日抗戰時期，第六編，傀儡組織㈢》，三五八頁以下——譯者）。

第十七章　宋子良工作（其二）
錢永銘工作
承認汪政權

總軍幕僚對宋子良工作非常熱心。爲此，今井（武夫）大佐往還香港好幾次。不久傳出從事交涉者是假宋子良的消息，但板垣總參謀長沒有查詢這個宋子良之眞假，誠心誠意與對方進行交涉。

日汪條約案的交涉完成於一九四〇年八月底（八月三十一日——譯者），整整花了兩個月。九月以後，爲完成該項條約案的國內手續，也花費了一些時日。

其所以在制訂條約及其國內手續多花些時日，乃因爲考慮到宋子良工作的走向。換句話說，一方面傾全力於宋子良工作，其結果可能影響承認問題，因此在交涉條約和國內手續故意拖延時間，以觀宋子良工作的成敗。

總軍雖然這樣賣力，透過宋子良的直接交涉工作終於失敗（宋子良工作是中方的謀略工作，宋子良是假的宋子良——譯者），因而於十月初決定停止，陸軍中央認定與重慶的直接交涉沒有希望。

此時松岡（洋右）外相想再作一次努力，接受帶著汪精衛之介紹信來到東京的張競立、西義顯的意見，以錢永銘爲仲介，再次與重慶開始直接交涉。我以爲愼重篤實的錢永銘出面，也許有一些希望。松岡遂以書面告訴汪其情況並徵得其同意，然後進行工作。爲此項工作，松岡外相任命田尻總領事主其事，以船津辰一郎、西義顯協助田尻，並將他們派往香港。但錢永銘工作還是沒有成功，故松岡決定於十一月二十八日將其結束，同一天內閣會議通過承認汪精衛政權。

一九四〇年十一月三十日，在南京阿部與汪精衛簽訂日汪條約，日本政府正式承認汪政權。

與重慶直接進行交涉，幾乎花了一九四〇年的一整年，但宋子良、錢永銘工作都沒有成功。我認爲這是日本如何費神努力於實現和平的寶貴史實。

與承認汪政權的同時，日本政府任命本多熊太郎爲特命全權大使，以接替阿部特派大使，大使館廢止以往的隨員制，恢復其機構的常態。故我們便專任軍事顧問。惟我一個人，因爲本多的要求，兼任大使的輔佐官。

在這裡，我想談一談因爲承認汪政權，重慶政府的性質有沒有發生變化的問題。日本政府在成立汪政權以前，發表近衛聲明，把重慶政府當作地方政府。這個事實，當然不因爲成立汪政權和承認汪政權而發生變化。其次是承認汪政權是否會阻止重慶政府轉變的問題。我認爲承認之前與承認之後沒有任何變化。因爲汪氏的思想本來就是認爲全面和平要與重慶政府合流來達成，所以不應該因爲承認而改變其思想。近衛聲明也宣布，抗日政府如果有意協助建設新東亞秩序，願意予以接受，因此不因爲承認汪政權近衛聲明就歸於消滅。這等於說，承認汪政權並不拒重慶政府於門外，重慶與南京的匯流是日本政府和汪政權所最盼望的。至於兩者（重慶與汪）協商時，有關主僕的關係，汪氏完全不在乎，這是既如前述，從河內到上海在船中一再表明的。

第十八章　因成立汪政權氣勢高漲及曰後之消沉

汪政權降世之後，前來投靠者，爲數很多，但其素質卻良莠不齊。根據我個人的看法，眞正富於和平信念的，在其上層，包括汪精衛，恐怕不到十個人。而使我覺得很意外的是，在下級官吏和軍人之中，卻有許多人具有這種信念。其他大部分的人，可以說都不是因爲信念和見識參加汪政權，而是混飯吃，過一天算一天的。汪政權雖然誕生了，但整個氣氛卻與從前沒有什麼兩樣，所以認眞性情急的青年官吏和軍人皆悶悶不堪，而上面亦鮮有人能夠消除他們的煩悶。

由之出現意氣消沉，悲觀和平運動之前途，甚至脫離和平運動者。尤其汪精衛將主席位子懸缺，準備與重慶合流時之需，雖然顯示汪之謙虛，但下級人員卻覺得與重慶政府的合併意味著他們地位生命的威脅，因而造成他們不安動搖的原因。

對於汪政權消沉的氣氛，日本政府之承認汪政權，不失爲清涼劑。特別是當日本政府承認汪政權時，慫恿汪氏從以往的行政院長兼代理主席改爲正式就任主席，汪精衛也洞察全般的意向，同意就任主席，對振奮南京人的士氣，幫助很大。

如上所說，汪氏之所以未就任主席，是認爲將來的全面和平，要以與重慶（政府）的匯流來達成，因此對於日本建議其就任主席，汪很不積極。據說因汪政權內部的氣氛和高官們的意見，汪才勉強答應就任主席。而日本政府之慫恿汪就任主席，據聞，也不是有特別的政治理由，而是由於締約對手的政府沒有主席，在法律上說不過去的法律論。我猜想，可能來自法制局的意見。

汪政權獲得承認以後，其政府內部一時氣勢高漲，但隨時日的經過，又開始消沉低迷。其原因，除前一章所說者外，應爲如下：

㈠日汪條約中的事項，有馬上能夠實行的，有因爲正在作戰無法即時實行，必須以後才能實行的，也有由於作戰期間，只能以過渡的方法暫時忍耐的，條約的實行因事而異。可是除汪政權的官吏軍人尤其居於要職具有眼光者外，大多沒有此種認識，以爲日本沒有履行條約的誠意，對和平運動產生懷疑。我們爲改正這種人的觀念不知道盡了多少力。

㈡日本政府與軍部的事務當局之中，也有對於樹立汪政權的意義欠缺認識，不熱心於支援和平運動者；甚至於有人認爲，汪政權是帶著和平「面紗」的抗日政權；更有不少人以爲汪政權沒有履行條約的誠意。

㈢對於汪政權要人出處不明的誹謗流言，日本官民之中有相信不疑，因而對汪政府要人或者汪政權本身產生反感者。這些造成日本援助汪政權的熱情減退，使汪政權要人傷心、意氣沮喪的原因。汪政權要人之中，有不少人對我怨嘆說日本不相信友人。

第十九章　汪氏正式訪問日本之效果及歸還華中房屋工廠

一九四一年五月左右，汪政權成立經過一年，因爲前年十一月日本政府承認了汪政權，所以汪政權內部有人認爲應該乘這個機會正式訪問日本，就將來的重要問題與日本協商，於是汪精衛決定訪問日本。當時，在我看來，近衛內閣可能因爲專心於調整美日外交或者爲其他的理由，對援助汪政權顯得有些冷淡。聰明的汪對於日本政府的這種態度不可能不感覺，故我猜想汪赴日的目的在於試探此種情況。而汪氏赴日的消息傳到日本時，政府特別是興亞院事務當局據說很不高興，在民間，甚至流傳汪來日是爲了提出打破既成事實之要求的謠言。重慶痛罵汪政權爲傀儡政權，日本的一部分人視汪政權爲敵人，說它是帶著和平「面紗」的隱身的抗日政權。這個對照，眞是不可思議的現象。

一九四一年六月，汪氏赴日之議成熟和實現。汪一行（隨員爲周佛海、林柏生、徐良、陳君慧、周隆庠等——譯者）在神戶上岸（六月十六日——譯者）前往東京，鐵路沿線的日本國民的大歡迎一定使汪非常感激。他們在東京市內受到更盛大的歡迎。

昭和天皇把汪當作外國元首歡迎，並以霞關的離宮爲其旅舍。

汪氏此次訪日印象最深的是與昭和會面。汪氏對我說：「在日本，眞正顧念東亞，希望貢獻世界和平的第一個人是天皇陛下，」他同時又說：「天皇陛下之夙夜祈念中日間的眞正提攜，從他很有誠意的眞摯態度可以看得出來，尤其再三使用眞正的提攜使我心身體會陛下的眞意。」汪精衛更表示：「我赴日的目的，因與陛下會面而達到了大半。」

汪氏的和平運動來自他的信念，不是因爲日本的慫恿。不過他也是人。發起運動後，時或歡欣，時或悲觀前途。可是與昭和天皇的會面似乎使他恍然大悟，心境清澈。

汪氏爾後以行政院長身分與近衛首相和其他各大臣會見，他們都表示援助汪政府方針不變，並予以勉勵。唯東條（英機）陸相坦白告訴戰時中情況特殊，有欲對汪政府盡力而不能盡事情的理由，沒有外交辭令，懇切恰當，可謂特別出色。

此時日本政府予汪氏以三億日圓武器貸款，並約定歸還華中的沒收房屋和日軍管理的工廠。

汪氏訪日不但沒有日本政府對汪政府態度冷淡的印象，並且因爲與昭和見面得到感激和勇氣而由東京回國。中途落腳大阪，出席大阪市長主持的官民宴會，宴會後應參與者之請求，就和平運動的抱負作了一場演講，發自其信念有如烈火的演說，令聽衆充分了解汪氏的心境。

我在神戶把汪氏送走（六月二十八日——譯者）以後，回到東京，對近衛首相建議：再確認第三次近衛聲明（一九三八年十二月二十二日），和對一般表明援助汪政權的熱忱乃爲和平運動的發展所必須，同時應該基於這些行動將日汪條約修正到接近近衛聲明的內涵；但對我的建議近衛並不感興趣。此時，近衛交給我寫給汪精衛的「正在努力於調整日美邦交」的密函。我回到南京任所後就把此件密函面交汪氏。汪氏告訴我說：他很期待改善日美關係交涉的成功，如果這個調整工作失敗，重慶政府將完全與英美成爲一體，和平運動的困難更加幾倍。

以下，我將叙述汪氏訪日時，日本政府答應歸還華中的沒收房屋與日軍所管理工廠，並順便提到整理國策會社（公司）的問題。

對於歸還沒收房屋，現地日本官警遵從中央的意思，熱心於實行，尤其是這些房屋大多由日軍管理，因而總司令部率先歸還其所使用的很多房屋。惟因許多軍隊駐紮各地，如果要交出使用中的房舍，日軍將無屋可住，加以下層部隊大多不理解上司的大局意圖，所以斡旋的總軍幕僚、軍事顧問等眞是費盡苦心。唯由於他們的奔走與努力，逐次附諸實行，使知悉此中情況的汪政府要人，非常感謝。

歸還日軍所管理工廠，遠比歸還房屋更加困難。這些工廠大多委託日本人經營，他們既已投下資本，具有複雜的權利義務關係，因此要決定公正妥當的歸還方式，至爲困難。總軍當局及大使館與汪政府監督當局和經濟當局合作，斟酌中日雙方的主張，考慮將來能有有效率的經營，求得適切的妥協點，依序迅速解決了這個困難又複雜的問題，著實非常難得。

而最困難的是，要將在興亞院聯絡部監督下的國策公司，有利地整理給汪方這件事。

國策公司的整理要點，要將股份、機構等一切修正有利於汪方，這是內約所規定，和日汪條約所追認的。汪政權同意：先整理與進行戰爭關係比較少的各種公司，因戰時的特殊情況，尤其是鑒於其發展性，暫時為其需要的礦山、交通公司等則緩辦，也是於一九四一年七月，興亞院會議決定和指示的。因此，重光（葵）大使以現地外交官、陸海軍和興亞院職員組織委員會，研究解決方案。我也被任命為委員。但會議遲遲不進。這與歸還日軍所管理房屋時，下級部隊不能體會上級指揮官的大局意圖一樣，對於國策公司的整理問題，擔負責任的興亞院聯絡部的事務當局中，有不少人欲依個別公司的利害關係來處理，而不知道從大局將其歸還汪方，將激起中國民衆的和平熱情，從而有助於中日問題的解決。

畑（俊六）總司令官和重光大使都很焦慮這件事，惟其解決的關鍵在於要有經濟技術和有關公司內容的專門知識，即掌握在精通公司實況的興亞院事務當局手中，他們的作法是，將公司的日本人社長（總經理）換成中國人，董事、社員、職員的總數，使汪方有利些等等，但我在南京期間，並未作根本的整理，和達到所預期的目的。

第二十章　清鄉工作

清鄉工作的目標是，要使該地區民衆能夠安居樂業，將該地區的政治、經濟、軍事等一切移交汪方，從該地區撤退日本的軍隊和機構，俾使汪政權在該地區達到政治獨立的目的。清鄉工作是汪氏想出的方案，畑總司令官贊成汪氏的計畫，故命令駐上海軍司令官協助清鄉工作。清鄉工作首由蘇州附近地區，於一九四一年七月一日開始著手，汪精衛親自主持，以李士群爲清鄉督察員公署主任，以負責實行。當時，魚米之鄉蘇州、太倉、常州附近治安極端紛亂，民衆受到重慶、中共及汪政權的剝削，嚐塗炭之苦，開始工作以後，在汪氏熱心指導下，李士群很能清除反汪分子，指導民衆的自治組織，並努力於建立將接替日軍的警察和保安隊。在工作之初，因計畫的疏漏、工作人員的不熟習、部分汪政權軍警的不軌行爲、交通與搬運物資的統制、被趕出之中日商人的不平等，一時風評非常不好，惟因工作人員的認眞努力，逐漸獲得民衆的信用，隨工作的進展治安恢復，因消除汪軍隊等的剝削，人民負擔減輕，生產由之增加，所以讚美此項工作者日衆，迨至一九四一年年底左右，許多未實施地區，要求實施清鄉工作。譬如常熟附近便被稱爲數十年來的太平。

清鄉工作於一九四一年十二月，發展到蘇州西南地區，一九四二年三月，推展至常州附近，全工作地區的人口達五百萬人（十縣）（關於清鄉工作的功過，請參閱中國國民黨黨史委員會編《中國現代史辭典•史事部分(二)》，五－六頁，孫子和撰，清鄉運動）

在清鄉工作期間，日軍只擔任汪政權無法實施的反汪集團兵力的排除等純軍事部門，避免介入政治、經濟，讓汪政權作自主的運作。

爲著聯絡汪政權清鄉當局與日軍，將軍事顧問晴氣中佐等派往蘇州。

我於一九四二年五月離開南京的職務，據傳聞，爾後的清鄉工作因爲迅速進展，在南京遭到保守勢力的反對，但我不得其詳。

第二十一章　汪氏延期訪問滿洲國

太平洋戰爭與汪政權的態度

在這稍前亦即一九四一年八月左右，南京外交部長與滿洲國大使館之間雖然有汪精衛訪問滿洲國之議，但我覺得汪政權內部的情勢尚未成熟。汪氏自開始和平運動以來，洞察大局，對承認滿洲國一點也不躊躇。汪政權的上層人士雖然體會汪氏的思想，但不少人對滿洲國官吏卻輕蔑爲毫無抵抗地歸服日本而予以冷眼看待，汪氏深以此情勢爲慮，故一有機會便訓諭部下要其放棄對滿洲國的成見，根據日汪滿共同宣言的趣旨合作，以建設新東亞。但一般人還是不能把舊怨附諸東流。在這個時機汪氏訪問滿洲國，好像有促進日汪滿合作的益處，但另一方面到滿洲的南京政府官員的言行可能刺激滿洲國人和日系官吏的感情，由之影響汪氏的信譽。此時滿洲國方面要求延期訪問，因此決定暫時延期。

一九四一年十二月八日，日本對英美宣戰。中國派遣軍總司令官畑大將立刻與汪氏會面。畑轉告宣戰詔書的內容和進駐上海、進攻香港等日軍作戰的現況，並說這個國際情勢的轉變，對日本之於汪政府的政策毫無改變。對畑汪立刻表示：發誓願意率領中國國民與日本同甘苦，以盡棉薄。我很感動汪氏這種堂堂正正的態度。汪氏即刻緊急召集政府文武官員，表明將與日本共生死同甘苦，全力協助日本，以舉中日兄弟國之實。據說其訓示極其熱烈，令百官感激不已。汪氏即時表示希望與日本一起參戰，請我照會日方的意向，但日本並不希望汪政權參戰。因爲滿洲國不參戰是考慮與蘇聯的關係，而滿洲國不參戰，汪政權參戰是不合理，這是日本所持的理由。我將日方的意向轉告汪，汪則說：「我相信微微的南京政府的參戰，不會影響蘇聯的動向，當再等其他機會。」並發表要與日本同甘共苦的聲明。不過汪氏卻堅決表明南京政府參戰的意願說：「不幸，中國目前分成兩個陣營，與英美共其命運的重慶和與日本共其命運的南京互相對立的情勢。現在重慶已經對日本宣戰，但南京卻與英美處於平常的狀態，無論如何這是很不合理的事情。我們很難對國民交代。」

由於上述的理由，汪政權的參戰，暫時未見實現，日後他們屢次提出，尤其是汪政權的軍人特別熱心於參戰。我以爲其參戰是時間的問題。日本對英美宣戰的第二天，梅思平表示已經對經濟顧問說過而對我說：「昨日汪氏訓示：日本此次宣戰攸關日本命運，這是欲建設東亞人之東亞的戰爭。因此汪政府不能優游旁觀。我們要與日本共生共苦。爲此各部長要傾其全力，協助日本。我認爲國民政府對日合作，應該以經濟關係爲主，因而我覺得責任之重大。如有我能盡力的，請不要客氣隨時見告。」故我很感動於汪氏的誠意和梅氏眞摯的態度。

第二十二章　華北的特殊性

現在我應該談談華北的特殊性。依御前會議所決定的中日關係調整方針和所締結的日汪條約，日本以華北作爲國防上經濟上緊密提攜地帶的方針。所謂華北的特殊性就是這個意思。換句話說，它並不是要在華北另外建立政權，以華北爲特殊的政治行政地區，而是要在這個地區在國防上和經濟上緊密合作。

在這一點，它與把蒙疆當作高度的防共自治地區大異其趣。在華北雖然設立了政務委員會，但其任務是依南京政府的委任，在南京政府的許可範圍內，只就某某事項具有與日本直接交涉處理的權限而已。而且對於政務委員會處理的事項，汪政權擁有予以修正或者取消的權限。可是成立汪政府以後的實際情況是，在華北卻禁止懸掛國旗，使用新民會旗，排斥汪政府在華北的活動，甚至於不同意汪政府對礦山權等的認可，大有限制汪政府政令在華北推行的傾向。而這不僅是在華北一般日本官民普遍的思想，也是在華北中國舊軍閥、舊官僚的態度。華北政務委員會要人的想法，從一九三九年夏天汪氏與王克敏會面時不得要領來看，或與上述的思想類似。

關於在中國華北方面爲什麼會有這種思想，我不擬深入，現在我只就在華北的日本人爲何有這種想法略作說明。在華北，中日事變前，因爲南京國民政府和（國民）黨部的指導，排日政策非常旺盛，尤其事變前幾年達到高潮，中日關係日趨惡化，因此華北的日本官民很討厭國民政府和黨部勢力進來，並欲予以排斥。我認爲，南京國民政府和黨部的排日抗日思想和政策，造成華北日本人排斥南京的思想和政策的原因。成立汪政權以後，它雖然修正了從前的政策，以親日政策爲根本方針，所以從前的華北特殊性思想應該隨情勢予以修正，惟因一來由於多年思想習慣，不容易改正過來，二來因爲汪政權繼承前南京政府的法統，以三民主義爲指導精神，故對汪政權的本質有所懷疑所導致。

汪氏對華北上述觀念的繼續存在深表憂慮和不滿，而常常要求我們幫忙改正，總軍司令部、大使館和我們這些軍事顧問也都曾經努力於解決；華北軍、官吏之中也有人認爲維持以往的華北特殊性不但是對中國健全的民族主義的挑戰，因而很想予以突破，惟因因襲太久，彌漫整個華北，要打破這個觀念，非常不容易。成立汪政權當初，原屬於臨時政府管轄地區的江蘇省北部和安徽省北部也照樣隸屬於華北政務委員會，迨至一九四一年春天左右，該地區改直屬於汪政府管轄，但其經濟部門暫時仍受華北政務委員會之指導，是一個變相的地帶。不過這也可以視為華北接受汪政權北進的現象，對華北特殊性的一種修正。如上所述，雖然有一些改善，但還是很慢，在我任職南京期間，並沒有能夠十分達到目的。

第二十三章　汪氏訪問滿洲國

前面我們說過，汪精衛本來計畫於一九四一年秋天訪問滿洲國的，後來延期了。一九四二年春天，滿洲國方面催汪前往訪問。而汪政權內部對於日汪滿需要合作的認識也有了進步，故大多贊成汪的訪問。於是於一九四二年五月一日，汪精衛一行飛抵大連，然後乘火車到長春。而最引汪一行注目的是，沿線的人民看起來比華中的中國人富裕得多；沿線高度的工業化，和滿洲國軍的整備情況令人驚奇。到達長春後，汪氏與滿洲國皇帝溥儀會面，溥儀似乎對汪談了對友邦日本的心境。在長春，汪氏參觀日滿經濟（原文，可能是經營——譯者）學校兒童的團體訓練後說：「這才是日滿一體的表現，一個口令，日滿人同樣動手動腳，實在太美了。將來希望在中國以中國話，在日本以日本話，日本人和中國人在一個口令之下動作。」由於訪問滿洲國的結果，滿汪間彼此冷眼相看的隔閡完全消除，出現很和諧的局面，故汪氏的訪問滿洲國意義很大。與此同時我認為由此使汪一行確認了滿洲國的真正價值，從而大大地促進了滿汪的合作。

五月十三日汪氏回到南京，據說他在行政院會議訓話說：要消除對滿洲國的偏見，真正與其合作，以日本為大哥，一致努力於建設新東亞，以及取滿洲國之長以補中國之短。

第二十四章　汪政權的軍隊建設

我認爲汪政權能不能建立堅實的軍隊，完全決定於汪政權是否掌握了民心。我覺得這可能比掌握民心還要困難。因爲愈好的軍隊其民族意識和抗日意識愈強烈。

汪政權成立前與其成立後參加和平陣營的軍隊，老實說徒具其名，實際上無異土匪。其大部分軍隊不是難於維持其地盤，就是被日軍懷柔的土匪軍和職業性的自衛團，絕不是贊成和平運動而來的。

汪政權一成立，我被聘爲軍事顧問，首先便想徹底裁這些軍隊的兵，惟因各種情勢潛在於日汪兩方面，故只裁了其一部分。因此對於新投靠汪政權的軍隊，我採取嚴格選擇主義，惟由於日軍所擁有的武裝團隊，希望轉到汪政府者日增，出於無奈，兵力遂增加。但日軍移交給汪政權之俘虜的中國官兵，鍛鍊成爲具有優秀的和平軍隊的素質是値得安慰的。斷然實行裁兵、維持治安的同時，汪氏著手編制禁衛軍，以爲實現其意志的後盾，但由於補充武器困難、財政困難和招兵困難的三難，而未能實現其計畫。

自日本政府承認汪政權以後，一般民衆開始逐漸矚目和平運動的將來，所以程度較好的雜牌軍漸來投靠汪政權。雖然如此，汪政權眞正期待的還是抗日意識旺盛的軍隊。這種優秀的軍隊不是以懷柔等手段所能得，除非能使他們自覺抗日是錯誤的，他們絕不可能走向和平陣營。這跟掌握民衆的方法一樣，除非達到掌握一般民心的時期，不可能獲得這些軍隊。由於他們比一般民衆抗日意識強，因此更難贏得他們的認同。

由此我們知道，建立汪政府的健全軍隊，係以發展和平運動，贏得民心爲前提，忽視此點，只想獲得優秀的軍隊，想建立健全的軍隊，只有徒勞無功。我認爲建立軍隊，必須注意以下幾點：

一、致力於軍官學校和軍官團的教育，幹部的培育尤其要重視灌輸建國建軍的理念。

二、提高高級軍官的見識和度量。

三、徹底裁撤不良軍隊。

四、接受日本武器的補充，訓練清新的招兵，以建設優良的禁衛軍。

五、要努力於獲得優良軍隊，但不要只是焦慮，而應該等著和平運動發展的自然效果。

上述建設軍隊的本義，以和平反共建國爲主義，以中日合作爲理念，以確保國家治安和東亞安定爲目的。汪氏很努力於建軍理念的鼓吹。他在軍官學校定例的訓話，充滿熱情和信念，使懦夫得到勇氣，令聽者極其感激和感動。汪政權的軍隊不以重慶軍隊爲敵從事內戰，這是汪氏在從河內到上海的船中明白告訴我的。目前，它爲警察和保安隊的後盾，以維持治安爲其主要任務。

而最重要的是，與日軍保持緊密的關係，但不要有摩擦。這好像很簡單，其實非常困難。是即時或發生意外的問題。軍事顧問將聯絡官派遣於汪的各主要軍隊服勤，就是爲了防止日汪軍隊間發生摩擦或解決問題。

第二十五章　結語

日本政府於一九三八年初放棄與重慶的直接交涉，並聲明今後不與重慶從事直接的交涉。

汪精衛鑒於日本上述的態度，和重慶的抗日意識極其激烈，所以非常憂慮，情勢如果這樣演變下去的話，不可能有中日全面的和平，因而希望逃出重慶，以展開和平運動。此時日本政府發表日本對中國的要求不是侵略的近衛聲明，汪精衛相信日本如果很誠意地實行該項聲明的政策，要消除重慶對日本的懷疑，緩和其抗日意識，進而導致中日全面和平不是很困難。

汪氏於是決心建立和平政府，以造成「根據上述近衛聲明之原則的中日合作的事實」，以這個事實作為他的和平論的證據，以促使重慶的反省。

日本政府以汪氏的意圖很難得，而予以贊同，並約定要極力給予其運動以援助。但日後日本援助汪政府的熱情因時、人而異，近衛聲明也被稍稍歪曲，成為內約而為日汪條約。而且其實行也遲遲沒有進展。因此對於說日本是侵略國家，中日事變為侵略戰爭，為打破勇敢地繼續抗戰的重慶的抗日思想和抗日意識無法充分地提出必需的反證。同時汪政權內部也有無可否認的種種內患而影響獲得民心。

由於上述各種原因和不良條件，和平運動沒有所期待的進展。

而從第二篇第六章所說來看，現在我承認：採取樹立和平政府的方式是一種失敗。我相信：汪氏的想法可能也是如此。

雖然有第一次近衛聲明，日本軍部、官界和民間還是繼續與重慶直接交涉，但毫無成果。而汪政權要人特別是周佛海、陳公博、陳璧君等似乎也嘗試過與重慶的合作，但都沒有成功。反此，我從未聽說過重慶對日本伸出過和平（求和）之手。直接交涉之所以沒有成功，不是因為工作不得當，而是由於重慶的抗日意識極強，不是口頭禪式的工作就能夠使他們走向和平的。我堅信：只有「以無可否認的事實證實」日本不是侵略國家，日本對中國的政策不是侵略主義才是唯一成功的關鍵，除此而外別無他途可循。因爲重慶政府認爲：日本只是嘴巴上說好聽話，實際上並非如此，非常不相信日本。

不幸的是，自內約以來日本對汪政權的態度，就重慶而言，並未成爲否認日本之侵略主義的資料，它不但減弱了重慶轉向和平的可能性，更加強了他們的抗戰意識。

要之，要使重慶轉向和平不是方法論的問題，而是要以事實對重慶證明日本不是侵略國家，日本的對中國政策不是侵略主義，否則絕辦不到。

太平洋戰爭以後，這個事實應該也沒有改變，而且更加上了重要的因素。即爆發太平洋戰爭以後，重慶政府正式成爲盟邦的主要成員之一，它的態度，自不是日本的對華政策所能左右，其命運將由太平洋戰爭的輸贏來決定。

東條內閣的新對華政策（一九四二年秋）當然很好，惟因決定於太平洋戰爭對日本稍稍不利之時，因此有失之過遲，難有效果之嫌。雖有若在數著死去兒子年歲之譏，這個政策如果在一九三九年秋天（指示交涉內約之時），至少於一九四〇年夏季（交涉日汪條約之時）決定並誠心誠意實施的話，其情勢可能與今日有很大的不同。實在太可惜了。

以上所述，多是關於汪精衛的和平運動爲什麼沒有什麼進展之原因的日方的失敗史和反省錄。對於欲使汪政權名副其實地成爲中國的獨立政府，日本陸海軍、政府和民間善心之士的努力，我覺得我沒有作忠實的叙述。但對於重慶政府和各國批評說「日本建立了汪政府這個傀儡政權」一點，爲著日本和汪政權的榮譽，我要予以反駁。我的意見如下：

一、汪精衛起初的計畫是想以國民黨員爲中心來展開和平運動，並沒有建立政府的打算。對於這個計畫，日本政府表示願意予以援助。

惟後來汪氏以其計畫不夠徹底，而將其計畫變更爲樹立政府的和平運動，並徵求日本政府的意見。日本政府同意其計畫，並答應予以援助。這是我在前面詳細說過的。從以上經緯我們可以知道：汪政權是以汪氏自由意思所建立，不是日本所要求或者慫恿的。汪氏所發表「一九四〇年一月一日年初感」充分說明了這一點。

二、從其人格、見識、閱歷等來說，汪精衛是否情願作日本傀儡的人物，我相信重慶政府人士最清楚。我與汪氏接觸三年多，在此期間我最大的發現是：汪氏爲偉大的愛國者。他一再地對我說：「我所以愛日本愛東亞，是因爲愛中國。」

如果汪氏是甘願爲傀儡的人物，在人才濟濟的重慶政府不可能爲行政院長和國民黨副總裁。如果在重慶的人認爲汪氏是情願作傀儡的人，這說明重慶沒有人才。

三、汪政權成立前交涉「內約」，並在汪政權成立之前內定以其爲條約的基礎。這是日方所提議，不是汪氏的要求。

一九三八年十二月二十二日的近衛聲明，對於仔細理解中日關係，太過於抽象。欲把它具體化，以爲□□（兩個字不清楚）條約同樣的內容，並於成立汪政權之前徵得汪氏的同意，這是日本的誠意。

交涉內約的時機是在成立汪政權之前，因此依其內容，汪要放棄成立政府也是他的自由。由此我們可以窺悉：要不要建立政府，日本完全尊重汪個人的自由意思。如果日本有意使汪政權變成傀儡政權，就不必在成立政府之前內定條約基礎案，而不管三七二十一地先令汪成立政府，然後交涉條約並強制其接受。

四、傀儡政權需要指導機構或者監督機構。可是對汪政權卻沒有這種機構。雖然有軍事委員會顧問和經濟委員會顧問，但經濟委員會青木最高顧問和軍事委員會最高顧問的我，都是由汪氏指定和聘用的，不是日方的推薦，更非日方的強制。

這些顧問皆根據顧問契約而行動，應諮詢或者在適當時期陳述意見，絕不指導、干涉、查察等，實行政策時不僅不必徵求其同意，顧問還要奔走於汪政權與日方之間，以斡旋汪政權政策的執行。有一次，經濟顧問出於指導的態度，對此財政部長喚起注意，於是經濟最高顧問遂調動人事，這證明日方沒有利用顧問來指導汪政權之意圖。

總之，顧問為避免陷於干涉的弊端，其行動可以說是近乎消極。

如上所述，日本對汪政權，為免於陷於指導或者干涉之弊害，曾經特別留意。

但各省（部會）的局部問題，則似由各該地區內的陸軍特務機關長與汪的地方官廳交涉，因而時或出於干涉的態度，這是很遺憾的事，但陸軍中央以至總軍司令官等絕沒有此種意圖。後來東條內閣將其改正，並把對汪交涉移到日本大使館的系統。

汪政權的機構和人事，皆由汪方自由決定，日方不予任何限制。

政策的決定也是一樣，有許多事，事後獲得通知日方才知道。不過也有不少汪政權欲實行，惟因軍事上的限制而未能實行的政策，這是不得已的。但在狀況許可的範圍內，日軍還是採取援助汪政權實行其政策的態度，這是不可否認的。預算也由汪方自行決定，經濟顧問則大多爲其財源的籌措陳述意見，奔走和斡旋。

日本對汪政策的實行，係由駐汪大使依正常的外交手段與汪政權交涉，故不能視爲指導或干涉。對屬於純軍事部門的事項，則由日汪兩軍事當局來交涉，這不但不包括指導或干涉的因素，而且大多由軍事顧問居間斡旋。

五、根據一九三九年六月，汪氏與日本政府所約定「關於政治獨立的要求」，依一九三九年十二月的「內約」，規定日本對在中國的經濟發展予以相當的限制。

以上是一九四〇年十一月的日汪條約確認有效的，其中尤其對於限制日方擁有國策公司亦即日汪合資公司的股份百分比，日本經濟界非常反彈，加以有許多約定要從既成事實或者既得權益歸還汪方，所以在日本軍、官、民間有不少人對汪政權反感和懷疑。又，在華北的軍、官、民之不喜歡汪政權勢力在華北生根，我已經在前面華北特殊性的一章說過。如上所說，日本內部有反汪政權的空氣，乃是對於汪政權意圖政治獨立，日方予以援助的一種反動，而這也可以說汪政權沒有變成傀儡政權的證據。

回顧我受援助汪精衛工作的任務以來滿三年，不斷與汪氏接觸，惟由於我之不才不敏，對汪氏的和平運動未能有顯著的貢獻，實在覺得遺憾，如果由更有能有德之士來擔任此項工作的話，或許對和平運動有更大的貢獻，並大大地有助於中日關係的調整。但有一點我敢斷言的是，我對汪氏從來沒說過一句假話，一旦答應的事，我必定作到，或盡最大的努力和誠意去實行，這是我仰天俯地無愧的。

附錄：協助汪政權的特務工作

特務工作的意義，很不容易充分理解，我認爲它似乎可以這樣定義：「由裡面呼應政府、政黨的施策，並妨害敵人的因應，以爭取民衆及協助其組織的秘密工作。」

一九三八年年底左右逃出重慶，在華中方面策畫和平運動的CC團員丁默邨和李士群，於一九三九年二月往訪土肥原（賢二）中將提出說：「爲收拾時局，擬糾合國民黨同志，並以其爲核心與民衆來大力推動和平運動，以期早日實現中日和平，作爲其第一階段，將以上海爲根據地，展開爭取民衆的工作，故請日方能予以諒解和斡旋。」日本陸軍中央也接受了他們的要求，而令土肥原予以必要的援助。

如此這般，這個工作從四月一日左右起，主要的以上海租界內的中國人各階層爲對象，展開懷柔爭取和予以再組織的工作。

當時，南京已經成立維新政府，但極其力薄，尤其租界完全在重慶特務機關的控制之下，故抗戰派以外的中國人的言論被抑壓，其政治活動全被封鎖，甚至於白天在大馬路，日本人常遭遇到殘忍的恐怖行爲。在這種情勢之下，丁默邨等認爲，除非封殺重慶的恐怖行動，不可能推動工作和保障工作人員的生命。而丁默邨的工作在這個階段時，汪氏由河內到達上海，因周佛海的斡旋，成立汪與丁的合作，這是我在前面說過的。

因土肥原中將於四月初結束其機關回到日本國內，所以由晴氣中佐和塚本少佐等繼續擔任援助此項工作的任務。

我在上海與晴氣等會面，並就日方對援助此項工作的態度作了如下的決定：本項工作必須是適應複雜的中國社會組織的社會運動，同時也是要對抗日本人所無從窺悉的重慶之特務工作的微妙工作，因此禁止日方的干涉，舉凡計畫的策畫和實行，完全要名副其實地由汪方擔任。

爲此，影佐機關主要的是居於丁默邨等與日軍特別是憲兵之間，從事聯絡和斡旋，以晴氣中佐爲主任，塚本少佐爲之輔佐。

當時，日本憲兵隊，從維持租界治安的立場，已經與丁默邨一夥對重慶的恐怖工作形成唇齒關係，依丁默邨一夥的情報，逮捕了許多租界內的重慶恐怖工作人員，對這些人，丁一夥認爲予以說服，吸收進入其陣營比較有利，因此將其許多分子交給丁默邨。

丁默邨等的特務工作組織，在和平反共建國的指標下組織中央委員會，以丁、李等大約十人爲中央委員，下面設重慶國民黨、上海市黨部新聞界教職員、學生社會、商界、勞工界等專門委員會，和對抗重慶與中共恐怖工作的機關——特務委員會。根據丁默邨、李士群等的說法，迨至一九四〇年三月成立汪政府以前的成果如下：

一、當時殘留於上海的重慶系組織中，有力者有國民黨部和學校教職員學生，所以先努力於說服和吸收他們，丁默邨等說，及至一九三九年八月左右，大致上已將這些人吸收於整個組織。依當時的情況，作爲工作的對象，工人沒有太大的價值；商人因爲其性質上不容易組織化，不如個別地爭取；對新聞界相當用力，但沒有可觀的成果。

二、重慶的恐怖組織深入上海租界內，威脅支持汪政權的市民，暗殺汪方人士及日本人，服務於租界工部局警察部的中國人支援他們，因此特務委員會遂致力於爭取和吸收重慶恐怖組織中的有力分子，降至一九三九年九月左右，大致達成其目的，所以工部局的高級中國人也來靠攏，繼而下級警察的態度似乎也隨之有所改變。

三、如此這般，上海的氣氛逐漸有利於汪派，上海市民，似乎至少可以不必關心重慶派和汪派而過他們的生活。

四、對於重慶工作人員的爭取和吸收，主要地用說服，但必要時似乎也用利誘甚至威脅和恐嚇，但盡量避免流血，對於不肯靠攏者也不予強制，而予以軟禁，並給予相當寬厚待遇。但對極少數惡質者，依汪精衛的命令或者經其許可正式處以死刑，但這是屬於稀有的例外。

五、特務工作人員爲籌措工作費，時有出於恐嚇行爲者，這是下層工作人員之素質欠佳所致，因而有很壞的風評。這是汪、丁、李最感頭痛的事情，雖然曾爲其改善而努力，但還是未能收到良好的效果，至爲遺憾。

成立汪政權以後，特務委員會改爲汪國民黨中央委員會特務委員會，其他則改組爲行政院社會部，前者直屬汪精衛，以周佛海爲委員長，李士群爲主任委員；後者以丁默邨爲社會部長。

特務委員會將工作區域由上海地區擴展到長江下游一帶，然後推進到漢口和廣東地區。

一成立汪政權，警察和特務工作，治安與軍事不但有密切的關係，考慮到以往人事關係，依汪氏的要求，要軍事顧問協助這些部門的工作，繼續以晴氣中佐和塚本少佐爲其主任，而成立汪政權以後，由於更需要發揮其自主性，顧問乃以疏通日軍方與汪方此等機關爲主要任務，嚴禁對工作插嘴、強制善意以及強其報告，因此成立汪政權以後的特務工作，除汪方特別聯絡者，或者與日方之間的若干爭執外，我沒聽說過有什麼不愉快的事。

（譯自《現代史資料9，日中戰爭5》）

對土肥原中將的指示

（一九三八年十月七日　五相會議的決定）

貴官的任務，一如從前，但應先著重於破壞「蔣」政權的工作。隨「唐紹儀」的去世，在補充難以建立新中央政權的意義上，爭取中堅的壯青年層次，將來更加重要。

貴機關所當從事的主要工作，本會議的腹案如左：

一、對「吳佩孚」、「靳雲鵬」、「舊東北軍」的工作。
透過「唐紹儀」所遺留下來管道的工作。

二、破壞「蔣」政權的工作。
透過「蕭振瀛」之管道的工作。
透過「高宗武」之管道的工作。
對「李宗仁」、「白崇禧」的工作。

（譯自《現代史資料9，日中戰爭2》，二八四頁）

關於中日國交調整原則的協議會議紀要

第一次會議紀要（矢野書記官筆記）

一九三九年十一月一日上午十一時至下午三時半於上海六三花園

出席者　汪方：周佛海、梅思平、陶希聖、周隆庠

日方：影佐少將、須賀大佐、犬養健、谷萩大佐、矢野書記官、清水書記官

一、影佐（禎昭）少將開會講話要旨

日方認爲，將其要求一下子毫無保留地全部交給汪先生，是日本的誠意，茲介紹其整個內容。

但日本的要求是欲建立中日永久和平的要求，不是作爲戰勝者的要求，希望各位根據這個看法，以同志的立場自由表示意見。

今後連續會談，或有相當意見的不同，但爲著達到調整中日關係的大目的，希望超越眼前的利害，該採取的就採取，當捨棄的就捨棄，虛懷若谷，互相相信，以進行討論。

今日交給各位的提案，如果決定，今後應依其條項之性質，或完全訂爲條約，或以秘密協定，有的事項或必須作成成文，這些似可以外交技術處理。

二、梅思平提出：希望看了之後再表示意見。爲了使汪方有充分時間好好看，日方人員退出會場，暫時休息。

三、休息後，日汪雙方回答問題要旨。

梅思平（以下簡稱梅）：今日只就字句提出問題，表示一般而概括的意見，俟熟讀以後擇期再就具體問題提出意見。

陶希聖（以下簡稱陶）：建立中央政府是一般和平運動的前進，故研究日本案以後，要即時全部修正現狀是不可能的，但修正其一部分，作爲對一般民衆表示日本對中日合作眞有誠意的證明是很有效果的。

影：陶氏的意見很正確，日方對現況也深感有修正的必要。所以希望貴方對日方議案不要只持防禦的態度，而坦白地提出修正的意見。

梅：對於共同防衛事項，請能賜告軍隊的駐屯地點。

影：事屬機密，暫時不能奉告，請等能夠奉告的時期之到來。

梅：強度結合是什麼意思？

影：這是將緊密結合在一起的觀念以文字表達出來的。結合的目的因地域而不同。華北蒙疆是國防上經濟上的強度結合地帶，長江下游地區在經濟上是強度結合地帶。

梅：共同防衛的第二項說：「日本將所需軍隊駐屯於華北蒙疆要地。」這與我們在重光堂所談的「蒙疆及所需華北諸地點」是否有點出入？

影：因爾後情勢的變化，尤其是鑒於蘇聯在西北地區的情勢，而不得不變更對華北的想法，這是理所當然的。

梅：其第五項的所謂駐兵地區，只是指防共還是包括其他？

影：防共上的駐兵、治安上的駐兵、作戰上的駐兵，都包括在需要駐兵的地區。

周佛海（以下簡稱周）：附件第一之五項有「派遣顧問」、「配置顧問」等文字，好像日方隨意可以遣派顧問，因此在文字上給予適當修改是否好些？

影：這是約定好以後的事，不是日方要片面派遣或者配置的意思，其用語之得當與否，請討論時再來討論。

陶：顧問問題在對於尊重主權原則最低限度要求中也成爲問題，這與第五項有什麼關係？

影：這兩者係同一主旨。

梅：附件第三之第二項的所謂「其他地區」，是否指華北蒙疆以外的整個地區？又所謂特定的資源與必要的方便，與蒙疆的條項我覺得有點不同，不知尊意如何？

影：是不同。前者強而且是一般性的，後者是有所限制的，其限度以「必要的」這個形容詞來限制，請能注意這一點。

周：請賜告中日新關係調整要綱附錄（指東京案附件第二及第三）備考的意思。

影：需要將來中日間約定的，也有貴國內政問題，要由貴方自動處理解決的，實包括這兩者。

陶：在華北之部與維新政府之部有繼承既成事實云云的文字，這與跟貴國的了解，要根據平等互惠之原則重新檢討，在觀念上是不是有矛盾？

影：這兩者並不矛盾。爲防止情勢的混亂，暫時先繼承既成事實，然後該修正的再逐漸修正比較切合實際。換句話說，修正是要修正，但要先繼承既成事實，所以才使用「暫時」這兩個字，請留意這個字眼。

陶：在新上海的中日的結合，從要設立中日經濟協議機關的想法來說，是不是限於經濟？

影：原則上以經濟爲主，但在第三國關係複雜的新上海方面，只是經濟是不夠的。我認爲應該包括政治和文化。

梅：貴方交來的文件中有「協力」、「援助」等字句，這是權利的觀念還是義務的觀念？

影：這要看什麼事情。譬如爲中日經濟強度結合的需要要開發國防資源，在中國方面是一種義務，對日方來說是一種協助。

梅：所謂協力建設新上海，如果中國不要求協力，就很難辦，對不對？

影：除非解決東亞和平最大障礙的租界問題以建設新上海，不可能達到最後的目的，故需要中方的協力，就中國而言，爲解決租界問題，要有要求日本協力的權利和義務的想法。

陶：所謂協力是不是合作（cooperation）的意思？

影：是的。

周：如果沒有什麼問題，我們是否來進行討論？

四、一般而概括的討論要旨

梅：此次貴方交給我們兩種文件，我們同志看了之後既吃驚又放心。放心的是日本不會再作更多的要求；吃驚的是內容極其廣泛。近衛聲明的基礎據說係根據日本廟議的決定，但我們所提出的具體要求也有所據。亦即根據去年十一月在上海與貴方協議的紀錄，故近衛聲明也應該以它爲基礎，可是近衛聲明對撤兵卻隻字未提。總之，我們今後討論的基礎當是近衛聲明、去年上海會議紀錄和今年六月在東京的約定這三種，爲這三種文件所沒有的，我方歉難接受。而上述三種文件中，有矛盾的部分，應該予以修正。

影：我懂得您的意思。

陶：首先，我們今後進行討論時，作爲同志希望貴方了解的是，我們是向同一個目的在努力的，即和平與組織新政府的兩點，因重慶不肯和平，故不得已我們要組織新政府以從事和平，但這是一種手段，目的是要達成中日間的和平，在此種了解之下來進行討論的話，問題很容易解決。討論要綱時，當會產生將來要怎麼樣，現在該如何處理，以及過渡期間要如何如何等問題，但這些都要以達成共同目的之和平，搞垮重慶爲目標來作決定。

現在看貴方的要求，一再提到要設定特殊地帶的問題，我認爲這也可以調整（商量溝通和修改）。作爲搞垮重慶的手段，如果沒有一種能夠說服和爭取中國民衆之事實的話，那是辦不到的，如果能以這些目的和手段爲前提來討論要綱，我相信很容易解決問題。

其次，希望日方能認識以下的事實。

即日本似希望帶來東洋永久的和平，爲此日本付出很大的犧牲，但又害怕將來中國會起來再反抗。我方能夠了解貴方的擔心，但唯有汪氏的和平運動搞垮重慶，爲民衆所接受，才能調整中日國交，如果能夠做到這一點，將來中日就不會再發生戰爭。因此如果能了解這種情況，我們的協議就會進行得很順利。我們很感謝日本援助中國並幫助中國建立新中央政府，但希望能使新政府活動自如，不要只承認小孩的存在而對其生病不管，這樣一點也沒有用處。

對於我方所提出的尊重中國主權，從日本看來或許是很高的要求，但這是日方不要求戰勝的結果的旨趣，同時以爲這樣對達成和平運動有助益而要求的。

影：陶氏的觀念，必須請他稍微予以改正。陶氏只以結束戰爭，帶來和平爲目的，如果只是爲了這個目的，祇要回到事變以前的狀況就行了，但中日兩國不僅要停止戰爭，而且將來兩國還要從東洋的和平，維護東洋這個觀點來合作和協力，即今後中日兩國應該以它爲理想而前進。陶氏舉出特殊地區作例子，但如果只是以和平爲目的的話，特殊地區沒有意義，要從中日合作的需要來觀察才有意義。

周：我想就梅、陶兩氏所談的事綜合我的看法。

梅先生所要說的是：第一，今後討論的議題，應該以去年上海會議的紀錄、近衛聲明和今年六月的東京協定這三樣東西爲基礎，可是貴方交來的文件卻似乎相當逸出這三者。我認爲以這三者爲基礎，其要點應爲：

㈠就貴方交來的兩個文件，與前述三件一致者予以討論並作決定。

㈡不一致的，不要討論，今後也不要再提出。

㈢前述三個基礎中有矛盾的，予以修正使其一致。

陶氏主張的要點是：

看過貴方交來的文件以後，同志們的意見是，日方的要求，原則有許多但書，這如果以支票來作譬喻的話，是三年、五年以後才要兌現，而從目前中國的饑餓情況來說，是需要馬上能兌現的支票。

梅：我方將於明天和後天兩天好好研究，今天沒有作逐條討論的準備，所以關於這點改天再說。

影：如果這樣，作概括性的討論也可以，想到什麼就說什麼也可以，如何？

周：我想自由表示意見，關於蒙疆地區，中方一向的解釋是指察哈爾、綏遠兩省而言，但貴方所說的蒙疆，似包括上述以外的地方，這在中方來說是有問題。

影：這是指現在蒙疆政府的管轄區域來說的，貴方所說的問題是不是指晉北十三縣（山西北部）？

想請問貴方的是，將蒙疆限定於察、綏二省的行政區域是不是有特別的理由？

周：理由很簡單，因爲山西北部的十三縣是完全漢族化的地區。同時把河南省的一部分加上去，從以往的觀點來說也很有問題。惟今天不是討論，所以我只是指出問題的所在。

梅：長江下游地區的問題，在東京並沒有談，今日在這裡提出，同志之中有人反對，這樣不好。

影：這是梅氏的誤解。說長江下游地區是經濟上強度的結合地帶，這在中方所提出具體辦法中明載為日方的意見。

陶：長江下游地帶是吳越平原，在歷史上是東南地方統一西北各省，而且這個地方是中國在經濟上最重要的地帶，財界有力者也集中在這個地方，由於它是建立中央政府之基礎的地帶，所以如果財界有力者反對時，將在這個地區造成反對勢力，中央政府的基礎，將很薄弱。

影：中日事變後，中日必須合作，不應該對立。照貴方的說法，正因為主要經濟地區，是不是更需要合作？也許懷疑日本會獨占或者要侵略才這樣說，但日本絕沒有這個意思。日本希望的是眞正的經濟合作。

更非要排斥與第三國的經濟關係。事變前，貴方在長江下游地帶不跟日本合作，而與外國合作，我方的意思不過是想改正這種情況，促進中日間的經濟合作而已。

陶：不喜歡經濟上強度的結合地帶，不是不要經濟合作，我倒覺得經濟需要全國地合作，我方希望有這樣的合作，這是一般性的合作項目，可是卻偏偏要在長江下游地帶設定這個項目，除經濟合作之外是不是有郵政等其他的意圖？

影：好像在文字上對於強度的結合地帶有誤解，其實能經濟合作的，除蒙疆、華北之外只有長江下游地區，其他的地區，要經濟合作很不容易，所以希望在長江下游地帶好好從事中日的經濟合作。陶氏好像把它誤解為要求連香烟的零售和拉車也要合作，但這隨討論的進展，自然會知道那些部門該合作，那些部門當自由。我相信陶氏已經了解了日本想法的精神。

陶：如果依照平等互惠的原則合作，自無問題，我所擔心的是，因為設定這種地區，而逸出平等互惠的原則，從而發生統制郵政等附帶的問題。

影：這討論實際問題時就會清楚，請不必擔心。

梅：譬如華盛頓會議時，雖然約定了開放門戶的原則，但後來日本卻關閉了其門戶，而今日卻令人誤解：日本倒其地位，不但將趕出列國，也要把中國人拒於門外。

影：開放門戶原則上必須承認，但我們要記得去年的上海會議，協議決定日本優先於其他列國。又，既然依照中日雙方互惠的原則，自不可能拒中國人於門外。

梅：從結論來說，只有中日兩國在該地區從事經濟活動當然很理想，但如果立刻這樣發表的話，外國人必很驚愕，並將對建立中國新政府多所妨礙，且維新政府亦已經歷，一般中國人都擔憂將由日本人獨占經濟活動，因此最好能加些文字，以防誤解。

影：您好像很想刪除長江下游地帶區的問題，我覺得您這個動機有問題。

須賀（以下簡稱須）：您是不是因爲看到作戰中的特殊情況而擔心？譬如工廠，經營者逃亡，但生產品的需求必須補充。同時需要養工人（治安上），因爲經營者不在，不得已從日本帶來資本家，附以條件（將來中方經營者回來時要合資或作其他整理），令其經營工廠，這一點請不要誤解。如果只看到一部分就要大發議論，當然會擔心或者發生誤解，但如果作全盤性的綜合研究，我相信能夠了解。

梅：老實說，看華北政務委員會這一項，有如憲法之規定說得很詳細，這只是日方的意見呢，還是有中國人的意見在裡頭？

影：這裡頭也有相當多的中方的意見，惟因日方認爲國防、經濟的特殊地區的必要上應該給政務委員會這樣的權限，所以這是日方自主的意見。

梅：我們也是這樣想。

所謂華南沿岸特定島嶼是不是只指海南島？

須賀：不是。不只海南島，還包括三灶島、南明島、東沙島和西沙群島等等。

梅：去年在重光堂會談時，在華北以外地區承認日本之優先權，但近衛聲明並沒有提到優先權，所以我想今後不要再使用優先權這種字眼好不好？

影：今後連日討論的並不是要原封不動地全部發表，有的事項將是秘密協定等等，這些日後將以外交折衝成形，在這以前是同志間的交談。

梅：貿易的統制權問題，譬如說，中國農民的農作物統統很便宜地賣給日本公司，日本公司將其賣給外國以賺取其差額，而且這是在中國政府統制之外，很不方便。

影：我完全同感。日方也覺得需要修正。該修正的就修正。

剛才我對貴方說，不要站在防禦的立場，希望坦白提出不滿現狀的修正就是這個意思。

周：維新政府不久將被解散，所以現今拚命地在製造統制公司等既成事實，而日方似也在鼓勵其製造既成事實。目前實在沒有製造這種既成事實的必要，如果這樣做，汪先生的中央政府一定很難強化，如果需要製造合理的事實，希望等待協定後的機會。

影：足下的意見我完全了解。將作調查，如果有製造這種不合理的既成事實，將努力於善處。矢野君和小池君作爲我方的經濟問題的主管官，要好好了解現況，或許是因爲誤解而產生的疑惑也說不定。

從下一次起，因爲是有關經濟問題，應令小池君也參加。

梅：今日到這裡結束。四日上午九時（上海時間）再開會。

第二次會議紀要（扇少佐筆記）

十一月四日上午十時十分至下午四時三十分

出席者：汪方：周佛海、陶希聖、梅思平、周隆庠

日方：影佐少將、谷萩大佐、須賀大佐、扇少佐、犬養、小池、矢野書記官、清水書記官

周：今天的會議與上一次一樣，擬以同志的身分討論，不採取外交（交涉）的方式，討論的結果希望有一個結論，但這個結論不是正式的結論，而是試案。現在我們開始逐次討論調整要項。討論的順序以由原則進入具體問題爲本，惟貴方所提原則有許多但書，所以我覺得先審議附件，然後再回來原則的審議比較好。要領第一項沒有問題。二是承認既成事實的存在，三是承認特殊情況的繼續存在的問題，沒有研究具體的問題，只是這樣說，恐怕會給對方擔心，因此希望取消二、三項，另列一項來表達，擬研究具體方法之後再討論這個問題。

影：要先研究具體方法，可以。

周：另一冊（二頁）的原則事項，在近衛聲明、上海會談和東京協定等。文字上的問題暫時不談，對原則沒有異議，需要作比較詳細研究的是附件。現在我們先談具體問題，文字以後再說。

陶：關於附件善鄰友好原則的事項，希望有文字上的修正。「渾然」兩個字，在中國用語是合併的意思，可能產生誤解。

影：渾然這兩個字，要與發展充實本然的性質這種關聯去理解，不是如貴意見所說合併的意思。

陶：在中國是合而融之的意思。改爲親密提攜（合作）如何？

影：以這種意思來研究吧。

周：第一項「中國承認滿洲帝國」以下的文字，希望加上漢文式的文字，譬如把它改成「尊重中國領土完整、主權及行政權之獨立」。

影：今天我們同志之間不要細談文字，文字以後再談，現在請先討論內容。

周：第二項、第三項沒有問題，第四項也沒問題。

梅：我認爲第五項應該全部刪除。其理由是已經言及對於尊重主權的最低條件。對此也有貴方的回答。而且這個部分問題比較小，與他項的執行與形式上看來，刪除比較好，與其他主要項目排在一起並不相稱。

影：日方認爲作爲善鄰友好的表達，顧問問題是主要問題。故關於顧問的原則應在這裡提到。

陶：第五項顧問職員的問題有三點：

一、顧問要自動聘請。

二、要服從中國的法令和官吏服務規定。
三、非義務性地服務□□□□（掉四個字）服務不干涉行政。
其他項目皆爲中日滿關係的主要原則，只有這一項是具體事實，這樣一來容易令人誤解日本的所謂善鄰友好是要派顧問到中國。考慮會令一般國民誤解，最好在技術上設法放在另外一個地方，不是要忽視其精神。
周：如果一定要寫，以互相交換的意思，這樣寫如何？曰：「中日兩國必要時除政治顧問外就財政經濟技術互相交換顧問職員。」
陶：把它修改爲「交換技術性學術性人才」怎麼樣？
影：意思我很明白，再作研究。
陶：在另外地方譬如放在經濟合作的後面如何？如果擺在這裡則有政治顧問的味道。我想應該有適當的地方。
周：爲供參考，文字上似乎可以這樣修改。
「中日雙方必要時除政治顧問外，得由對方國聘請財政經濟之技術顧問及自然科學之顧問，其具體事項另定之。職員限於海關教官及專門技術人員。」
影：我們再研究。
周：第六項沒有問題。
第二關於共同防衛事項，是不是可以將共同防衛改成共同防共？這是在近衛聲明和上海會議等所定的，我們一向的宣傳也使用防共二字，而且共同防衛比防共範圍廣，從以往的了解來說也不適當。

影：當然防共是主要，但維持治安是共通的問題，所以變成共同防衛，主要是防共，沒有問題。

周：我希望刪除再下來的維持共通的「治安安寧」，共通（共同）的治安安寧，範圍很廣，可以及於四川、雲南。前文只寫「……以防共」，以下請刪掉。

影：日軍除防共駐軍外還有治安駐軍，建立中央政府之後，貴國軍隊雖然亦將逐漸成立，但對於目前的情勢，刪掉「維持共通治安」後準備怎麼辦呢？

周：防共大致是永久的，共通治安則不是永久的，所以應該在另外一個地方規定，在這裡只規定永久性的事情。譬如去年的協定第二項說，在協定以外的地區要在兩年以內撤兵。因爲是暫時的現象，所以我覺得共通的治安安寧寫在別的地方比較妥當。

陶：日華協議紀錄第一條第二項說：「防共準照日德義防共協定。」近衛聲明也有這個意思，防共不包括駐兵，汪氏的通電也說防共不是干涉內政，如果防共包括駐兵，應該限於內蒙。因此駐兵權必須限於內蒙，其他治安上的駐兵兩年以內要撤兵。與三年前一樣，中國民衆可能誤解日本要假防共之名設定駐兵權，以駐兵干涉中國內政。防共與駐兵，最好分開。

周：日華協議紀錄第六條說：「協約以外的日軍，日華兩國恢復和平後即時開始撤兵。但與中國內地恢復治安之同時兩年以內要完全撤兵，中國保證在此期間內確立治安，至於駐兵地點則由雙方協議決定。」則共同防共爲永久的性質，治安駐兵爲兩年，是暫時的，因此應與防共駐兵區別。

影：上海會談的治安駐兵雖然爲兩年以內，但在這期間中國要負責確立治安。換句話說，確立治安是決定駐兵期間的一個條件。恰如防共駐兵以蘇聯的積極政策繼續存在爲前提一樣。所以我覺得寫在同一個地方沒有什麼不妥當。

周：最困擾我們的是把駐兵作很大範圍的解釋，這對爭取民心非常有害，上海會議紀錄的防共駐兵也附有期限，這是比較長久性的，而治安駐兵大致是兩年，因此把共通治安與防共分開，另列項目處理，這裡只說防共比較好，不知尊意如何？

影：不在這裡記載的皆屬於極機密事項，這不是要人民看的。

周：當然要把它當作秘密事項不予發表，但國民看到駐兵的事實，則需要對國民說明。故說明要清楚。

影：關於防共協定、治安駐屯，都需要有另外的協定。這些原則要先協議其旨趣，到簽訂條約時予以形式就行。本原則只是協定的材料。

陶：從內容來說，將防共駐兵與治安駐兵分開來研究比較方便。因馬上提及關於駐兵地區，所以將來簽訂條約時，就防共駐兵和治安駐兵分別說出地點比較好。

周：我還是希望把防共駐兵和治安駐兵分開。

維持共通治安的駐兵，另列項目，可以。如果擺在這裡，容易混淆和誤解。即在日軍駐兵地區，中方適用第五項和第六項，尤其受到軍備限制，在工作有重大影響。

影：駐兵有防共作戰治安等，也有年限的長短，但只要有日軍的駐兵，便有類似鐵路的監督權和要求權等，防共駐兵和治安駐兵沒有什麼兩樣，五項六項是駐兵必然的要求。

周：譬如對於航空、鐵路、通信的要求監督等，駐兵期間當然不能否認，唯有臨時與永久的差別，不宜混淆，分開規定比較適當。

影：臨時、永久，防共不一定是永久，治安駐兵也不一定是短時日。故我覺得寫在一起也無妨。

梅：除時間的長短之外還有觀念上的問題。防共駐兵與維持治安的駐兵不同。防共是對外，維持治安是對內，是內政。因此，駐兵如果與內政有關後則有干涉內政的味道。如果是撤兵之前的事還情有可原，但如果維持治安的駐兵與防共駐兵寫在一起的話則有干涉內政之嫌。

影：如果是恢復了和平，自沒有問題，但昨天抗日的軍隊能馬上相信嗎？以我國民主觀的看法，在眞正由衷合作之前，還需要相當長的努力和日子。如果以干涉內政的理由作爲立刻撤兵原則的言詞，我們是爲何而流血的？干涉內政在理論上可以理解，但就日方來說即使戰爭結束了，還是不能馬上絕對相信全中國的軍隊，因此相當期間的駐兵與干涉內政沒關係。

周：我並不是否定其規定本身。只是主張分開規定。有人說歐美外交巧妙，日本外交拙劣，這不是對日本不利嗎？這是技術問題。還是分別規定比較好。規定在一起，在幹部同志之間很難獲得通過。

梅；我們並不是否定治安駐兵，只是認爲與防共分開規定比較上策。

影、犬：意思明白了，技術的問題改天再好好研究。

周：我要再說一遍，以防衛爲防共，共通的治安安寧一件。第一項沒有問題。第二項說「爲此日本要駐兵華北及蒙疆要地」，這在上海會議是蒙疆及平津地方（地區），故這一項也希望寫成跟原來一樣為蒙疆及平津要地。

影：從當時來看是擴大了，但這是因為後來情勢變化而產生此種需要。這是鑑於汪先生於六月間前往日本時承認華北為國防上、經濟上的強度結合地帶，加以在軍事上紅色兵力今日已插足華北，只以平津已經不夠，所以才這樣寫。

梅：這個問題的討論，有假定的大前提。這是以重慶政府崩潰時為前提來討論的。因此今日的事實要予以承認，但我們現在討論的是重慶崩潰，中國能以自己軍隊維持治安時的問題，這兩個問題不要搞在一起。

陶：這也是觀念上的問題。不分作戰治安防共駐兵，以紅軍為目標來討論的話就會明確。譬如江南有所謂新四軍。

這是共軍，故自不得不防共駐軍。這樣可能導致觀念的混亂。

影：恢復和平以後，汪氏手下將有多少軍隊，這是將來的想像問題。剛才兩君所說的，是中國的軍隊全部歸於汪氏指揮之下的事，但防共軍事協定不是到此時才要簽訂，而是在那以前就要締結。

梅：如果軍隊沒有來歸時，那是作戰或者治安駐兵，防共駐兵是防共，因而還是需要分開討論。我要補充說一句，就是要尊重同志幹部的心理。幹部以為防共駐兵限於蒙疆及平津。離開重慶不到一年，竟加重條件，很使我們的意氣沮喪。

陶：這個問題是和平運動的基礎精神，根據它，防共沒有附帶條件，而汪氏在其聲明也說防共是國際協定不是內政，但如果照您的話，國民將對和平運動感到失望，我們也將陷於困境。

影：和平運動不但對貴國，對我方也一樣可以說。您們說汪氏的運動一開始，軍隊就來歸，會有實力，但在事實上並不是那麼容易，因而日本人之中有很強硬的責備，面對這種情況，日本自去年起自不得不負更大的責任。華北之爲國防上的強度結合地帶，是汪先生在東京時所同意的，不是現在突然提出來的。

周：我想就這個問題表示我個人的意見。

如前面所說，防共駐兵自蒙疆平津擴大到華北，照您所說這是由於情勢的變化，但情勢的變化是無限的，所以請不要以這個作爲理由。譬如江南有新四軍，因爲它是共軍，所以對它將需要防共駐軍。

目前據說正在調整蘇日國交，這或許會成功，果爾也許會成立蘇日互不侵犯條約，此時說不定要取消防共協定。也許駐兵要從平津擴大到江南，又因取消防共協定，不必駐兵也說不定。因而希望不要以情勢的變化作主張。重慶的軍隊多，汪方沒有軍隊，重慶如果不崩潰，這不是防共，需要作戰駐兵，重慶倒台之前，五十年、六十年都需要駐兵。這是作戰駐兵，應該考慮將其與防共駐兵分開。

防共駐兵地區是否及於整個華北不清楚，這要到簽訂協定時才能決定，如果它不及於整個華北地區，在這裡是不是就予以明確的規定？我個人認爲（他在圖上畫線），以從山東的德州到河北石家莊畫一線，從石家莊到山西太原的線以北爲防共區域如何？關於這一點，我還沒跟幹部、陶、梅兩氏商量過，完全是我個人的意見。

影：我還不清楚統帥部的想法，這個項目只寫成要地，這可能是對蘇作戰要地的意思。從歐洲情勢來看，在對蘇作戰，蘇聯侵略中國時，中國將怎麼辦？我個人認爲，將來汪氏擁有軍隊，蘇聯侵略中國時，中國將防禦西北，日本將防衛蒙疆和華北。如果中國自己能夠防禦，當然最好。這是日本求之不得的，否則，不管日本喜歡與否，爲著防共，日本必須援助中國，這是必然的因緣。這再討論也沒有用，我們大家再研究吧。

周：防共還是爲了對付蘇聯，關於軍事，我是外行，將來發生對蘇戰爭時，中方至少得負擔山西的軍事。對蘇作戰內蒙是第一線，第二線爲河北，山西北部石家莊太原是第三線，防共地區到第三線就足夠，我說的是最前和最大限度。

影：這個防禦線的方向不對。蘇聯要侵略中國有三線。一個從西伯利亞到滿洲的線。第二是從外蒙到內蒙的線。第三是從新疆往甘肅、陝西而來的線。中國軍如果在山西河北南部打敗，日軍的後方將被截斷從而陷於困境（以圖示之）。

谷：蘇聯打仗不是線而是面。它將在敵人後方得到友軍。中國共產黨扮演這個角色。在防共上這是很重大的問題。

周：我雖然說第一第二第三線，敵人如果從西方來襲，當然亦可以從側面防禦。要緊的是和平時候的駐兵，在戰時新疆也需要駐兵。這應該屆時商量決定。

陶：事實上英國和法國正在馬奇諾線共同作戰，但這並非平時就簽訂條約事先決定的。

谷：目前新疆省有兩個旅的（蘇聯）機械化部隊，中共軍在陝西方面爲其前哨部隊。現在可以解釋爲不是平時，而是戰時。因此非自平時就協議好，很難達到目的，這不只是戰時的問題。眞正發生戰爭時，只是華北或許是不夠的，但爲對蘇問題而不思考中國問題是不行的。

（午飯休息）

影：根據上午會談的結果我想發表一點意見，我同意將共同防衛改為共同防共，治安駐兵以另項處理，二項的駐兵地點，我個人無權決定，但意思我明白。

周：第五項說：「保留駐兵地區的鐵路、航空、通信云云。」這個地區在防共駐兵地區其內容如何？

又所謂保留，是一定期間的還是永久的？

影：這不是時間的意思，而是具有此種權利的意思，又所謂要求權和監督權，是在作戰上或者警備上對上述事項有要求或者監督的權利，譬如作戰時，是指其輸送等作戰上的要求而言。

梅：如果是這種意思，在文字上應該寫明確一些。譬如把它寫成：「對第三國作戰時」等等。如果與「駐兵地區限定於防共駐兵地區，鐵路、航空、通信、重要港灣水路的行政權及管理權屬於中國，但為防共軍事需要時，對日軍要給予軍事上之輸送及通信之方便」同一個意思的話，也希望這樣修正。

周：剛才的案並不周全，它也可以分為「平時要……」，「戰時要……」。

影：到戰時才開始有軍事要求權和監督權實在來不及。如果不是平時就有命令要求權以準備一切，可能失其時機並為敵人先發制人。平時的方便是為了戰時，我們要對戰爭作廣義的解釋，不要狹義地解釋為宣戰以後才是戰爭。

精神我明白了，再好好研究吧。

梅：我們最擔心的是權利的內容，深怕鐵路的經營全部給貴方拿走。

小：觀看實際的經營方法，可以了解軍事要求監督權非常狹小。

周：在第六項應全盤考慮的，好像是要限制軍備。陶德曼大使調停時，外交部次長徐謨曾攜案到會議來，白崇禧首先問日本是不是要求（我們）限制軍備，聽徐說「無」而覺得很奇怪。裁兵之類的文字，對懷柔軍隊是最大的禁忌。中國的現況，在經濟上不得不自動限制軍備。汪氏在南京建立政府時最傷腦筋的是軍隊的配置，由此將來很可能發生第二通州事件（一九三七年七月，中國軍隊襲擊日本守備隊、通州警察分局和日本人的事件——譯者），如果這樣，我們的和平運動將完全泡湯。即使沒有貴方的要求我們也會十分留意，因此我認爲本項前也沒有什麼關係。

影：您的話我很同情。

周：對於第六項的後半段，我想分成三個部分來說。

首先是關於顧問（包括警察），如在最低限度的要求所說，最好不要擺在軍隊，這是引起誤解的根本。

其次是教官，我希望也照最低限度的要求辦理。第三是說武器祇能從日本買，不能向第三國購買，中國自己也不要製造，這有問題。我尤要以同志的身分奉告：中國在經濟上還沒有重工業，還不能製造武器。而且也用光了在外國的外匯，也沒有錢向外國買武器。因六項後半與防共無關，故我認爲另設項目比較適當，不知如何？

影：您所說的與我方的意思不一樣。顧問不是隨便設的，教官也不是說要設就設。武器是貴國如果要求，我們可以提供，它的意思是說貴國如果要求時。這是日本的好意。

周：這是題外話，我曾經與犬養氏談過，精神上需要的是日本不要以戰勝國自居，亦即不要把中國當作戰敗國來談和平。

惟因戰敗，一般中國民衆擔心不知道日本會提出什麼要求。

影：日方以爲到昨天還在抗日的軍隊不可能馬上變成親日，因而一切要寫得淸淸楚楚，貴方則以爲日本的文件是不是另有企圖，而對我方的文書仔細端詳，一問再問，翻來覆去，所以我們很費力氣。

谷：從日軍來說，蔣介石重用德國和法國的顧問，抗日很盛時白崇禧還以六十多個日本顧問配屬於其部隊，以從事其訓練，在冀察，宋哲元也用過十幾個日本顧問。可是中日兩國正要加強合作之際，爲什麼這樣討厭（日本）顧問，眞是不可思議。

周：爲了避免誤解，我要說，鑑於過去的經驗，顧問問題並不如理想，所以說最好不要設顧問。

陶：中日雙方都在擔心，但這可能有時差。日本擔心的是將來會不會再度發生戰爭，而中國所擔心的是，和平如果不順利戰爭不會停止。

總之，日本擔憂的是明天的早餐，而中國憂心的是今天的晚飯。

周：不要把六項後段放在防共的地方，而把它擺在旁的適當地方如何？

影：也找不到旁的適當地方，把它寫成「必要時……」如何？

周：在獨立主權的地方提到設顧問，這個地方又出現，我想沒有這種必要。

影：爲什麼反對寫在這裡呢？

周：因爲不是防共，所以我覺得可以不寫在這裡。事實是一樣的。

清水董三（以下簡稱清）：不是完全要以這個文書來簽協定，這只是他日簽訂協定的材料，所以寫在這裡其實也無所謂。

周：即使不是正式條文，因爲防共的體統上，還是另設項目好些。要在防共軍隊設顧問，最後將在全部軍隊設顧問。我認爲部隊不要設顧問，在戰時中國軍隊歸於貴國指揮下都可以。

影：如前面說過，這是需要中日合作的特定地區，而且將配屬於其中的特定部隊，不是全盤的。

周：如果是特定地區的特定軍隊，實際上有困難。譬如配屬於孫連仲的軍隊，這個軍隊必定發生事件。

影：所以在這裡加上「必要時」或者「有利時」等形容詞來規定如何？

周：條文由我方來擬一案。也請貴方草擬一個案。

影：文書一來一往，反而不容易懂，不如一起來研擬一案。

周：今天開會到這裡。

第三次會議紀要（扇少佐筆記）

十一月五日一〇〇〇至一六三〇

出席者與上一次會議同

周：昨天討論了共同防共原則，今日要馬上進入經濟合作的問題呢？還是討論防共原則剩下的部分？

影：我想來討論經濟合作的問題。

周：關於經濟合作（原文爲經濟提攜）的原則，對於開頭的原則，在旨趣上我贊成，但我希望修正其文字，即希望把「互相連環及共同防衛」改爲「共存共榮」，將「共同互惠」修改爲「平等互惠」。

影：「共存共榮」的意思包含在「互助連環」裡頭。

經濟合作應該以什麼爲核心呢？其目的在實現互助連環和共同防衛。舉例來說，第二項以共同防衛爲主要目的，第三項、第五項主要的根據「互助連環」的觀點。第六項主要以共同防衛爲目的。

陶：意思我明白。根據東京以來的商議，經濟合作有兩種。

第一種是從國防的觀點；第二種爲純經濟合作。從國防觀點的合作限於蒙疆和華北，華中和華南是純經濟合作。因此在前文如果不寫清楚，人們會以爲國防上的經濟合作將擴大到全中國，今後將對各方面發生不良影響，因此我希望修正前文，如果不能修正，則應以各項目分別載明。

影：如上一次中方的意見，將共同防衛改為共同防共的話，不特別寫明地區，也知道蒙疆華北是基於共同防共的觀點，其他地區則為（一般的）經濟合作的意思。

陶：把它寫成「為舉互助及防共之實」如何？

影：好吧。

周隆庠：第一項是資源、關稅、交（貿）易、航空、通信等，第二項以下各項各有規定。第一項有如前文。有些人看來會覺得全部將被日本拿走。所以我認為第一項最好刪掉。

清：重要的是簽訂協定。

影：有「平等互惠」，下來有「前記主旨」等文字，因此不會全被日本拿走。把第一項拿到最後好了。

梅：最後這樣寫也不錯：「就以上各項簽訂所需協定」。

影：文字暫且不談，對於要把它擺在最後我沒有意見。

周：關於第二項，這很複雜，先從文字來說，將「共同防衛」改為「共同防共」；「經濟的結合」會引起誤解，把它改成「經濟的提攜」（經濟合作）如何？

影：「結合」比「提攜」更加緊密，以「平等互惠」「結合」，應該不會引起誤解才對。

周：用「合作」如何？

影：好吧。

周：第二項可以分為前段和後段。

前段是防共地區，後段爲其他全部的地區，我想具體地知道埋藏資源的意思，和特別方便是什麼意思？關於這一點，第一提供方便應附以十年、二十年等期限，以給予一般人好感，第二對於資源如煤、鐵等，中方也要使用，將來一定也會使用，因此要爲中方保留使用的權利。

梅：對此我想說的是，去年八月在香港與松本（重治——譯者）氏談時，我問松本氏：日本對華北要求什麼資源，他答說是煤和鐵。在香港所草擬的案對華北要求的資源限於煤和鐵。而且也不是要全部。換句話說，將來中國需要時，如果全部交給日本的話，中國便將束手無策了。煤和鐵全部集中於華北。如果將其全部交給日本的話，中國將來需要重工業時一定毫無辦法。現在雖然還不是其時機，但仍然希望保留一部分，對我的說法，松本回答說當然。

其理由是，中國的國防資源幾乎全部集中於華北，全部交給日本以後中國將一無所有。這是不行的。關於年限，當時並沒有談，上海會議時也沒提到。

影：我認爲松本說的不錯。但是不是限於煤和鐵，不能隨意斷言，應該把它理解爲煤和鐵是主要的國防上埋藏資源。

小池（以下簡稱小）：所謂埋藏資源不要作廣義的解釋。但國防資源，除鐵、煤外，最近輕金屬資源在國防上也占很重要的地位。這裡所說的國防資源，是國防上所需資源的意思，又說日本要把全部拿走是一種誤解，開採的當然一部分要給中國使用。要運作現有的鎔礦爐需要鐵和煤，今後建設鎔礦爐將合併建設，其製品，日本用剩的將交給中國使用。

影：爲消除將悉數被日本拿走的杞憂，可以把文章寫成平等互惠的意思。年限的問題，不要寫明幾年以前合作，以後不合作。它是不是以協定來規畫？

梅：譬如可以這樣寫：「埋藏國防資源中國除供必要量自用外〇〇年內給予日本特別的方便。」

清：原文關於開發具有更積極的意義。梅氏案是有關國防資源的利用。

影：要附上〇〇年以內的年限，這是協定的內容問題，我不同意寫在這裡。

小：是不是「特別的便益」（特別的方便）這五個字引起了誤解？問題爲日本求的是什麼。具體來說，要開採地下埋藏資源需要怎樣的方便？要大量開採時，個人是不可能的，必須中日大規模的合作。爲此，現在的障礙是中國的礦業法，它不許外國資本的參與。爲著合作，必須予以修改這一部分。譬如需要一定數目的資本時，如果中國本身無法籌措全額時，必須仰賴一部分外國資本，但以現行的法律是辦不到的，因此必須予以修正，這樣就需要予以特別的方便。

梅：聽這樣一說，我方的擔心便大減，可以放心了。

周：「便益」有權益的意思，請予以修正。

影：參照近衛聲明的用語，把它改爲「便宜」，我不反對。（其實日語的「便益」和「便宜」，皆爲方便的意思——譯者）

谷：把它寫成這樣好了：「關於協力開發和利用，應考慮中國的需求，並給予日方以特別的方便。」

須：修改礦業法也是一個方法，同時也需要建設像美國那樣大規模的礦業用鐵路，而這些鐵路的建設等，如果附以年限則不可能實施。

周：後段關於其他地區，如影佐少將所說，是全國性的，是其下面的「國防資源」的意思，但不要寫成「必要的便益」。應該與上海會議一樣，載明給予日本優先權的意思，否則可能引起誤會。要跟日華協議紀錄同樣：「關於其他地區的國防資源，對日本的開發利用，給予優先權。」

梅：將日華協議紀錄第四條前段與了解事項第二項，全部拿到這裡來，合起來另設一項如何？

周：完全變更恐怕不大好。以「在其他地區，對於特定資源的開發利用，同意其優先權」，並附上了解事項的第二項比較適當。

影：只是優先權太消極。因礦業法等不許給外國，日本也得不到方便。要積極的給予日本方便才算是（眞正的）經濟合作。

清：（日華）協議紀錄的優先權是全盤性的；這裡所說的特定資源是指國防資源而言，是特別的。

小：我們如果了解目前維新政府給予（日本）什麼特別的方便，或者更容易清楚其情況。華中礦業會社（公司）的資本和董事中日各占一半，作爲維新政府的特殊公司擁有礦業權，從事著開採。其產品由中日共同使用。此種措施可以稱爲特別的方便。

從以上例子可以明白，不過爲了避免誤解我想補充一句，目前由日本搬出鐵砂，但這是輸出，是以適當的價錢購買，不是免費拿走的，在北方也是。

梅：中國一般人最怕的不是第三國的資本被趕走，而是幼稚的中國資本之被驅逐。換言之，不能是獨占的。譬如中國人發現了礦山，但不透過華中礦業公司則不能開發。這種情況壓迫中國資本，迫其進入租界去作美國外匯的買賣等不合乎經濟原則的用途。我們希望極力避免這種情況。

小：現在所說的有很大的誤解。這表示對公司的性質沒有了解。公司的礦業權是「holding company」，開採要由其他適當的人來進行。如果按照先申請主義，其權利可能落入第三國人之手。爲著防止國防上重要資源逃進第三國人，和開發未開發之礦山，不是要自己開發。實際上的開採，不分中國人外國人，是要由適當的人去開採。華中礦業公司之作爲機關的重要性在此。因爲不大容易懂，所以改天再作更詳細的說明，以幫助各位的了解。其目的在於防止資源的逃避和不開採，讓其埋在那裡，是要指導其合乎經濟原則，不是獨占主義。

周：現在言歸正傳，談到優先權，說只是優先權，因爲與第三國的關係還不夠充分，但只對中日間關係，除「必要的方便」外，如有更適當的文字，請研究。

小：第二項是很重要的問題，如果有意見，請不要客氣說出來。研究之後再作文字上的修正。

犬：應該進一步研究確保必要的權利，不會給予不必要之恐怖的文字。

周：第三項說必要的援助，其旨趣沒有問題，但爲著避免誤解，最好能作文字上的修正。爲避免給人家日本有強制援助的權利的印象，把它改成「對於一般產業，應中國之要求，日本給予資本及技術之援助」如何？

影：好。就是這個意思。

周：關於農業部分，希望將其寫成這樣；「中國爲謀求其改良及增產，應中國之要求，日本給予技術上之援助。」這裡沒有說到資本，是為了避免殖民地的傾向。即為著避免日本為地主中國農民是佃耕的情況。譬如種棉花，如果日本貸款給中國農民，他們的棉花賣給日本的話，便有價格偏低的傾向。中國政府如果向日本借款，並將其貸給農民的話，將會圓滿而且實際上引進了日本的資本，非常好。

影：在華中是這樣做。棉花改進會要以中國資本運作，日本人在裡頭給予技術上援助。農業主要是棉花和羊毛，這在日本算是國防重要資源，比貴方所想還重要。請能理解我們特別重視這些資源。

陶：羊毛和棉花的情形不同，羊毛主要的出產於山西、河北的北部，但並不發達。在山西省只有閻錫山開始著手，與牧場有關係，只是河北的居庸關以北和山西省的一部分。對於羊毛和棉花的需求也不一樣。棉花對中國來說非常重要。問題是日本以什麼方法要求棉花。大致上，六十年來華北的小麥生產量逐漸減少。原因是麵粉的生產過程加上近代化學的因素，製粉工業遠比美國落後，生產成本提高，所以只有仰賴外國的產品。由之農民大為不利，不願意種小麥，而生產其他東西。於是棉作逐漸增加，尤其在河北，種棉者大增，河南北部河北山東等各省，棉花日漸比小麥重要，因此棉花便能輸出。

因之華北農民的收入增加，但糧食卻不足，面對此種趨勢，日本依自給的原則，吸收棉花，必然造成很大的勢力。但最近幾年，日本吸收棉花的方法從自給而獨占，故種棉花也得不到利益，其責任不完全在日本，地方的剝削也是一個原因。從小麥轉到其他生產也不富裕，加以唯一收入的棉花也不行，所以農村面臨破產的重大局面。日本對棉花的需求，應該有一個能令人們理解的原則，希望不要有猶如殺死華北農民的作法。棉花既是國防工業的原料，也是輕工業的原料。對日本它是國防資源，對中國來說它是輕工業資源。作爲半成品，它更是中國中下階層生活必需產業的收入來源，因此我們要考慮其調節。其次是調節華北與滿洲糧食供給與需求的問題。現在，華北糧食不足，滿洲則非常豐富。最近，滿洲對糧食的供給減少，故連平津也缺乏，而成爲全華北的重大問題。我們必須思考其調整和合理化。

犬：剛才聽到陶氏有關農村輕工業的總括性說明，在日本也有類似的現象，但對此適用組合精神（合作社精神——譯者）漸有成果。在愛知縣，羊毛工業成爲農民的副業；在新潟縣，農戶在製作腳踏車等的零件，其製品極其優良，而輸出到美國去。這不但使農民富裕，對整個農村的發展也很有幫助。中國如果能發達合作社，效法日本的組合精神，相信能收到相當的效果。

小：對於因種棉花收入減少，維新政府正在作具體的研究，而努力於改造合作社，以發達其組織。今年從日本帶來良好的種子結果，竟增加了八成到十成的生產。他們以公定價格賣其產品。麵粉的問題源自關稅政策，成爲世界傾銷市場也是重要的原因。

（休息十五分鐘）

影：關於農業的問題，周氏所提案「如果中國要求，日本要給予技術上的援助」，從日方國防資源上的考慮，這是不夠充分的。同時，陶氏所說的，日方也考慮過，並逐漸在修正其缺點，也需要能夠滿足日方之要求。

周：關於影佐少將所說第三項的農業，擬在第五項後段「要使中日滿（原文爲日滿支——譯者）特別是華北間物資供給需求方便化和合理化」的地方來討論怎麼樣？

清：問題不是需求與供給，而在於改良生產。

周：關於農業，在中國是謀求改良和增產，中國要求時，日本要給予所需之援助，需求與供給的問題在第五項再來商議。

陶：我建議增產寫於第三項，棉花的需求與供給放在第五項，合併討論滿洲華北間的糧食及其他交換（交易）關係。

犬：國防上的問題寫棉花羊毛問題，但滿洲華北間的糧食問題寫成互惠，如何？

谷：關於農產品，在第三項規定要謀求增加生產，在第五項規定糧食問題。

周：對於第四項，除「依中國之要求」外，要載明「對於確立財政金融（尤其是有關建設新中央銀行、發行新法幣和統制外匯）經濟政策，日本要予以所需之援助」。

小：財政金融的援助是如剛才所說的意思，但如果把它寫出來會產生一種依賴心，將予經濟不良的影響，所以最好不要寫明。

周：本文不是要發表的，故我希望把它寫清楚。我們的同志對本項所以產生疑慮，是擔心會把華興銀行兌換券擴充中央政府，和統制外匯的問題。亦即為防止對以英美為主之第三國的大量輸入商品時資金的逃出，需要予以統制。

小：金融的問題歸根到底是管理通貨的問題，國際收支的調整是當然的，對於經濟政策日本要予以援助，就是要在這方面予以援助的意思，這是很明白的。

周：把它寫成「設立新中央銀行、發行新法幣等」如何？

影：好吧。

周：繼經濟金融我對軍票有意見。成立和平之後，要停止增加發行軍票，並自動以票面額價格回收。由中方以新法幣或者聯銀券回收也可以。以此依票面額價格充作清帳外匯的資金也是一個辦法。日俄戰爭後日本在滿洲發行銀行券，軍票下跌時則予以回收。這樣作時現地一般民衆會受損失，故希望以票面額用於輸入貨物的清帳等等。我所以這樣要求是認爲此次事變不是普通的戰爭。如果是戰爭，回收軍票不是問題。正因爲此次軍事衝突不是普通的戰爭，加以不以一般民衆爲敵，爲避免懼怕無限制地被拿走錢，希望早日回收軍票。

小：維持軍票的價值，跟維持國內貨幣價值一樣有其必要。軍票當然要回收，但回收軍票的同時也要考慮到維持國內貨幣（的價值）。與軍票之下跌是民衆的痛苦一樣，日本貨幣的價值也滑落，因此日本的民衆也痛苦。剛才所說日俄戰爭時候的例子是一種誤解。當時，日本係以軍票一日圓換一銀元，其所以便宜回收，是因爲中國人競相拋售所致。如果到日本的銀行去交換，他們都給予全額。我要再說一遍，回收軍票在維持日本貨幣的價值上是理所當然的事，否則日本本身也會發生問題。故我個人認爲這裡可以不必寫上。

犬：除非石渡（莊太郎，曾任大藏大臣——譯者）氏來參與，否則很難決定。以銀等價清帳的問題，甚至依物資清帳等皆互相關聯，非常微妙，因此很難馬上作決定。

影：軍票的問題改天再談。

周：剛才提案的辦法是我方研究結果，因不能以現款清帳而認爲有這樣作的必要。要把它放在那一項都可以，當作過渡辦法也行，希望將其寫進去。

影：在研究過渡辦法時再來聽聽高見。

周：對於第五項前段，我想在文字上這樣修改：「關於交易，採用平等互惠的關稅稅率，以振興中日滿間一般的通商，同時中國的海關制度是獨立自主的。」

清：日本並不侵害（中國的）海關制度，這裡所說的頂多是海關的手續，不是根本制度。雖然有制度（機構）之中要不要用日本人的問題，但海關本身之自主獨立，是沒有問題的。

矢：我想請教有關貴方所說的自主，是不是完全要把日本人外國人趕走，只用中國人的意思？或者要按照中國法令來運作的意思？

周：在關於尊重主權的最低條件中載明海關官吏的事。這裡所說的是行政上的獨立自主。

矢：若是自不必再提，因為不是已經有獨立自主了嗎？

周：如果不必要，我們應該研究不要提到海關制度。

影：關於海關制度的意義，再研究。

周：後段「要使物資的需求與供給方便化和合理化」一項說「日滿支特別是北支間云云」，這是什麼意思？大概是「日滿與中國特別是與華北之間云云」的意思，所以我想在這裡加上「除中方之自給」的文字。

周：我們希望這樣寫：「中日尤其是與華北間物資的需求與供給，在不妨害自給的範圍內，要使其方便化和合理化。」

上述修正的要點是，除自己用者外，要給予方便的意思。換句話說，不是片面的，而是雙方的互相的，尤其重視華北的糧食問題。此外，還有雞蛋、生絲、棉花等問題，這些皆被獨占，而喪失對外貿易資金，所以希望加上「中國的對外貿易由中國政府自主的予以統制」的文字，這也是對第三國的關係。

小：事實上不是自主了嗎？關於生絲的問題，華中蠶絲公司是中國的公司。譬如生絲，如果中日不合作，將爲美國所左右。賣生絲中國固然能夠獲得外匯，只是希望對輸出合作，不要多利於第三國而已。

周：爲了提醒的目的，我主張寫上「自主的」這三個字。

小：祇要正確了解事實就不必寫進去。如果在這裡這樣寫，就變成其他都不是自主。雞蛋、茶葉等如果置之不顧，將變成重慶的外匯，爲使它歸於維新政府而才採取措施。只要消除誤解就不必寫上去，寫上去將是中日間的恥辱。

犬：小池氏的話是對的，問題是維新政府與中央政府在行政上的移交，這等於說，外匯要擺在華興商業銀行還是新中央銀行，亦即要由那一個機關保管關係到新中央政府的信用，我想係基於此種觀點的要求。

周：是的。

影：把它擺在關於尊重主權的最低限度要求事項中好了。

周：這樣也可以。

周：第六項很複雜。首先是最前面的部分，倣照前面的例子，希望將其修改爲：「依中國之要求，（日本）給予資本及技術上所需之援助。」

影：在這裡「協力」這兩個字很重要，它具有積極的意義，即使中方不喜歡，在國防上必須予以協力（合作）。

梅：這不是在共同防共的第五項已經有了嗎？

周：長江下游的水運、通信等與共同防共沒關係。中國沿岸的海運，中日間的海運等也是一樣。

影：這些可以從中日經濟合作的觀點來說明。

須：沿岸、內河的測量，以往由海關實施，迨至事變前才由中國海軍測量一部分。現在日本基於作戰和警備的需要，實施所需地區的測量，至此才有可信賴的成果。測量需要緊密合作進行，否則不可能有所發達。

扇：譬如氣象也是。不懂得日本的氣象就很難期待中國氣象的發達。同樣地，中國大陸的氣象，為日本近海氣象所不可缺。這兩者要有機地結合統制才能臻於至善，因此必須最緊密合作。

影：跟中方懼怕被強制一樣，日本也擔心中國不「要求」。萬一中國不要求，那一切完了。這一點必須好好考慮。

周：日方雖然不放心，其內容有兩種：

其一是中國只要求第三國，沒有要求日本。

第二是中國根本不要求。但第一情況不可能；因為原則上日本有優先權，日本可以嚴重抗議。

第二種情況的時候，因有不喜歡要求的理由，而不求進步地置之不顧，但在全面調整國交上絕不可能這樣作。

影：既然絕不可能有這種情況，那麼就明寫。
周：在剛才的文字之下這樣寫如何？曰：「要求時要先對日本要求。」先研究下一個問題之後，等一下再回到這個問題。
周：關於發達全中國的航空。非常歡迎合作，其方法，已有歐亞航空公司、中國航空公司的前例。今後希望與日本合作獲得成果。關於此事，希望按照前例辦理
須：依前例，政府給予多少補助？
對於中華航空公司我方已經支出五百萬日圓。今後恐怕還需要一千萬日圓。需要這樣多的資金，該航空公司最近增資五千萬日圓。
小：爲航空的合作，（我們）正在準備一個方法。即現在的中華航空公司。這是臨時維新與蒙疆三個政府獲得日本資金創辦的航空事業，目前準備把它移交給新政府。這是中國的公司，是保全中國獨立的公司。
影：在這個會議只討論重點亦即原則，具體辦法另定，希望不要談方法。
周：希望加上中華航空公司的折衷案，參照歐亞、中國兩公司另訂辦法。
小：現在沒有這個必要。
周：老實說，對同志說明時，爲使其容易獲得通過，需要含有全部不是由日本所控制的意思。
犬：爲了使中方放心，是需要某些考慮。
影：另外作備忘錄好了。

周：只是以上的討論，還不詳其全盤，希望把它討論完畢。最後研究它的形式。航空需要資本和技術，其具體辦法可以參照歐亞、中國、中華三公司的例子，另行訂定。對於鐵路，一般的，在關於尊重主權的最低條件要求事項回答中已有明載，原則上要歸還，投資部分作爲貸款，工務人員和會計人員用日本人可以。在華北，因爲防共關係，給予特別的方便。

其次，關於海運和水運，可以分爲以下三種：

一、中日間海運。

二、中國沿岸海運。

三、長江水運。

其中第一可以爲中日合資。第二、第三以往有中國國營、公營和民營。招商局是國營，三北公司是民營。

這兩種要恢復跟從前一樣。其他希望以中日合資來恢復。華北與長江下游的通信，依中方的要求，希望日本給予資本和技術上的援助。因對鐵路、海運、水運分別說明，所以對航空也應該附以限制。

此外，希望加上這樣的意思：「以上各項關於行政權及管理權，日本要尊重中國的獨立完整。」

影：在這裡談行政權、管理權等，實在有一點唐突，因此我覺得把它拿到尊重主權那一項比較妥當。

影：所謂歸還，聽起來好像是日本搶的，這不是搶的。

周：歸還這個用語錯了。我願意取消。這是要把社營（公司經營）變成國營的意思。

梅：現在是國有民營。如果引進日本資金，將作為貸款。

影：海運是不是公營？

梅：好像是省政府、市政府的經營。公法人的經營。

須：第六項全中國的航空和華北的鐵路，因為軍事上的關係，要由日本參與，不能有第三國。

關於通信，如果沒有中日的合作，不可能發達，由於互不衝突，而且需要統制，故應該合作經營。這不是侵害主權。

至於海運，因中國船不多，所以中日合資經營才會有良好的成績。由於英國（海運）勢力很大，要與其對抗，中日必須打成一片。統制經營與軍事上的問題可以分開來討論。

影：從結論來說，我了解貴國對航空、海運和通信等的要求及目標。關於具體的問題，因不清楚日本政府的想法，所以再好好研究。

周：本案暫時保留。鑒於前述的意見，再詳細研究。

周：關於第七項建設新上海的案，同志們的意見還不一致，故希望下一次再討論。

周：最後部分，擬將上海會談中有關救濟難民的一項合併於此。

影：沒有異議。

周：擬稍稍討論昨日保留的事項。

影：好吧。

周：先談顧問的問題。

影：上一次會談所保留有關顧問的問題，經我方研究結果，認爲共同防衛原則中的部分與善鄰友好原則中的部分合併在一起擺在最後，取消備考，設第四「其他」如何？

其草案如下：

「日本基於中國之要求，對新中央政府派遣顧問，以協助新建設，尤其在強度結合地帶，對所需機關得派遣顧問職員。但關於其細節，適用另訂之協定。

爲著建設中國軍隊與警察隊，依另訂之協定，招聘派遣軍事顧問與教官，或者提供武器」。

周：中國人民所懼怕的是，第一限制（中國的）軍備，今天不要談這個問題。

第二是顧問的問題。坦白說，一般人對於華北的喜多（誠一）中將和華中的原田（熊吉）中將最頭痛。「另行規定」令人擔憂。就日本案研究以後再奉答。

影：日本與貴國一樣，也很重視顧問問題。從由那一國聘請幾位顧問可以看出新中央政府依賴那一國，日本要看中國能夠排除依賴歐美到何種程度。換言之，這是判斷中央政府往那一邊靠的標誌，絕不是要派顧問來搗蛋。

梅：具體協議後，擬依其內容，作成簡單的規定。

須：因爲分開防共駐兵和治安駐兵，故在第四設維持治安一項，另設第五其他一項，以爲整理怎麼樣？

第四次會議紀要

於愚園路六十號。

十一月六日上午九時至下午五時

出席者　日方：影佐少將、犬養氏、須賀大佐、谷萩大佐、矢野書記官、清水書記官、扇少佐、片山少佐、小池囑託

汪方：與前一日同

周：今天擬從中日新關係調整要綱別冊（附錄）的臨時政府項目開始討論。

谷：我主張刪除舊黃河的舊字。

周：第一項是關於華北地區的問題。我希望仍然以省的行政區域為基準來畫分。內蒙分成察哈爾、綏遠二省；華北分為山東、山西、河北三省的行政區域。河南北部，如我以前說過，要從華北除外。

影：這個問題分成蒙疆和華北。先談蒙疆。如所周知，蒙疆現在是蒙疆自治政府的行政區域，包括晉北十三縣。現在單以行政區域屬山西省為理由，而就要把它歸納於華北，在理論上和論據上相當薄弱。基於晉北居民的強烈意願它歸屬於蒙疆，且已經組成聯合政府，並為堅固的既成事實，因此以山西省屬於華北為理由，而欲變更這個既成事實實在很困難。

從前以同志身分協議時，曾經以同情心盡量接受貴方的意見，但關於本案，我要斷言不可

能。希望諸君不要執著於不可能的事，還是同意晉北歸屬於蒙疆爲上策。這是我要奉獻中國同志的嚴肅的忠告。

陶：影佐少將的忠言我明白了。關於蒙疆的事，我們同志的想法，以及爲日本著想，考慮不妨害內蒙，擬稍作說明。

在盧溝橋事變以前，對於內蒙自治運動，我知道一些。首先我來談蒙古人的感情與中國人心理上的衝突，察省雖然沒有，但在綏遠常常發生衝突。因雙方的衝突而產生內蒙古的獨立運動。衝突的原因有二：

一是種族上的原因，二是財政上的原因。種族的原因起於漢蒙兩民族的雜居地區，尤其在綏遠，漢民族的勢力伸展到蒙古地方自然會發生衝突；同樣地，蒙古人的勢力延伸到漢民族的地區時也會發生衝突，爲消除種族上的衝突，蒙古地帶交給蒙古人，漢民族地帶歸於漢民族，至於雜居地區，則另行詳細協議解決辦法。山西省的北部是漢民族的地帶，自歸於華北爲適當。

第二是財政上的原因。這在德王與閻錫山之間曾經發生過。它發生於漢蒙雜居地區特別是漢人化的蒙古地帶。這個地方有財政收入，閻欲使其歸於山西省政府，德王反對，雙方由之發生衝突。欲消滅爭執，只有將漢人化的蒙古地帶歸諸華北，如果把它歸屬於蒙古，漢蒙之間必起衝突，永無寧日。其次我要說的是，在華北與蒙疆之間，種族問題是主，財政問題爲副。但對於雙方的疆界，如果把屬於華北的劃給蒙疆，或者將華中的劃歸華北，雖然不清楚的話，以中國國民的感情必然引起爭執。

省的區域，歷史上已有所定，如果弄錯的話，必發生紛爭。這個例子，在元朝，從成吉思汗到忽必烈，黃河以北稱為腹里，以黃河到長江為漢人區域，江南地帶為南人地區。以腹里地區來牽制漢人地區，現在又搞同樣事情的話，人民會想起歷史上的事實，這種疆界對日本也並不好。

另外一個理由是，將來成立新政府時，為鞏固它，變更既成事實比較好，因為這屬於中日國交調整上重要的事體，故特此奉告歷史上的資料，以供參考。

影：如果只從民族的觀點來看漢蒙地區的話，陶氏的這番話沒有錯，我自己從前也曾經這樣想過，但這一次不是單從民族自治而成立蒙疆政府的。這是以防共為最高目標，蒙人漢人相聚的地區。陶氏談到民族的衝突，但這次的蒙古聯合自治政府，在察哈爾、綏遠、晉北各成立自治體，然後由各group（群體）聯合起來創立聯合政府，故可以不必擔心。又，山西北部的人以往常常不滿於做山西南部的半殖民地，此次成立蒙古自治政府時，他們欣然自動參加，不是被強迫的。因谷萩大佐在山西多年，故他也許有話要補充。

谷：我在山西省做過一年半的特務機關長。當時為完成蒙疆的防共地帶，思考由外蒙到內蒙的「線」，和由新疆到青海甘肅省的「線」，沒有晉北是不夠的，因而很希望把山西省一帶劃入蒙疆。如影佐氏所說，晉北十三縣受到閻錫山的剝削，為居民所反感，因而終於參加了這次的蒙疆。在日本方面，係慎重研究結果所定，因此這件事我認為按照日方所說來作比較妥當。

陶：雙方同志都發表了各種意見，希望根據這些想出更好的案。如果在華北防共沒有意義，可以考慮將山西北部併入蒙疆，但照日本的想法，華北具有防共的共同地區的意義，那就很難同意把晉北從華北除去。

影：剛才我所說的是，蒙疆不是依民族自決主義決定的，而是從防共的觀點決定的，故不能只從民族問題來衡量。總之，政治是一種氣勢，不是以白紙就能夠研究出正確結論的。日本案是鑒於過去複雜的經緯，吸取種種痛苦的經驗所得的結論。想到這裡，我要重申：只有以日本的解決方案才能眞正解決問題。

周：雙方同志都說了相當詳細的意見，陶氏的意見，簡單來說，是兼顧了理論和現實；而貴方的苦心，我方同志也很了解。要令其獨立，不如屬於中國。我想提出最後的妥協案。

將第一項的（不包括）長城線改爲（包括）長城線，這樣如何？理由是，將來，蒙古也許會謀求獨立也說不定，爲著防範，把長城線保留在華北，如果把長城交給他們，河北變成沒有屏障，對中國民衆沒有辦法交代。這是只以長城是漢人的這個理由，勉強保持其面子的苦心之計。

第二個問題是黃河以北的河南，算不算華北的問題，對此，連妥協之名人的我也很難同意，關於其理由梅、陶兩氏或有說明。

梅：理由很簡單，如果把河南省的這個部分併入華北，將產生其管轄屬於何處的問題，如果歸於華北政務委員會的管轄，河南省將分而爲二。

變更省界，自古以來是極其重大的問題，搞不好，必產生很大的糾紛，在內政上引起重大問題，因此最好不要變更省界以解決。

周：從經濟上來說，河南的北部沒有太大的價値，只有焦作煤井的煤，鐵路唯有道淸鐵路，價値不大。從軍事上來看，對於防共，讓步前天所說的德州、石家莊、太原之線已經受到攻擊，如果以河南北部爲防共地區，必遭反對。而且在軍事上日軍需要進入河南時，在防共線事實上等於戰敗，沒有這種必要。

陶：山東省既不以黃河爲界，我希望河南省也不要以黃河爲界。省界是歷史上承襲而來，有它的應有理由，不宜只根據財政上的理由，是考慮與其他省長短相補而成，加上風俗習慣的觀點而形成，故河南和山東皆不宜以黃河爲界。

梅：我方已忍不能忍地讓步了晉北，故懇求貴方在這件事能有所讓步。這個問題對汪先生的和平運動具有重大的影響。

影：同意。

周：其次是第二項的問題，它規定說：「鑒於……爲……設置華北政務委員會」，但這樣長的理由反而容易引起誤解，倒不如簡單地說：「中央政府在華北設置政務委員會」，而所以特別抬出中央政府，是要表示它是中央政府設立的，不是華北隨意設立的。

影：日方覺得如何？

大家：實質上沒有什麼不同，無異議。

周：第三項也不是內容的問題，而是文字的修正，希望刪掉「最遲……」以下。

清：把它改成「要協議」如何？

周：「在中央政治會議予以決定」，這樣怎樣？

影：好吧。

周：第四項前段也可以簡單寫成：「華北政務委員會的權限、結構以能實現左列各項爲限度。」後段希望把它修改爲：「廢止臨時政府之名稱，其政務，由華北政務委員會接收。但以左列事項爲目標迅速予以整理。」

清：接收是什麼意思？
周：與繼承同一意義。
影：那麼把它改成繼承可以嗎？
周：接收不是很好嗎？
矢：按照日語的用語，接收是隨便拿走的意思，這樣印象不好。
周：在中國，繼承是「相續」的意思，中國用語有繼續這句話，用繼續如何？意思與日語的繼承相同。
全體人士：中方用繼續，日方使用繼承好了。
周：「既成事實」對中方印象非常不好，所以最好不要用這句話，「政務繼續」（繼續政務）的內容已經包含了既成事實。
矢：以現狀代替既成事實如何？
梅：這與既成事實一樣，印象不好。
影：爲什麼既成事實不好？
周：對我方，會有中國並不同意但卻拚命製造既成事實的感覺。
矢：在移交政務的過渡期，爲防止人心的動搖，需要暫時由華北政務委員會承受現狀，以安定人心，所以才提案「繼承既成事實」。
梅：事實上沒有什麼不同，不同的是表達的方法，故不必爭論。實際上是王克敏製造既成事實，將由王本身承受。

矢：譬如中國聯合準備銀行發行了許多鈔票，但將來這個銀行會怎麼樣，擁有其鈔票的人民很不安，民心可能因之動搖，如果能加上由政務委員會承受現狀這種文字也許能防止其動搖。

影：好。

周：關於聯銀，以前說過，實際上這裡說繼續，應該沒有什麼不安。

谷：要之，是不是「……繼續但……」。

周：是的。

谷：暫時設「繼續政務云云」當然包括既然事實這種意思的諒解如何？

陶：這作不作記載實際上沒有差別。如果要這樣作，也應該把不是「承認既成事實」的意思寫在諒解事項，所以最好不要設諒解事項。

影：字句再好好研究好了。

周：關於左列事項，把㈠共同防衛改為共同防共，「尤其關於治安協力」，因在華北防共重要，故說共同防共就行，刪掉治安協力一項。對於(1)沒有異議，(2)不要治安協力，希望改為「關於共同防共之情報宣傳等事項的處理」，(3)範圍過廣，因軍事原來希望由中央統一，故請刪除本項。

關於軍事合作事項，不是華北政務委員會，應由中央統制，希望設左列事項：

「華北政務委員會處理前述各項事務時，隨時要報告中央政府。」

影：關於治安駐兵，因日方尚未提出，故請不要刪除，而予保留。以「關於其他中日軍事合作之處理」範圍過廣，希望刪除一節，因只有(1)(2)還不夠充足，關於治安駐兵，還有昨天所說關於交通及其他軍事上之要求與監督權，如果(3)範圍過廣，把它具體說出來也是一個方法。

周：要刪除(3)的理由是，軍事合作希望全部由中央政府處理。不是從前的抗日政府，而是要以成立親日中央政府為前提來考慮。

清：合作，有的恐怕要由地方政府來從事。

梅：日方好像以為華北的事可以由華北政務委員會來處理，但事實上不能如此，中日合作的事，有許多華北處理不了。譬如(1)也許華北可以處理，但(2)就處理不了了。又軍事合作只是華北是不可能的，非與中央政府合作不可。

因此，華北政務委員會實際上只是一個傳達機關，如果該委員會意圖獨立，那就另當別論。

清：我跟影佐氏同意見，這一項另外明確而具體規定怎麼樣？

周：實際上關於軍事合作，需要明確規定，所以商量之後再把它弄得很明確。

谷：以往，有過黃郛在北京政務委員會（行政院駐平政務整理委員會——譯者）主持政治，何應欽負責軍事的例子。又，宋哲元主持軍事，政治交由各省主席去負責，惟往往不夠迅速，諸多不便。因之華北報告中央，由中央討論決議很費時日，從而有失去時機之虞。所以在現地處理軍事合作事宜是不是會比較順利？

陶：對於矢萩氏的理由，我想說兩點。第一點是，當時的中央政府是抗日政府，現在不必考慮這樣的政府。第二點是，關於防共旁的地方已有規定，可以提供種種方便，故矢萩氏不必擔心，尤其關於軍事合作，「關於尊重主權最低限度的要求」中有「特定地區的特定事項」，故需要限制其範圍。應該另行作具體的規定。

影：中央政府什麼事都要作，太乖離事實。像日本這樣小的國家，也給予朝鮮、台灣總督相當範圍的權限，故像中國如此廣大的國家，對於偏遠的地區不是更需要這樣作嗎？

周：這以後再研究，現在暫時保留。

關於(1)的埋藏資源的開發，沒有問題。

(2)也沒有異議。

(3)也沒有異議。

希望取消(4)。理由是，此為全國性的不是地方性的。譬如鐵路。津浦鐵路必須統一管理，如果由華北管理的話，鐵路將被分為兩部分，即華北和中央政府管理的兩部分，在鐵路管理上非常不好。通信也是一樣，也分成華北和中央的管轄部分，不可能統一管理。所以我建議刪除此項，另設一項，以為規定：

「華北政務委員會處理上述事項時，以不抵觸中央有關法令、政策和設施為限度，且需事先報告中央政府並經其認可。」

所謂不抵觸政策、法令，是中央統制貿易時，華北不得採取與其違反之政策，中央發行新法幣時，華北不可以採取與其相反政策的意思。

影：小池君，對這有沒有意見？

小池：航空將由中央政府管理和運作。

鐵路、通信和主要海運理想是這樣，但暫時將承受現狀。

既然是合作，所以我想應該沒什麼關係。

梅：不是不合作，而是因爲（問題）重大，地方不可能（辦理），因此主張應該由中央政府統一管理。

影：技術問題我不淸楚，但什麼都要由政府許可、命令否則不行的話不可能合作。地方的合作在某種範圍內應該可以由地方政府來作，不是嗎？

小池：這是要在地方的範圍內合作，可以與國有國營分開來考慮，因此在這裡規定應該也沒有什麼問題。但航空情況就不同。

周：我們的主張是，對於鐵路要由交通部命令（鐵路）管理局，問題是中央對地方的問題，不是中日關係。

華北政務委員會不能直接命令（鐵路）管理局，合作要由交通部命令。

影：這與鐵路的國有、非國有的根本問題有關係，請保留。

周：前述新設的一項說「對中央報告並經其認可云云」如何？

影：說是特殊地區，但任何事都是認可主義，這需要再考慮。

梅：剛才影佐少將所說的，聽我方說明可能了解。認可在習慣上有兩種：

一種是呈報具體計畫申請認可。

一種是包括委任的認可，是受權能。

影：我明白。

周：關於(三)顧問一案，雖然沒有異議，但建議加上「根據中央之有關法令」字句。這是準備在中央制訂有關顧問的法令，並要根據它來處理的意思。

影：好。

周：㈣是聯銀的問題，這在文中並未載明是永久存在的，故根據這個旨趣我把它修正如下：

「聯銀改爲中央銀行華北分行，但繼續存在應採取如下之處理方法：

⑴規定其紙幣最高發行額，其發行額與準備金要隨時報告中央，中央要隨時派人檢查。

⑵其行使區域以華北爲限，但行使區域內亦同時流通中央新法幣。

規定聯銀券與新法幣之兌換率。

⑶華北的統制外匯要經中央之認可。

以上是專家根據理論與實際研究結果的意見。

影：貴國的政策對日本的金融政策也有很大的影響，因爲我們是外行人，不大懂，需要好好研究，所以本項請暫時保留。貴方的意思我很明白。不是要把聯合準備銀行擺永久的意思。是說需要設時中央要幫它，目的在過渡期時不要使民衆對經濟生活感覺不安。

周：因擺在華北政務委員會，故容易引起誤解。

影：現在因爲它是華北政務委員會之前身臨時政府的銀行，因此把它放在討論該政府與政務委員會之關係的項目是應該的。

周：擺在這裡也可以，但要全部討論決定以後再規定，在此以前暫時保留。

十三時十五分午餐休息　十四時四十分再開會

周：全部取消㈤前文，改爲「其他」。

影：這在作結論時再決定。

周：(1)項說財政方面的事由中央統一給付，我建議這樣修正：「華北政務委員會所需經費，在中央統籌以預算處理。」

下來關稅鹽稅統稅三項：

「關稅鹽稅統稅爲中央稅，但暫時華北關稅收入百分之四十、鹽稅收入百分之四十、統稅百分之五十，由中央支付給華北政務委員會，以爲行政費及建設費。」

關稅鹽稅統稅的徵收方法，依監督及其他方法，由中央徵收。

「關於關稅及鹽稅，由中央直接派遣徵收人員，並由中央直接監督。」

「統稅由華北政務委員會推薦徵收人員，由中央委任，並由華北政務委員會會同中央派遣人員監督。」

小：以從前的收入華北還無法維持，照貴方之構想其財政將愈來愈困難。

周：這是專家研究的結果我方所得到的結論。以往華北只以統稅來維持，現在擬再從關餘鹽餘中各撥百分之四十，不可能不能維持，這是專家的意見。

小：應該先考慮事業預算，然後再決定支付額。

清：在冀察政務委員會時代，從關餘給一百萬元，和全部鹽稅統稅，但都沒有什麼建設，今日需要維持山西、山東、河北的局面，因此經費之不足是難免的。

梅：是否因爲大部分用於軍事費。

小：總之，一開始就予以壓抑財源不好，看了事業計畫之後再定該補助多少比較好，如果只壓，華北將反彈，而且這樣作等於中央剝削了華北，不好。

周：如果照原文，鹽稅統稅全部歸於華北政務委員會，這樣一來國防軍的費用不是全由中央來負擔了嗎？

小：不是中央擁有預算核定權就可以了嗎？譬如說要由中央核定預算支付給華北是可以的，但用掉預算還要中央支付，這不是矛盾嗎？

小：暫時就是非永久，這不是很清楚嗎？

周：這不是金額的問題，我們反對的是破壞財政的統一。如果這樣明確不好，如下面如何：「華北的關稅鹽稅統稅由中央徵收，並撥付其一定比率給華北。」

梅：重要的是確保財政權的問題。

小：關稅鹽稅統稅爲中央稅，中央將關稅的一定比率和其他全部收入撥付給華北，這樣行不行？

影：要統一財政，我同感，關於金額，要以事變前的比率作標準是不行的。因爲這裡是經濟上國防上的強度結合地帶。同時我也不覺得貴方所提出的比率夠。實際上的比率，另外從專門的觀點來決定如何？

犬：由雙方多花點時間來研究金額好了。實際上華北到底有多少收入，需要多少經費，並不清楚，金額少，可以吸引浙江財閥，相反地如果百分之九十，最好不要寫出其數目來。

梅：剛才我所說的是文字的用法，統一財政是重點，金額的問題可以另外研究，如果統一財政的問題，希望把它通過。做爲一個專家已經讓一步了。

周：同意足下的意見，定比率事暫時保留。

周：(2)的借款權（原文爲起債權）有問題，我認爲這包括外債和內債，地方行政機關不許借外債，如果包括借外債，希望這樣修正：「華北政委員會爲地方行政機關，不得借外債，但在其管轄區域內，根據地方債募集之法令，經中央政府之認可，得募集內債。」

梅：如果要寫，這樣寫如何？曰：「華北政務委員會經中央政府之認可，限於募集內債。」

影：大體可以吧。

周：(3)項因爲很抽象，故建議稍微具體地分別規定，文字如下如何？「官有財產中屬於國家者，成立中央政府時歸還中央。屬於華北各省、市政府者，仍然由各省、市政府管理，由華北政務委員會監督。」

小：華北的省有財產，有沒有只屬於華北的事實？

梅：所謂官有財產，在中國有廣狹兩義。廣義的解釋是，舉凡屬於國家者皆稱之爲官有，狹義的解釋爲屬於國家的不動產之謂。

小：剛才周氏所說的官有財產係何所指？

周：所謂屬於國家的官有財產是狹義的，因爲鐵路等當然是屬於國家。

梅：官有財產有三種：

一、屬於公共事業者譬如鐵路、運河、國道。

二、行政上使用物、建築物及其他。

三、國家的營利事業、農場、牧場等。

影：大致明白了。討論下一項。

周：我建議把(4)的「逐次」修改爲「迅速」。

「海關、郵政、航空，成立中央政府時歸還中央，並統一管理。」郵政與航空，現在歸還其實也無所謂。

小：這樣規定如何？「海關與航空，成立中央政府後迅速歸於其統一管理之下。」

矢：海關郵政等原則上歸於中央政府管理之下是必要的，但應該注意的是，他們係根據重慶政府之任命在工作，中央政府要變更任命時，總稅務司梅斯可能不接受新政府的命令，除他以外可能還有這樣的人，所以要先作好這種準備。與此有關聯而應當考慮的是，對於海關，有英日協定，故必須與日方密取聯絡來處理。

梅：矢野先生的建議很好。我方當特別留意，此事請記錄下來。

周：(5)的隴海線，與在河南（黃河以北）讓步同一旨趣，撤回好不好？

影：好吧。

周：關於(6)任命一項：「特任官及簡任官，由中央直接任免。荐任官由華北政務委員會任免，並報告中央。委任官以下由華北政務委員會任免。」

省長有簡任和特任，其任免權一定要保留給中央。

矢：在擬把以往的臨時政府吸收在新中央政府之下，俾早日建立中央政府的重大時期，貴方這樣細細規定不是很重要的人事問題，實在不是很高明。而且人事問題對於既成政權的人們來說非常重要，如果造成不安，人心必然動搖，由之能順利辦通的事可能就辦不通，決非上策。作爲同志，我特別要忠告此點，以任免特任官保持面子，其餘的最好由華北處理。

周：現在參考矢野氏的意見，我建議這樣的妥協案：「特任官及簡任官由中央任免。」省主席、省廳長等爲簡任，這不由中央處理沒有面子。

北方的人，在臨時政府的都是反國民黨的人。

谷：這些人以爲，建立新中央政府以後他們會被整肅，因而很發生動搖，其動搖對治安有很大的影響，從維持治安的觀點來看，日軍可能很反對，所以我認爲限於特任官比較好。

陶：不平的是荐任官以下，簡任官以上應該沒有，故簡任官以上還是應由中央任免。

影：下級者應該沒關係，上面者因有部下因而才有問題。貴方的提案太急於中央的統一，不能掌握人心之微妙，原則上由中央任免簡任官，但暫時由華北政務委員會任免（華北的）簡任官，這樣妥協如何？

周：那麼我們作這樣的妥協案如何？特任簡任官的任命權在中央，在諒解事項中則照足下所說寫。

影：在與日方的諒解事項中說沒有意義。

周：規定更換政府時，特任、簡任與中央政府協議如何？

谷：這樣反而不好，人心會動搖。

影：這樣如何？「特任、簡任官由中央政府任免。但簡任官暫時由華北政務委員會任免。」

周：我建議如下：「……但簡任官暫時由華北政務委員會推荐。」

影：可以。

周：關於(7)外交交涉部分，大致上沒有異議，但在文字上想作點修正：「華北政務委員會不得處理外交事件，但得處理日滿間之純粹交涉事件。」

清：這樣規定是否好些：「華北政務委員會得從事日滿間處理地方事務的交涉，但要隨時報告中央政府。」

周：其次是關於維新政府。

㈠的前半不必說，現在我想建議這樣修正：「成立中央政府之前，維新政府照常處理政務云云。」

全體人士：以防止維新政府職員和一般民衆的動搖爲目的，提出要採取㈠的措施，其文字如何修正再研究。

周：㈡的旨趣我了解，但說「汪側」（汪方的意思——譯者）很奇怪。

影：刪掉「汪側」，改爲「予以考慮」。

周：好吧。

㈢很複雜，如果說繼承既成事實，對於人事行政中央將失去權威，他們且將拚命製造既成事實，而中央又不得不承認，故我建議修改如此：

「成立中央政府取消維新政府時，在不妨害中央政府的人事行政、行使職權的範圍以及不違反中日間互惠平等的範圍內，對維新政府已經處理之人事及事務要予以適當而迅速的考慮。」

影：雖說是依互惠平等之原則整理，但這是原則上全盤接受維新政府的處理，然後再調整，如果不繼承，以其違反原則而馬上停止的話在法律上將中斷，從而可能陷於混亂。又，因人事問題維新政府職員會發生動搖，不過汪先生說要保障職員的身分，故請考慮這一點。

小：人事問題，如果依日本式的想法，原則上是接受下來，然後再整理，不是永遠不能整理的。

周：這樣妥協怎麼樣：「取消……時，對於重要事實暫時維持現狀，並迅速予以調整。」

清：所謂重要是什麼意思？

周：沒有用的人員就不用。

小：作爲法律用語，這樣如何：「承認司法行政立法上之行爲有效，暫時予以繼承，然後迅速予以調整。」

周：寫太詳細好像也不大好，「重要政務」如何？

矢：當然也需要有作法律上說明的準備，但在今日，任何國家，一個政府被另外一個政府吸收合併時，合併的政府要綜合地繼承從前之政府的權利義務乃是不動的原則。現在取消維新政府，由新中央政府吸收時，暫時繼承其現狀，爾後以合法的程序予以整理是理所當然的事。因此如貴方擬只承受重要事項，則將予與維新政府有關的一切人們以很大的不安，動搖其人心。所以我覺得刪掉「重要事項」，並寫成「暫時繼承現狀然後迅速予以整理」比較好。

全體人士：好。

周：長江下游以下新上海（建設）一項全部正在研究中，這改天再來討論。但我建議加上華興商業銀行案。當然，該銀行的存在暫時無妨，但要停止發行（紙幣）權。理由是唯有國立銀行才有發行紙幣權，中日合資的華興商業銀行不能有這個權。故我建議這樣規定：「華興商業銀行當然暫時可以繼續存在，但成立中央政府時，應立刻停止增加發行紙幣。成立中央銀行，發行新法幣時，其發行權立刻停止。其已發行者，由該行在一定期內回收。」

小：邊停止發行紙幣邊要其回收紙幣，從金融常識來判斷，很難作到。而且貴方的提案寫得很詳細，但這包括在維持維新政府的現狀之中，應該屬於迅速整理的問題，故到時再來研究。

周：這不是隨便提出的。它的結論是對金融方面不會有太大的影響（因爲華興紙幣只有三百萬元左右），這比聯銀意義重大。

作爲同志，我們非常重視本案，我們歉難讓步。

陶：對於法幣問題我想表示一點意見。此次我爭的重要問題是法幣。蔣之所以能夠維持作戰是由於其法幣，即有世界的兩大金融國家的支持。因而日本也受到很大的犧牲（傷害），一切中國的抗戰力量被其吸收，所以日本應該盡全力打倒法幣。換句話說，這是國際問題，因此應以大規模的國際的觀點來制訂政策和實施這個政策。將來發行新法幣時，日本對法幣要展開統一戰線，防止新法幣價值之下跌，不能像以往那樣「七零八落」，令聯銀、華興、蒙疆等各自爲政，不採取統制方策。

小：我贊成足下意見。近日專家將來到，擬參考尊意一併研究，並好好拜讀貴案。

全體人士：好。

周：明天休會一天。下次會議時間、地點，另以電話聯絡。

第五次會議紀要（矢野書記官筆記）

十一月九日上午九時半至下午四時

參加者與上次會議同，但增加林柏生

周：上次我們討論到維新政府一項，保留了新上海之項。關於新上海，我方同志曾經協議幾次，但有各種不同意見，而沒有獲得結論。希望貴方暫時撤回提案。今日，擬討論蒙疆、廈門、海南島、顧問各項。

關於顧問問題，我方草擬了一個案，故關於治安駐兵，希望貴方提案。

影：關於長江下游問題與新上海問題，只是說要由貴方撤回還是解決不了問題，所以現在暫時不提出會議，而擬以政治來解決，希望等一下由周氏與我來懇談如何？

陶：我方撤回新上海問題不是由於消極的看法，而是由於希望積極合作的觀點考量的結果。撤回決非不合作。我們希望眞正能夠合作而提出積極的好方法。長江下游地區與防共亦即對蘇問題的內蒙華北不同，此地是對歐美的經濟地區，經濟合作是對抗歐美經濟侵略主義，意義重大，如果是中日共同對抗歐美經濟侵略主義的案，自容易解決。

如果要在中日兩國共同目標之下對抗歐美侵略主義，自可同意與事變前不同的情況。在事變前，與歐美侵略主義勾結，中國民族資本還幼稚，在歐美買辦之下，這可以中日合作來改正，其原則是發達中國民族資本，從歐美資本主義解放，為此，中日兩國資本必須合作。在此種意義上，不得不變更事變前的方向和目的，這樣才能與歐美資本主義對抗。中國東南地區是商工業區，自與歐美開始交通，一百年來成為經濟的中心，不是農業地區。這個地區是中國經濟的精華聚集的地區，中日在這裡合作，應有以下五個要素：㈠日本資本；㈡中國當地資本；㈢吸收歐美資本；㈣日本的技術；㈤中國的技術。

目前，日本在東南地區從事著經濟上的努力，日本在這個地方意圖經濟上的獨占，中國人和歐美人都知道，因之中國資本一逃到西南，二在逃避中消費掉，三逃入上海的租界，與歐美資本勾結，以加強其侵略，因此不但未能對抗歐美資本，反而助長它，從而出現很奇怪的現象。今日我們同志看了貴案，得到在長江下游地區中日不僅不能積極合作以排斥歐美主義，在精神上反而可能產生相反之結果的結論。這不只不能達到目的，而且將特殊化上海。若是中日不特不能共同對抗歐美，並且將使上海離開中央政府成為獨立狀態，於是兩國的合作既不可能，新上海將與中央政府斷絕關係。因此我們同志協議結果獲得中日兩國不能共同對抗歐美的結論，故一致認為：如果中日兩國要共同對抗歐美，必須稍微積極合作，否則不能達到目的，因此要求暫時撤回貴方提案。我們絕對不是不合作，為達到目的希望更積極地合作。對於我們未定稿的商量，汪先生雖然沒有參加，但對於經濟合作的問題，汪先生是參加的，故以上的結論也是汪先生的意見，這是我特別要強調的。我們不是不合作，我們要積極合作以對抗歐美，我想以更好的方法來達到目的。如果是數目的問題，可以有各種各樣的想法，但這性質不同。

影：我們另外來想辦法好了。

不過您的話，多多少少好像誤解了日本。您說上海會離開中央政府，我想這是一種誤解。為什麼這樣說，我希望您舉個例子。

陶：上海的部分係放在調整與維新政府關係的部門，其中說：「……所需之措施與經濟協議機關。」若是，無異與華北政務委員會同一個形式。

影：我想是這樣，所謂「行政機構上所需之措施」，是為促使容易中日經濟合作，要上海市政府聘用（日本）技術顧問和職員，俾保持對上海參政權之發言權等的意思。

其次是經濟協議機關，不是政務機關，六月間汪氏到東京時，日方曾提案政務委員會和經濟委員會等政務機構，惟因汪氏的熱切希望而撤回。所謂經濟協議機關，不是上述意義的政務機關。這是中日經濟專家互相商量的會，即商量中日合作的聚會，不是執行機關，也不是政治機關，請能了解。

前些日子，在廣州，為使中日關係容易走上合作，汪先生說是否應該成立一個協議會，經濟協議機關就是這種會。

綜合以上來說，認為上海將離開中央政府而去是一種誤解。

陶：我們並不準備討論其內容，不過剛才我所說的是，要中日積極合作以眞正能夠抵抗歐美，不是繼承既成事實的問題。

周：影佐氏說想跟我懇談商量，惟因汪氏要我們同志與貴方會議，所以貴方提案，在程序上必須與汪先生商量，因此現在歉難奉答。

谷：祇是撤回，對今後（會議的）進行很成問題，故如果貴方有對案，我們願意好好研究。

影：繼續。

周：下來是蒙疆案，關於一之蒙疆界線，前天商議華北問題結果，認為長城應屬於華北，所以這裡要寫成「不包括」。

影：好吧。

周：第二「對國防上經濟上……並對外蒙交涉……云云」在旨趣上沒有問題，但對文字我建議這樣修改：「鑒於蒙疆……中央政府承認其為高度的防共自治地區。」

對於其職權具體地寫出來了，但我想這樣表達：「職權由中央公布內蒙自治法予以規定。」中央既然承認蒙疆為高度的自治地區，即承認將來蒙疆的自治權，這就需要自治法，而中央既已承認，在內政上可以解決的問題。如果如貴案那樣併列，像是中央與日本的關係，這樣不好。

梅：行政、立法、司法、軍事這樣大分不清楚，還是以內蒙自治法來詳細規定比較好。這要與內蒙人士協議作成規定，故要具體地規定。

周：關於外蒙交涉，這可能與中央的外交交涉有出入，尤其是因為蘇聯的態度而可能被引誘，簽訂不侵犯協定等時可能被蘇聯設計，因此這樣簡單寫很危險。特別要注意的是，中國並沒有承認外蒙的獨立，故承認內蒙與外蒙的外交交涉，等於承認了外蒙的獨立，不好。中國將來很想與日本共同恢復外蒙。

又「既成事實云云」，我建議放在其下面的「左記」（左列之意——譯者）。

三沒有問題。

我不喜歡左列㈠的既成事實。這樣如何：「中央政府承認蒙疆自治政府為高度防共自治權。」

如果不行，這樣怎麼樣：「中央政府基於現狀承認蒙古聯合自治政府的高度防共自治權。」

影：我同意最後的貴案。

周：左列㈡的兩政權這種說法不大高明，這樣修正如何：「中央政府與蒙古聯合自治政府的關係……。」

影：這樣可以。

周：四也沒有問題。

谷：具體問題寫在諒解事項如何：「鑒於……基於現狀承認其爲具有廣泛自治權的高度防共自治地區。其權限，由中央政府公布之內蒙自治法予以規定。」

周：好吧。關於第四廈門，我因發燒，故請梅氏代爲說明。

梅：關於廈門的規定很簡單。對於其旨趣沒有異議。在文字上我想作這樣的修正：「中方承認廈門爲特別市，日方要保證廈門特別市政權的完整與其行政獨立。」

我方認爲此乃貴國海軍之希望，惟懼怕海軍軍事上要求的結果，損壞行政權之獨立與完整。我們不希望行政權受到干涉。

須：（我們）決無意損壞行政權的獨立和完整。廈門既有共產黨，也有許多台灣籍人民，是很複雜的地區，故希望日方能參加市政的參政會，而現在的情況也是如此。

梅：是怎麼樣的協定？

須：是廈門聯絡部與市政府間的協定。這是作戰上的需要。

梅：關於廈門，與日本海軍的關係我很明瞭，須賀大佐雖然保證，但我們同志對現況並不清楚。而須賀大佐也不是很明白。如果不將其置於能臨機應變的地位而受束縛的話，中央政府在行政的運作上必感困難，所以中央願意將廈門列爲特別市，但希望依與日方的協定保持圓滿的關係。

扇：目前有在軍事上使用中的地方。而且有政治顧問，這些希望能予承認。

須：這個問題在很遠的地方，貴方可能不得其詳，故希望貴方派人去看看現況。廈門極其複雜，有「鼓浪嶼」的租界。共產黨在租界有其巢窟，以此爲策源地，台灣籍人民也很多，很難統制，加以廈門是華僑的故鄉，如果因共產黨的活動而被攪亂，華僑工作將大受影響。我們必須使華僑能安心。決不是在政治上和經濟上有什麼企圖。爲以上目的，希望承認廈門爲特別行政區域的事實。

梅：我主張保留。

扇：貴案所說行政上的完整，好像誤解我方要在政治上干涉，但我方絕沒有政治上的野心。惟能夠滿足海軍的重要要求就夠了。

梅：海軍方面與中央政府簽訂協定如何？

陶：這樣如何：「中央政府以廈門爲特別市。其區域與日方協定之。」

須：這樣也可以。我記得前幾天曾來電報說要由廈門派人前來，擬就在該地設立國民黨支部事與汪先生協議，不過這個人還沒來，如果詳細問他，當可知道。

矢：海軍方面這樣可以嗎？沒有異議嗎？

扇：現今的廈門特別市，廈門島自不必說，係包括金門島及其他小島嶼。所以只以廈門為特別市就沒有什麼意義。海軍所需要的不只是廈門市。除非包括附近一帶的水域島嶼等軍事重要區域，不足以滿足軍事上的要求。

矢：若是，這樣的文字如何：「中方鑒於現在的廈門特別市域為軍事要地，故承認其為特別市。日方要保證該政府行政權之完整。」

梅：說「承認」不好。

扇：「中央政府以廈門為特別市。但其區域另行協定之。」我要提醒各位：所謂特別行政區域，具有軍事要地的意思，請要考慮這一點。

矢：現在要將其列為特別市是明白了，但並未言及其性質，即沒有顯現軍事上的問題。

梅：那麼這樣怎麼樣？「中央政府以廈門為特別市。其行政區域另行協定之。關於軍事合作事項，由中央政府與日方協定。」

須：好吧。

梅：「其次是華南沿岸」的問題，惟其意思並不太明瞭，因此我想提案。我把它分成以下三項：「擬將海南島及其附近各島嶼改為特殊行政區域。」

周：不是這樣。

梅：我弄錯了。故我要求更改。

影：暫時休息。請中方利用這個時間研究一下。

十一時四十分休息　十一時五十分再開會

梅：我來報告其經過。

我誤解了昨天與周、陶兩氏會談所決定的結果，因而才有剛才的錯誤。對不起。現在我提案以下兩項：

㈠「關於海南島及其附近島嶼的中日海軍合作事項，由中央政府與日方另行協定之」。

㈡「關於海南島之資源開發利用，適用中日經濟合作之一般原則，給予日本優先權」。

簡單來說，對於海南島，本有中法協定。它約定不把其利權讓渡給第三國，現在就海南島與法國的協定，願意給予日本此種權利。請貴方明白：以㈠滿足（日本）海軍在軍事上的需要；甚至不怕因㈡資源的開發引起國際問題，我方（將利權）讓渡給日本。這是很大的讓步。

爲什麼不把海南島列爲特殊行政區域呢？因爲我們認爲現在與（日本）海軍合作和提供資源的開發就夠了。而且沒有非把行政區域變成特別行政區域不能合作的理由。

另外一個理由是，不願意刺激第三國。我方約定不把海南島割讓給第三國。因此將其列爲特殊行政區域，即使不是割讓領土，也將刺激第三國。

須：中方意見的用意我了解，但我想請貴方從另外一個角度來看這個問題。

剛才梅氏說要避免刺激第三國，這是我同意的，但現在（日本）軍事占領（海南島）是事實，即已經刺激了第三國。爾後在歐洲發生戰亂，日德義防共樞軸與自由主義國家群且已進入戰爭狀態。由於此種情勢的結果，什麼時候會發生不祥事件都無法預料。故有事之時在戰略上海南島當然成爲特殊軍事上之所必需。譬如在英美艦隊與日本艦隊的對抗，地理上需要海南島，這不只是對日本，對中日兩國是死活的大問題。

其次是關於資源的問題，梅氏說與第三國有約定，但又要基於中日經濟合作上的一般原則來開發資源，對此任何國家自無從提出異議。

（日本）起初進行海南島作戰時，並沒有著眼於資源。這是由軍事上的需要開始的，惟在該島南部三亞港設基地時在其附近發現了鐵礦。

歐洲各國都在戰爭中，自然資源皆不得不仰賴其領土（印度、澳洲），所以一向從該方面獲得供給鐵的日本可能遭受到拒絕供給，因之不得不另行設法。惟因在三亞附近發現鐵礦，故雖然不合算，還是決定在此地開採。

第一，由於對歐洲戰爭必須經常採取不敗之態勢，二方面要準備不因爲歐洲戰爭而被斷絕鐵資源的供給。

中日兩國對歐洲問題具有共同的命運，故就此問題要思考。也許有人認爲，暫時撇開權利義務關係不談，已經能夠開發蒙疆和華北的資源不是已經夠了嗎？但其開發需要相當時日，無法因應燃眉之急。

因此如果海南島陷於不安，問題便很嚴重。幸好該島的軍隊皆與汪先生關係很深，要予以招撫不是頂困難，所以我們希望迎來汪先生最信賴的人，以海南島爲汪先生亦即中央政府的直轄地區，置於地方紛爭之外俾使其成爲安定的地區。

請能考慮這個事實，根本重新思考這個問題。另外我要說的是，「局地的行政組織（軍事機關）」可能成爲誤解的根源，但這沒有他意，如果由不諳宇內大勢的地方政府官員來處理的話，合作也許不會很順利，因而希望其爲屬於中央，與中央折衝比較能期待其順暢而圓滿。

梅：須賀大佐所說的，似乎爲軍事上經濟上的兩點，這以剛才的㈠㈡就夠了。㈠爲海軍的軍事合作；㈡是資源的開發，這些都可能，故我認爲這樣就行。不同的是特殊地區的問題，對這中國不能贊成。在戰前，曾經有過要把海南島列爲一個省分的計畫，但後來自然消滅了，將來或許會把海南島定爲省或者特別行政區域也說不定，但現在如果馬上實行的話，可能使人民引起以爲會蒙疆化的誤解，也將導致第三國的誤會。尤其海南島民一向富於愛國熱情，現在如果將其定爲特殊行政區域，因島民不知其情，因而可能引起不必要的誤解，並爲該島的統治帶來極大的不安，從而阻礙與日本在軍事上和經濟上的協定。故我認爲將來在適當時期可以將其定位爲省，或者設特別行政組織。

須：足下的話我很明白，但這不只是海軍的問題，與陸軍也有關係。

扇：聽了梅氏這番話，我覺得他的認識還不夠。如將其屬於地方政府自不可能商議這樣的大事，要令其隸屬廣東省，程序上有問題，而且極其煩雜和不安。實唯有屬於中央，由中日兩國的中央切實合作處理才能達到目的。第二，對於與第三國有關係這一點，我們也充分討論過，這也不是割讓，實需要配合東亞新情況的發生。其細節來自大原則，故除非認識這個大原則，即使討論細節也解決不了問題。

梅：扇氏的第三國關係，是爲貴國無視與第三國的關係而定的。其次是行政組織對合作具有何種關係是另外一個問題，將來或許會使其（海南島）成爲特別組織，但現在希望暫時不要實行。又貴方案的(一)(二)的問題是臨時的亦即一時的駐兵，將來陸上兵力可能撤退，但仍有海軍的問題，這需要與（日本）海軍商議協定。海軍的問題可以不涉及領土主權的問題商定。

又，(一)(二)反而不明確。

周：午飯後，下午的會議希望早點結束。明天擬討論顧問和其他問題。

下午一時午飯　一時四十分再開會

周：海南島問題雖然已經相當明朗了，但這個問題還是希望保留。

扇：「局地的行政區域」是特殊地位的意思，我們很重視，但卻不便公開，因而使用「局地的行政區域」的名稱，所以希望就這樣決定。

影：我要說的是，陸軍的駐屯成為問題，這是以爲保護海軍的設施而駐屯爲主，不是離開海軍的駐紮。

海南島的問題就到此爲止，現在我想回來就要綱附錄第一項發表意見。上一次會議刪除了二的第二行「對日滿的地方處理」，因爲刪除而似乎發生了誤解，但根據我方中央的解釋，這是如下的意思：「關於中日合作事項，在中央政府決定的範圍內，作爲地方處理的該處理事項。」因爲刪掉前述「對日滿……」，解釋下列以下時，產生好像華北要離開中央政府將爲所欲爲的誤解。

爲著正確解釋上述內容和消除誤解，我以爲在「下記」下面最好能插進前述文字。

梅：再研究吧。

影：要插進去的是：

㈠共同防共。

㈡經濟合作。

㈢日本顧問。

㈣㈤是中國的內政問題。

「經濟合作尤其是……」，因有上述的旨趣，所以取消事先的許可和認可，並改爲事後報告。因爲要在中央政府決定的範圍內處理，需一一事先獲得中央認可實不勝其煩，故請能改爲事後報告。

周：關於這個問題，今日只聽取影佐氏的意見，我們再研究。初步討論完畢之後，再從頭研究一遍。

影：可以。

上次會議，以㈠的內容不明確，約定再研究，現在我說明如下：

(1)「關於因駐屯日軍衍生事項的處理」，關聯防共治安駐屯，關於兵營、演習場、訓練、軍隊的移動及給養。

(2)是警備、軍隊的配置、互相救援、軍隊的互相聯絡和交換情報。

(3)軍事顧問、教官、供給武器、交通、關於通信之軍事上的要求與監督。

這是要在中央政府決定的範圍內處理的。

我要說的如上，完畢。

周：這再研究好了。
明天上午九時開會。

第六次會議紀要

十一月十日上午十一時半至下午四時半
於上海市愚園路六十號
出席者　與上一次會議同

周：現在我們來審議顧問問題（對中方所草擬之原案）。逐條討論好還是全盤地討論好？
影：逐條審議好了。
周：好。我們逐條審議。
第一項不設政治顧問我想不必說明。東京會談時沒有財政和經濟顧問，惟後來因貴方要求而列入。
第二項，地方行政機關不聘請軍事、財政、經濟顧問，而只聘技術顧問。因爲軍事需要由中央統一，故地方行政機關不必有軍事顧問。至於財政經濟也不必設顧問，因此也沒有顧問。其所以把縣政府除外，乃由於縣是地方行政機關中與人民接觸最多，故不設顧問，爲的是想避免不良的影響（印象）。
蒙疆是特別的例外。最後一項是當然的事項，它有「必要時」的字句，這表示可有可無，完全爲應付幹部同志。

影：日方對第一項如何？

谷：我認爲「不聘請政治性質的日本顧問」這種文字可以不寫出來，其意思是說必要時要聘請，所以這是多餘的文字。

影：這在尊重主權原則中已經有，不必再寫。

關於第一項中的第二款，一般來說雖然無意設政治顧問，但在強度結合地帶亦即華北蒙疆上海特別市政府等，實在需要設所需顧問，而且設比較有利，正如我方回答尊重主權原則中所說，因此在特別的地方應該擴大顧問的範圍。

周：日方所說者我方也充分考慮過，因而才把蒙疆當作例外。

但不管稱爲強度結合地帶還是特定地區，都很籠統而含糊，不宜說在華北要設政治顧問等。在華北，設經濟顧問、財政顧問可以，但不能有現在的政治顧問。如果要在華北設，因經濟上強度結合地帶，只能設經濟顧問。

影：華北是國防上經濟上的強度結合地帶。雖然有人批評華北的現狀，但現在的臨時政府因爲戰爭中，必須有效地予以掌握，這是理所當然的事。將來，華北政務委員會的性質雖然與臨時政府大不相同，但即使設政治顧問也不可能像對今日的臨時政府那樣，這一點請放心。

梅：正因爲如影佐少將所說，華北是國防上經濟上的強度結合地帶，故應以軍事顧問來解決，也因爲經濟上的理由以經濟顧問就可以解決。如果以此外的理由說需要政治顧問，我便無法知道他的目的是什麼。華北政務委員會的職權既然定了，自沒有設政治顧問的必要。

陶：設不設政治顧問，與行政權是否自主有更大的關係。華北要不要設政治顧問，與華北政務委員會權限之大小沒有關係。

梅：對於政治顧問的問題，影佐少將的立場一定很困難，但我們內部也反對得很厲害，請轉告東京中國同志很反對。

犬：我想就談到這裡，另外設法好了，如何？

影：財政、經濟顧問可以吧。

梅：經濟顧問可以，財政顧問不行。

周：不過可以加一句：「但華北政務委員會得招聘經濟技術顧問。」

影：再來好好研究吧。

我要附帶提醒各位，中央政府不設政治顧問，由（日本）大使出任，華北無政治顧問時是很不好聯絡的。

矢：設顧問，對日方沒有任何好處。但對中方來說，聯絡非常方便，我因工作關係，極其清楚。

質言之，因有顧問，彼此的想法很明瞭，聯絡容易極了。

影：現在的顧問係對代行軍政的政府而設，需要監督政府，把它當做事變後的情況是不正確的。

周：我要補充：影佐少將說中央由大使出任政治顧問，華北如果沒有政治顧問不好聯絡，但華北有外交機關，因此不會發生此種情形。大使館是例外，要聯絡，可與具有聯絡部長官身分的喜多中將取得聯絡。

陶：剛剛談到雙方意思的溝通和聯絡等等，東京會談以來同志的一貫主張是：消除干涉內政式的聯絡，以外交方式謀求溝通與聯絡。採取外交方式時當然也有側面的聯絡，但一定要具備獨立國家的要素。

華北雖然情況特殊，但沒有外交，大多是干涉內政，為中日雙方，這決非收攬人心之道。務必以外交方式。

影：再互相研究。

蒙疆為高度自治，故顧問之招聘可以不必經中央政府之許可。報告就可以，好不好？

梅：蒙疆接受足下的意見，但華北請接納我方的主張。

周：譬如今日我們與日方的聯絡，完全透過影佐少將，一切都很順利，但影佐少將並非汪先生的政治顧問。

影：保留一項，繼續討論。蒙疆一項怎麼辦？

這樣好了：「在『蒙疆』，得招聘政治顧問，但要報告中央政府。」最後一項省掉好了。

這些是不說為妙的事項，是當然的事。貴方可能是為了提醒而加上去的，但從我方來看，好像中方在討厭顧問，令人覺得不是味道，所以可以不必在原則中載明。

周：最後一項最好還是要。如果擺在這裡不好，把它擺在關於尊重主權的要求事項裡頭好了。如果在那裡取消此項，前面的第一、二、三項，皆應加上「必要時」三個字。

影：「得招聘」不是意義相同嗎？說「得」就不是義務的（即可以不聘）。

要把最後一項擺在尊重主權部分無妨。
犬：有沒有與「得」意思相同的更適當語彙？
矢：在法律上只有「得」是可以的。
周：這樣好了。最後一項擺在尊重主權原則中，那裡的刪除。
第二項寫得很嚴肅，也許會覺得不大舒服，其所以要這樣寫，在臨時、維新兩政府，顧問的態度有如上司，沒有顧問簽字命令不得發布。在上海市政府，警察的命令要由顧問副署，眞是亂用權力，現在雖然是特別情況，惰性會留下來，這對一般印象很不好。
谷：我在山西省兼任過政治顧問，但從來沒有副署過省政府命令的下達。
周：副署的文件我親自看過，沒有錯。
谷：把它寫成這樣如何？「關於前項之服務，根據中央政府之規定。」
梅：寫在這裡即成為一種約定，將來將消除誤解。如果是服務規定便是片面的。在聘爲顧問之前要說清楚。事實上最怕的是經濟部長上面有顧問，變成設了另外一個經濟部長。
矢：貴方對顧問的擔心是有道理的。關於顧問之行使權力，另以中日協定來規定如何？
影：對顧問雖然有種種批評，但也有不少誤解。
譬如八月一日臨時政府突然爲公布國旗條例，徵求喜多中將的意見，但喜多中將卻不知道這件事。這是喜多中將從頭到尾沒有參與政務的最好例子。
只舉出不好的例子，說是將給予一般人不好印象的這種寫法，最好能避免。
陶：我想說說我的感想。請以同志的身分來聽。我是因爲偶然來參加這次會議的，看到每天討論的情況，日方是希望簡單，中方要求詳細；日方欲決定於將來，中方想馬上決定。所謂簡單是想留個餘地，將來能夠有所變動，如果太詳細，將來想變更就很困難。反此，中方好像是怕將來日方會變卦，因不欲變更，故想把它定得很詳細。這是我個人的猜測（印象），如果這個看法是正確的話，將來可能發生問題。

犬：在這裡提出這種事情來不好，所以我覺得把它分成兩部分比較好。換句話說，本項的內容規定於招聘顧問的章程，這裡只簡單地提到，並在諒解事項規定一定在章程載明其內容，一個方案是，加上顧問的服務章程依照中央政府的規定這種意思。

陶：現在出現了要把全部內容移到其他地方的犬養案，我認為這樣也可以，不過作為法律上的問題，將來服務章程要由中央政府制定，到時全部把它寫進去就好了。

梅：這樣如何：「顧問之職權及服務章程由中央政府制定。」

影：中方懼怕日本干涉內政，故希望寫下很嚴格的要求，同樣地日方懷疑中國或許欲迴避聘請顧問。換言之，說「必要時」實不無欲溜之大吉。所以我建議在諒解事項載明需要顧問這種意思。

梅：我接受影佐少將的意見。

諒解事項是不公開發表的，至於什麼要發表是今後的問題。現在要什麼顧問還沒談清楚，以後再研究。

影：不是要發表，作為諒解事項來約定。以毫不損傷中國自主的立場對日本要求的方式就可以。

周：在諒解事項下面加上：「中方絕不以有『因必要』的字句而有意拒絕招聘顧問」這種意思怎麼樣？

影：「不拒絕」態度消極，我們要積極一點，重點在要不要。譬如：加上認爲需要第一項的顧問此種意思。

周：這樣不是打消了中方自主的意思了嗎？

影：若是，中方對「得」字表示積極或者消極的意向就行。

清：這樣如何：「中國鑒於現狀，認爲前條各項顧問皆爲需要，希望予以招聘。」

影：正如清水君的意見。

周：這看起來好像是一種義務，有問題。

犬：這樣呢？「中國鑒於現狀，成立新中央政府以後，希望早日派來所需顧問。」

陶：文字上使用不恰當時，顧問問題將功虧一簣。

影：從日方也可以這樣說。請好好研究文字的使用方法，並接納日方的要求。

周：各位似乎擔心中方可能藉口「必要時」這句話而不招聘，所以如果說中方將來不會以不必要爲理由不招聘可以不可以？

影：這意思不一樣。我的意思是要說清楚要或者不要。

如果由日方要求招聘，將破壞自主權，故希望採取貴方所要求的中國自主招聘的方式。只要明白表示需要或者不需要顧問就可以。

周：祇要表明所謂必要時招聘，不是不必要時不招聘的意思就行吧。

犬：我與陶氏一起得出一個案以後，我們再來研究吧。

（午餐）

周：關於第三項軍事顧問的問題，這在尊重主權原則的最低條件中也有，其職權定爲：「中國一般國防軍事之設施與中日防共的軍事合作專案的規畫輔佐。」

第二項，顧問採取由中央招聘派往必要地點之方式。第三項是有關第三國軍事顧問，係根據貴方之方案。

影：對此大致上無異議，關於綏靖軍如何？

周：這等一下在第五項討論。

影：剛才陶氏所談的感想說，日本有開始對希望簡單曖昧以便將來擴大解釋的傾向，我想此種解釋有點過分，但我方絕沒有這種意思，我負責這樣說。從日方來看，日本決定大綱，我想在能決定時才決定，中方則在不能決定時還是想決定，這是我個人的感想。繼續討論吧。

周：第四項如何？

影：這樣可以吧。

周：第五項如在關於尊重主權的最低條件中所說，如放入軍隊太顯目，才這樣寫，但對於蒙疆，因其情況特殊，故採取適當的措施。在軍隊設顧問的問題，如剛才所奉告，但在華北的綏靖部隊設顧問是絕對不適當的。爲訓練，無此必要。如爲監視，像通州事件，毫無益處。如果以因危險而要監視，由於中國人愛好獨立自主，不但將引起反感，而且容易導致叛亂。鑒於以往的經驗，設監視的顧問毫無意義。臨時政府招募兩年未成。原因是因爲被監視，失去獨立自由，由反感而叛亂。因果互爲循環，因此欲以監視來防止發生事件是沒有用的。

谷：通州是特別的例子，所以引用通州事件爲例並不適當。

周：我舉出通州的例子是想說明只是監視之無用。

影：日方的希望是能爲特別需要軍事合作的部隊派遣顧問。

對於派顧問到國防軍，我個人願意撤回，但不能撤回對綏靖軍的派遣。

要之，我不是要以既成事實作理由來強制推銷，我只是想說對發育初期的嬰兒不要給斷奶。

周：對於第五項，在其開頭我建議加這樣的文字：「華北現在的綏靖及警察以外的。」

影：我主張「不管外國人顧問教官及其他名義如何……」，以下爲「不招聘外國人顧問教官及職員」。

周：將來的軍事機構要如何設計並未定，目前有軍事委員會或者國防委員會等案。執行機關擬爲軍政部和參謀本部，其上面設軍事委員會或者國防委員會。但這是我個人的見解。

影：我以爲綏靖部應隸屬於軍靖部，不知如何？

周：就過去的例子來說，綏靖部稱爲保安隊，省主席以保安司令指揮，司令屬於軍事委員會。

影：我爲什麼要問這個問題呢？因爲這是華北政務委員會的問題，國防軍當然要由中央統一，但我認爲現在的綏靖部隊無論如何要隸屬於政務委員會。

周：不錯，綏靖部隊應該歸屬於華北政務委員會，只是間接地受中央政府的指揮。第六項的開頭一項是以各位的意見爲基礎的。第二項是鑒於華北的各種情況，特別加上去的。即日本職員不服從上級，譬如不寫中華民國幾年，而寫昭和幾年。

下一項是比顧問地位還要低的人員。這種程度的人在中國也是多得不得了。最後提到經濟技術官和在蒙疆的適當措施。

影：「在法律上的地位與中國職員同」是什麼意思？

梅：在法律上，其權利、義務、待遇等是一樣的意思。

影：矢野君有沒有意見？

矢：薪水如何？

周：薪水可以提高。

矢：法律上的地位，在海關等，外國人是不是都是一樣？

周：在郵政、鹽務、檢查所都有外國人，除薪水外，其他都是一樣。

矢：治外法權怎麼樣？譬如行政上的罰則如何？

梅：這是行政法上的問題，沒有觸及刑法上的問題，是官吏的服務問題。

矢：是官吏的服務規律嗎？

梅：是的。

影：若是，把二項這樣修改如何：「受中國行政法規之支配。」

谷：將第六項第一重要機關改爲所需如何？

梅：改爲「直屬機關……」如何？

周：六的三項，我建議將「不得任用日本職員」修改為「不任用外國職員」。其後面蒙疆的部分，應改為「在蒙疆得採取適當之措施」。

要將前面第二項作為諒解事項使其變成比較簡單的問題，因有陶氏草擬的英文方案，故再來考究其文字。

影：欲縮短本項文字，但恐怕無法再縮短了。所以我建議寫在「第五、其他」部分，並附上諒解事項。

周：明天休會，後天上海時間上午十時（因孫中山先生生日，早上有儀式）開始開會。

第七次會議紀要

十一月十二日上午十一時至下午一時十五分

出席者　日方：影佐少將、須賀大佐、谷萩大佐、扇少佐、矢野書記官、清水書記官、片山少佐、犬養健氏。

汪方：周佛海、梅思平、陶希聖、周隆庠、林柏生。

周：現在我們來商議有關治安駐兵的問題。由於這是日方的提案，如果有需要說明的，請說明。

影：沒有特別需要說明的。

周：好。那麼就馬上開始討論。

梅：第一，它說：「日本在恢復中日和平後，開始撤退防共駐兵地區以外之軍隊，並要迅速完成。」惟因去年日華協議紀錄中說「二年以內」，因此希望將其載明。

影：好吧。把「迅速」改成「二年以內完成」，但如去年上海會議所決定，中方有在二年以內確立治安的義務，故請把這一段也寫進去。

陶：第二項的「保證確立治安」不是嗎？

影：載明二年與貴方「保證確立治安」的義務併列便更為清楚。

梅：在「……完成」下面插進「中國保證在本期間確立治安」。

扇：「保證在本期間確立治安」有點奇怪，「在本期間實現……」是否比較恰當。

梅：「保證在本期間確立治安」是密約的原文。

清：「本期間に治安の確立を保證す」這個日文是怪怪的。要有這樣的意思才好：「中國要在本期間實際證明（原文為實證）確立完全的治安。」

梅：「保證」有負責去作之意，意思強，實證是以事實來表示（證明），保證在法律上其意義比較強而有力。

影：我方一向為使貴方方便於說服同志，盡量讓步接受貴方所建議字句，關於本件，同樣道理，請能接納我方字句，以便因應內部。

陶：加上「完全」二字將增加許多麻煩。換句話說，將來討論此問題時將面臨這樣的問題：確立治安是否完全將是爭論的焦點，可能以不完全而要繼續駐兵。

影：所以要求加上完全兩個字，是要弄清楚二年以內這個期間重要，還是確立治安重要。我認爲確立治安比年限更重要。反過來說，以已經經過兩年而要求撤兵，可是治安卻尚未確立，如果在這種情況之下要求撤兵，那事情就很麻煩了。因此我方堅決要求加上「完全」這兩個字。

梅：重光堂會談時，曾經討論過確立治安的意義，當時的說法是：「確立一般性的治安」，亦即中國本身具有確立一般性治安之能力，不是連一件擾亂治安之事情都沒有的意思。譬如說碰巧在南京附近等一個鄉下佬殺死了一個日本人，就以爲尚未確立治安的話，那永遠無法確立治安。我們不能因爲上海附近有一些便衣隊，而就認爲還沒有確立治安。如果加上「完全」這兩個字，在解釋上可能引起爭執，所以還是依照去年上海會議的解釋，解釋爲維持一般的治安。

保證這兩個字，對日方來說或許意思比較輕，不夠積極，但在法律上它是負責保證的意思，因此應該可以同意。

影：不錯，上海會談時是這樣說的，但爾後國內情勢大爲變化，日本的輿論極力主張不能輕易撤兵，現在照上海會議我負責加上「二年」，但這是很大的冒險，日本輿論可能反對。爲此需要加上「完全」二字。加上這兩個字日本也絕不會藉口不撤兵。我想各位可以放心。

扇：兩年以內的撤兵，從目前的客觀情勢來看，實在很不容易。尤其是看這些文字，會令人覺得好像連艦船部隊等在不久的將來都要撤退，對此一部分日本人必起而反對，因此我們同志都沒有自信讓國民看到這些文字。如果一定要加上二年，爲著保持平衡起見，則非把「完全」或者實證等意義較強，可信賴的字句寫上不可，否則很難說服日方。

梅：關於「二年」的問題，我們認爲這是有如在貴國御前會議通過的案件。就我方來說，在上海會議通過以後，拿到重慶去徵求汪先生的同意，繼而有御前會議的決定和近衛聲明。剛才影佐氏說是以他個人的意見寫上去的，但這是國家與國家之間的協定，不能由影佐少將個人來負責任。

周：這個問題與其說是日本與中國的問題，毋寧說是應該以兩國各國的對內問題的方法來解決。

從中方來說，如果沒有「二年以內」則無法過關；同樣地，如果有二年以內而沒有安撫輿論的文字的話，影佐少將抵達東京機場時可能會被暗殺。因此，加上「完全」兩個字的同時我建議將文字作這樣修改：「中國保證在本期間內以自己力量確立完全的治安。」

影：對於梅先生所說的責任問題，我想補充一句話。上海會談的結果，如梅君所說，為（日本）政府所承認。但「在二年以內」是不是在御前會議討論過，我不敢說，而近衛聲明沒有提到它是大家所知道的事實。

這次的東京案參照爾後的情勢，但沒有提到上海會談當時二年以內的問題。因此以我個人責任的意思是，雖然在上海會議約定，但現在的（日本）政府案沒有的事項，我獨斷把它擺進去，所以說這是個人的責任。

對於剛才周氏所提出的案，請給我十分鐘時間，以便日方交換意見。

（中方退席，由日方商議十分鐘）

影：日方商議結果，同志們的意見如下：

我們能夠了解中方以為如果有「完全的」這些字，日方會不會以此為藉口拖延撤兵這種說法，但相反地，日方擔心中方會不會主觀上只是說要保證，尤其是日本商人如果看到兩年之後日軍要撤退，深怕中國只是嘴巴說要保證，實際上不知道將發生什麼情況，必須準備回國。從這個觀點來看，他們一定拚命反對。

又周氏的妥協案也不是頂高明，我們同志的意見是，貴方固然有貴方的理由，我方也有極其嚴肅的道理，所以希望多給時間來研究。

梅：實際上我方並沒有任何不安，眞正不安的是日軍之馬上撤退。

周：其次的但書沒有問題。

下來的軍事上要求範圍太廣，能不能稍微限制一下。

影：關於軍事上的要求範圍，因其性質上，由將來的軍事協定來議定其細節。這裡只記載其大略，並非什麼都要要求。所以在其後面載明說將另行協定也可以。

周：雖然很難定其細節，但現在我們將其範圍作個比較限定的規定，加上這樣的意思如何？「日方對此要求，中方應其要求而給予方便。」

影：只是給予方便我想是不夠的。需要以協定來規範權利義務關係。對於軍事上必須的要求，中國不能以自由裁量只是給予方便。總之，雖然要在軍事協定將協定其細節，其範圍到時再規定如何？

周：如果不夠，我想再加一句，以爲補充。假若無限制地要求也不行，故除「給予方便」之外，規定其細節將另行協定，其文字這樣如何：「依照要求中方給予方便，其細目另行協定。」

淸：擔心鐵路是不是會全部被拿走，是否將限制軍事上之要求的意思？

影：貴案的精神我同意。但對於我方提出要求中方答應事情才會成，對於我方要求只是給予方便是不行的。範圍自可另行商議，但要規範權利義務的關係。

陶：權利義務的觀念要依軍事協定，主體是兩個。對於日本的要求，中國給予方便主體便清楚。如果對於日方要求中方沒有主體，日本的要求便是片面的，因而將給人以既沒有鐵路的行政權和管理權的印象，這在同志之間雖然沒有問題，將來發生爭執時就麻煩。因此日本要求，中國給予方便，這樣不是可以嗎？

影：原案爲「要求」和「依照」（應……要求之意），這樣就有了中日兩個主體。日本要求十，中國給予十。依照貴方原案，對於日本十的要求，中國可以給八也可以給七，不一定。這樣一來就無法滿足軍事上的需求。故有兩個主體是一樣的。

其他如經濟上的問題，還可以忍受，但關於軍事，必須明確，否則將出差錯。

陶：影佐少將的意思似乎是要我方明確表示我方的意見。但要求十時不給七而給九。鐵路的管理權和行政權是不能讓的。這是爲什麼只能給九的原因。

影：這要由軍事協定來定。（日本）要求什麼，中國給予什麼，應以軍事協定來明確規定。對於我方的要求，（中方）要一一限制，那就無法作戰了。譬如對於要求立刻運輸作戰上所需的兵力，中方以給予方便這種心情來對運輸扯討價還價的話，那就麻煩了。

周：我提出過好幾個妥協案，但都沒有成功，現在我再提出一個，原文不動：「要應軍事上的要求，但日方要尊重上述各項行政權與管理權」，如何？

影：戰時怎麼樣？平時這樣沒問題。

周：戰時除外，加上「平時」也可以。

影：我同意加平時兩個字。

周：我想商量今後的問題。

到今天爲止我們作了一次總的協議，但保留了不少。尤其是貴方保留很多。所以我想再從頭來討論一次，如何？

對於有關尊重主權的最低限度要求事項，有貴方的答覆和我方的再答覆，我想來作一個決定。

其次，大體的問題決定以後，由雙方推代表來「簽字」。當然有沒有「簽字」不是問題，惟因這是國家百年大計，所以「簽字」比較好。

影：三件都沒有異議。

周：形式、文字上的整理和方法要如何辦理？

影：我方蓋章時的日方代表可能不是我們，我們還不知道將由誰來簽字。作爲同志商議的簽字是另外一個問題，如果要正式約定，自應另行考慮。

詳細的交涉到時再說，現在只要我們的「大綱」一致就行。

我個人認爲，今後我們還要與貴方繼續協議，惟因在細節彼此意見能不能一致還不知道，但祇要在大的方向一致，就是並行也無所謂。

我認爲調整要領與方針要盡量一致，但其他附錄（原文爲別冊）大致獲得諒解就可以，尊意如何？

周：我想得不周到的地方要請其他人來補充，而我個人的看法是，作爲同志簽字我是願意的。當然以未定稿。既然要商議，就應該將會談紀錄整理成主文、諒解事項等會議紀錄，以爲將來簽訂條約的資料。

同時在此紀錄簽字。對於保留的部分要怎樣處理呢？該如何處理尊重主權原則的問題，對於剛才影佐少將所說兩者沒有完全一致也沒關係的說法，我覺得恐怕需要再斟酌。

我們要在中央政治會議處理今後的問題，因此現在各種問題如果沒有一個決定，中央政治會議將無法進行。譬如聯銀的問題，華興商業銀行以及軍票等問題都要有一個解決。所以我建議作成一個書面的試行方案，以同志的身分簽字。

影：我明白足下的意思。我們要盡量努力於問題的解決，但如果不能解決也無可奈何。建立政府要趕快，如果以細節未定而不召開中央政治會議的話，將對建立政府的工作有所影響，從而演變成爲使孩子活而母親去世的結果。

決定的部分雙方可以把它印出來簽字。我們也保留了十七件。

周：所保留的十七個議案能不能把它整理出來？

谷：我們來把它整理並印出來。

周：我也來整理。

影：中日關係該調整的事項，決定者可簽字。但有關中國內政問題者由雙方簽字會不會很奇怪？

周：整理時的參考，應該毫無遺漏地分成原則、諒解事項，及其他事項等。

谷：依我們商議來整理。

周：下一次什麼時候開會？

影：明天休息來整理，後天再開好了。場所仍舊是六三花園，上海時間上午九點開始。

（譯自《現代史資料12，日中戰爭5》）

須賀少將、陳公博會談摘錄

第一次會談摘錄

一九三九年十二月十八日下午三時至六時

出席者　須賀（彦次郎）少將、扇少佐

陳公博、周隆庠（口譯）

須：前幾天，我曾將有關處理廈門、海南島等問題的我方方案交給周佛海氏，我想足下或已看過，對此足下似有不少意見，請能坦率賜告。

陳：在表示意見之前，前幾天我交付了對廈門和海南島軍事問題的看法，所以請能告訴我貴方對此問題的看法。研究軍事問題以後再來討論實際上的處理問題是否好些。

須：貴案我方已看過，我方意見由扇少佐說明。

扇：關於貴案的具體事項，今後非由雙方專家研究不能作確實的決定，而我個人的想法在大體上也與貴案旨趣差不了多少，惟貴方在前文的意見爲：

一、貴方似乎極其擔心日本有政治野心。

二、似過分憂慮第三國的干涉。但我認爲鞏固海南島與否，是將來第三國會不會出於干涉態度的關鍵。即欲防止干涉於未然，必須加強東亞特別是南海方面的戰略態勢，使第三國沒有窺伺的機會。在另一方面，爆發歐戰後，英國疲敝不堪，中日兩國先發制人，處於戰略態勢的優越地位，不可能有強力的干涉，故不必有過分的憂慮。而就是干涉，我方自有辦法。當然我們不能對第三國有不必要的刺激。至於有關軍事合作的內容，當另行討論。

陳：我的想法如下：

一、不刺激第三國，對不得已時的情況已有所準備，我完全同感，但我懼怕的是中國內部，如果歐美提出抗議，中國和日本都得有明確的答覆，屆時對國內就此問題非公開其整個內容不可，不能瞞騙。

二、不希望歐美對中國具有勢力，亦即不能令他們統治東方。

我撰寫剛才交給貴方的軍事協定時下了這樣的決心：就中國來說，日本要對英國作戰時，中國應該與日本共同作戰，如果日本不需要中國參戰，自當別論，否則中國不能保持中立的態度。

三、對於海南島的軍事、政治、經濟等問題我是這樣想：

我對軍事合作的計畫也是基於上述的想法而撰寫的，所以對於貴方的希望也站在這種立場來思考，但有關經濟問題則請盡量不要形諸於文字。

譬如鐵，我想不會有太大的成績。我擔任財政部長（實業部長——譯者）時代，中日間曾就鐵礦協定過日方買礦數量，但日方所購買礦石並未達到協定數量。因此我覺得對於海南島埋藏資源等經濟問題即使不那麼強調，中國也會順應日本的要求。

須：對於鐵的問題貴方有誤解。我想作具體的說明。（詳細說明日本對鐵砂的需求與供給與其輸入的情況，以及歐洲戰爭對越南、馬來西亞和南洋方面的影響，和海南島的鐵礦對日本如何重要）

陳：關於鐵的問題，對我的想法似有誤解。我並沒有說日本不需要鐵。

我作過四年的財政部長（實業部長），根據這個期間的經驗，日本並沒有購買過所協定的鐵砂數量，所以我認爲今後規定這個數量便足夠日本的需求。

關於國防資源的問題，我並沒有說不給予海南島的資源。我的意思是考慮日本的需求由中國來開發，故我建議作文字上的修改。

只是說「一般資源」，不夠明確。我希望把內容寫出來。我的意見是政治、軍事、經濟不要搞在一起，應該分別明確地寫出其內容。如果照（貴方）原案，將給人們以統統會被撈走的印象。

須：我想就國防資源再作說明。

在日本，礦山的事業家被稱爲「山師」（投機家之意——譯者），因爲開中礦脈與否，其差距很大。

今日日本亟需國防資源尤其是鐵砂，因此無暇計較利害得失。

海南島的礦山如果只從盈虧的觀點來看的話，當然無從談起，故不能單靠民間事業家，即不管盈虧與否，必須立刻開採，這是日本所面對的國際情勢，對此站在同一個立場的中國應該也是一樣才對。鑒於這種情況，所以我們希望對國防資源的開發利用給予特別的方便。

陳：對於鐵，可以按照貴方要求實施。問題是一般資源。一般資源的內容如何？

須：對於一般資源，目前沒有什麼特別要說的。惟將來在國防上橡膠、麻、棉花等對中日兩國都非常重要。此外中國應該考慮的是稻米、蔗糖等熱帶產業都很有前途。（詳細說明生產米、糖、棉花等不只是日本的問題，也是中國應該積極考量的問題，並希望在這方面多引進日本的技

術等）

扇：剛才對於第三國干涉海南島的問題陳氏表示過很憂慮的意見。關於此點，海南島是否設省的問題，應由中國以國內問題自主處理，因其不是割讓，應不會受到外國的抗議才對。

問題是軍事設施，這應以適當處理（日本）軍事設施，製造日軍的駐屯和軍事設施的使用是合理的這種客觀情勢來謀求解決。爲此，如果能有某種程度的日方的經濟利益和日人發展，需要予以警備（保護）的現況，對外自不必掛念。在海南島的中日經濟合作將扮演這種「掩飾」的角色。

陳：「掩飾」的效果在我看來完全相反。就中方來說，爲發展經濟由日本駐兵，對中外的衝擊更大。故我認爲經濟關係最好不要搬出桌上。

至於海南島是否要設省的問題，在（中日）事變前已經討論過。我覺得這是可行的。問題是設省時的名稱問題。海南省這個名稱不好，相對於廣東省和廣西省，叫做廣南省如何？當然這是個人意見，沒有跟任何人商量過。

第二次會談摘錄

一九三九年十二月十九日下午五時至八時

出席者　與上一次同

須：昨天的會談，對根本問題看法大體上雖然一致，但對個別問題仍有不同意見。

爲著達到雙方充分溝通的目的，請盡量提出疑問，沒有十分的溝通不好。

汪先生已經非常了解，不過需要全體同志都能夠充分了解，因此才請每天撥出時間來溝通。我們要會談到眞正了解那一天爲止。今天我們來就昨天沒有達到共識的問題交換意見。

第一，關於說軍事、政治、經濟應該分開來寫的問題，在原則上我是贊成的，而我方的案大致上也是分開的。惟在政治、經濟、軍事各地方都提到海南島，我們覺得這樣不大好，所以才將其集中在這裡。

第二是關於資源開發的問題，貴方主張雖然已經了解，但還是提一提。

跟中國不喜歡寫出來一樣的程度，我方希望把它載明。經濟開發已經著手，如果不在這裡寫明白，將給人們新政府不與日本合作開發經濟的印象。正如昨天扇少佐所說，最低限度也要露出其頭部來。關於刺激第三國的問題，如陳氏所研究必須愼重，故我們認爲日本的經濟利益稍微表露出來才能夠合理化日軍的警備和駐屯。

陳：我把它分成軍事、政治、經濟來說。

一、關於軍事，我撰擬草案時，曾經著眼於能夠達到貴國的目的，以如果我是日方必能接受的信念來考量其內容。

二、關於政治，對於海南島要不要設省，廈門是不是成爲特別市，我都沒有特別的意見，怎麼樣都可以。不管採取何種形式，要如此合作，必須由中央派專員，否則無從實現我們的意圖。

同樣道理，新加坡軍港不可能由總督一個人運作，必須由倫敦派人來。

無論省也罷什麼也好，都得看實際情況來實行。現在如果馬上變更政治（政府）形態，人們可能認為係由日本所強制，對中國不好。

三、要以經濟合作作為在海南島之軍事合作的「掩飾」工具，我認為是一種空想。不管有沒有協定，由軍事專家看來在海南島有（日本的）軍事設施是很明顯的事實，故不必懼怕刺激第三國。既然避免不了就不要規避。

因此我認為經濟問題不必在這裡寫出來。

經濟合作有三個方法：

一、強制的合作。

二、商量的合作。

三、不必商定自動合作。

第一，強制的合作，例如上海的紡紗，是不自然的。

第二是經由商量的合作，這當然比第一種好，但還是不自然。將來實際上除非以第三種不可能有眞正的合作。商定的多自動合作的空間就少，規定得少就更會自動合作。

政治方面如前面所說，將來再規定比較好；經濟方面對於海南島的資源一一列舉比較適當，如果籠統地寫，人民將懼怕全部被拿走。

總之：

一、軍事請能根據我所提出的案實行。

二、關於政治問題，行政（組織）形態現在不要作決定，將來依照實際情況來規定就可以。

三、經濟的商定愈少愈好，讓其能夠自動自發地充分合作。

須：對於強制的合作，足下舉出上海紡織作例子，但我覺得貴說似有誤會。現在我以實際例子來說明。（花了大約五十分鐘，說明上海的紡織業和華北的麵粉業等合作經緯與實際情況。）

陳：對於強制的合作我舉出紡織的例子，對此須賀少將作了具體的說明。我沒想到須賀少將對紡織竟有這樣的研究。在我的財務部長（實業部長）時代，我遭遇過兩次「恐慌」。由此我得到這樣的結論：中國的紡織業，即使沒有威脅也無法生存下去。

日本採取資本主義的經營方法，中國使用家族的經營方法（說明當時的紡織對策之後），雙方如果誠心誠意這樣作，即皆能獲得利益。

因此，海南島的問題，經濟合作最好在很小的範圍內具體地寫出來。如果在海南島能夠表現出合作的模範，我相信人民會跟上來。

須：我完全同感。但海南島還沒有任何企業，現在才要開始。我們無意從事強制的合作，但仍然需要若干的商定。貴方似乎以爲什麼都是爲了日本，但毫無疑問地這對中國也有很大的幫助。譬如中國輸入著許多米、糖等，今後如果在海南島生產，中國就不必輸入了。

陳：我的結論是：

資源限於植物和礦物時，礦物資源可以規定，植物資源卻不能規定。我曾經在海南島設立過農業試驗所，但各地的情況不同，不可能作一律的規定。

對於農業，擬在各地設立農業試驗所分所，並聘請日本的技術人員。我覺得不必規定得囉哩囉唆一大堆，怎麼樣？

問題很簡單。因爲（中日）事變的結果，有各種約定反而使人們害怕，如果沒有約定就不會有這種憂慮，而將有眞正的經濟合作。

如上所說，我的結論是：

軍事以我的案爲要點合作。

政治不要另行規定，適當地來作。

經濟，關於礦物作適宜的約定，對於植物作個備忘錄就可以。

須：依照貴案行事，會不會陷中央政府於困難的立場？現在各種事項事實上已經有相當的進展了。

陳：將來一定要盡量照貴方的希望實行。撤兵前的辦法也有了。要把海南島變爲省不是那麼簡單。從前也有過此種計畫，但沒有實現。主要原因是財政的關係，收入不足。若是必須由中央政府補助，補助沒有面子，所以需要再作具體的研究。

須：行政費用一定需要很多。

陳：事業費中央可以補助，但不補助行政費。

扇：設省並不一定成立中央政府後馬上就要求，但請能有個秘密的諒解。

陳：這是制度問題。人事問題由汪先生來決定，我們要思考制度的問題。沒有規定並非不實行的意思。想設省是基於什麼理由呢？

須、扇：說明了需要其直屬中央的種種理由。

陳：至此我們暫時告一個段落。要之，第一是軍事據點的問題，擬以我的案爲骨幹；第二點政治形態擬依今後的實際情況處理；第三是主權、行政的完整。

須：總而言之，問題是要達到軍事上的目的，如果不能達到此目的，任何措施都沒有用。請充分了解這一點，並從這個觀點來思考問題。（以軍事問題爲中心一再地說明）

第三次會談摘錄

一九三九年十二月二十日上午十一時四十五分至下午三時二十分

須：在百忙中連日開會，目的在於欲令足下徹底認識，沒有誤解，以處理問題。我們的主張是軍事第一，我們需要在軍事上十分溝通，因此再就軍事問題來交換意見。前天和昨天主要地討論一般問題，所以今天我們來就軍事問題交換意見。

到昨天的會談，我已大致明瞭陳氏的意見，故我現在來表示我的看法。

首先是懸案的駐屯問題。駐屯第一有治安駐屯，暫時有此必要，它應該根據有關治安駐屯的一般原則處理。海南島因爲是個島嶼，所以消除了游擊隊以後，與其他地區不同，問題非常簡單。尤其是汪先生之懷柔吳道南如果成功的話，更能夠早日歸於和平，若是，其治安駐屯將比較早些結束。

其次是海軍部隊和軍事設施的問題。

陳：陸戰隊呢？

須：治安確立以後，陸軍和陸戰隊的一部分將撤退，而將剩下海軍的各基地。前幾天與足下意見不同的是關於這一點。基地問題簡單來說乃是技術人員與「維護」的問題。對於此點，陳氏的意見是中日基於互相信賴，維護可委諸中國軍隊。我們也覺得由中國警備就能夠完全維護，有事時可全面使用，那實在太好了，可是目前還在戰爭，我們同志當然可以信賴，但中日軍隊之間仍然不容易達到此種境地。

海南島的基地位於戰略上的最前線，地位極其重要，在今後的戰爭，飛機、潛水艇等在開始戰鬥時扮演非常重要的角色，其運用是時間的問題，所以平素就必須有充分的準備。如果失敗於準備，將是失敗的開端。

基於這種觀點，在相當期間內，必須駐紮日本的軍隊。但其駐兵與華北蒙疆的駐兵完全不同其意義。從另一方面來看，如陳氏意見所說，在戰時防衛西太平洋，維護華南方面的海上交通線，是非常重要的問題，故中日兩國海軍必須密切合作，以負起這個使命。

海軍的建設，不是五年、十年所能完成的。

德國自當別論，沒有現代海軍的國家尤其如此。就是德國，形式上有海軍，但卻尚未建立眞正強大的海軍。重要的是人的因素和精神力量。看看烏拉圭海面的小戰艦的下場就可瞭然。只能製造軍艦是不行的，重要的是培育能夠使用戰艦的人才。

日本希望將來能與中國密切合作，故很早以前就考慮過重建中國海軍的問題，並與汪先生商量過，同時設立水巡學校（原文）正在訓練幹部。明（二十一）日將把兩條小艦移交中方，這是在要交付汪先生中央政府的約定下交給維新政府的。此外，爲建設中國的海軍，我們還在作其他的努力，這是足下所知道的。

陳：要移交給我們的軍艦有幾隻？

須：有五、六隻。此外還有許多小艇。關於維持內河的治安，也已有所安排，我們正在致力於建立以汪先生爲中心的體系。

總之，爲使中國海軍能夠早日成爲氣候，早已與汪先生商議過，並且逐步進行中。

這些皆以與新中央政府在精神上充分合作爲根本方針，並正在往這個目標邁進。話雖如此，中國海軍要能協助保護（海上）交通，還需要相當長的歲月。

陳：建設海軍，最低限度需要多少年？

須：培養射手需要十年，中堅軍官的培訓需要二十年。德國開始重建海軍至今只有六年。海軍的建設最低限度大約需要二十年。換句話說，將來二十年的海上交通的保護不得不由日本單獨擔任。

海南島的設施、軍事合作等問題，原則上要由中日共同從事，惟因海上武力完全將由日本承擔，故希望中國提供所需陸上的基地。這是海南島問題的重點。

但這並不是說要由日本海軍永遠負責。即隨中國海軍的建設，和內容的充實，以及基地的維護，中方如能逐漸勝任的話，我們希望將其全部交給中方來負責，而在此以前則需要駐紮日本的一定警備兵力。

這是對海南島治安駐屯以後的希望。

我再重複一遍：最重要的是戰鬥開始的初期階段，失去「時間」的作戰，毫無用處，軍事設施問題的要點在此。

政治經濟只要能滿足軍事上的這種要求就可以，而海軍對軍事極其認眞，它以能夠安心作戰爲第一要件，並不作其他要求。

扇：我們希望中國海軍迅速成長，不但設置和維護重要的軍事設施，對於作戰，中國海軍亦能擔負重要的角色，因此隨貴方海軍的實力情況，我們願意逐漸將任務交給貴方。

須：大致的軍事設施已經完成，其中一部分將來擬移交給省政府或者民間。關於費用，可考慮如貴方案所說，改爲貸款。

陳：從理想的觀點來說，對第三國的作戰，最好要行於何時？

須：美國的艦隊現在最強盛，所以美國可能會開始干涉遠東的事務也說不定。歐洲雖然疲弊，但過幾年恢復以後，也可能出來干涉。

陳：海南島的問題，比起其他地區，我想比較容易收拾。將來全面和平後，自不成問題，如果剩下重慶，其他地區的日軍撤退就很麻煩，惟海南島是個島嶼，撤兵容易。

吳道南是個專員，曾爲汪先生的部下。民國十年我擔任總政治部長時他是營長。開始海南島作戰時他被任命爲專員，因而他來跟我報告和商量該不該去海南島，如果去，該如何工作。

當時我不方便說應與汪先生合作，故只是叫他去。目前我正在與他聯絡中，如果他來了，治安當不成問題。他手上還有兩個團，因此將來（日本）陸軍的撤兵自很容易實現。我個人認爲留下來的應是海軍陸戰隊。爲什麼我不贊成駐兵呢？如果只是在機場駐兵，對國民還可以說明的方法。總之，軍事方面應依軍事協定，中日一體合作來努力於完成軍事基地。但警備和管理應由我方來擔任。華北是防共，駐兵有年限。海南島將是永久的。

扇：不是無期限。在將來的軍事協定應該規定其期限。現在我要說的是，足下從頭到尾都是作被動的看法，擔心對國民無法交代，但我們所構想的軍事合作是爲確保東亞安定的中日積極的合作。我認爲欲建設新秩序的新中央政府應該對國民說明新秩序的積極層面，以提高國民的意識和認識，這種努力是很重要的。以實現事實的合作才能有眞正的合作。希望貴方這樣指導。

陳：我個人的構想是，在海南島創辦海軍軍官學校（原文爲海軍兵學校。海軍兵學校，在日本是海軍軍官學校——譯者），在這裡培養陸戰隊，然後將其分發到中國全國各地。

須：這個構想很値得研究。

陳：如果這樣作，我想可以得到一般國民的諒解。也可以警備和管理。

據我個人的看法，今後十年以內太平洋不會有戰爭。我敢這樣斷言。

英國單獨是不會出手的，如果沒有美國的幫助，英國是不敢動手的。

前年我出席了布魯塞爾的九國條約會議，當時美國代表戴維斯對英國代表說：「美英如果共同對日本表示壓迫的『姿態』，日本必會讓步。」因英國代表沒有接受，戴維斯提議美英各出一半兵力行事，但英國還是沒答應，九國條約會議由之失敗。

戰後，英國將失去力量，美國不會單獨對日本挑戰，所以我認爲今後暫時不會有戰爭。如果有戰爭，那將是由於日本的挑釁，如果沒有日本的挑釁，我相信不會有戰爭。

須：除非對方強硬挑釁，日本不會先發動戰爭。

陳：另外一個參考資料是，如果日本對菲律賓有企圖自應別論，但如果對馬來西亞有企圖的話，其實行，必須獲得中國人的同情（諒解）。

在新加坡，每年需要三百萬英鎊的經費，其中一半來自倫敦的補助，一半在當地籌措，而在當地籌措的大部分，多由中國人負擔，尤其靠鴉片專賣的稅收。因而日本如果想染指馬來西亞，必須得到中國人的支持。另外一個事實是，馬來西亞人口的一半是中國人，其中三分之一是海南島人，故處理海南島時要考慮這一點，要能吸引這些地方的中國人，事情才能辦得順利。

（註：下午一時半開始用午餐，午餐時繼續會談，特對陳就日本海軍的本意有所啓發，對陳的了解似乎大有幫助，他坦誠相見，一再強調與日本海軍的合作。他毫無日本的朋友，但此次得悉〔日本〕海軍的用意，促進彼此的了解，感覺非常滿足。並一再說得到知己之朋友而高興。）

下午三時二十分，結束會談。

第四次會談摘錄

一九三九年十二月二十二日上午十一時至下午一時

出席者：與上次同

須：我們參考陳氏案，草擬了我方的案，我想把它當作了解備忘錄，現在邊比照這兩個案，開始討論。（詳細說明日方對案與陳氏案）

陳：我還沒詳細拜讀貴案，故我只就直覺者表示意見。有的地方誤解了我方的本意，有些文字不大妥當，茲說明如左：

從技術層面來說，表題的「華南沿岸」太籠統，令人擔心。一言以蔽之，日本案似乎太形式化，如果太拘泥於現實問題就不容易達到理想，同樣道理，也不能只講理想。

總之，題目的「華南」令人不得放心。將中國的土地分開稱爲華中、華北等，這不是中國人的稱呼。這是洋人取的名稱，起初是籠統的稱呼，以後慢慢變成政治上的區域，這是中國所不歡迎的。譬如東三省，當初確是三個省分的簡稱，後來被加上熱河等，而形成一個政治地區，最後變成滿洲國，華北和蒙疆也是一樣。

因此籠統地說華南，將引起許多誤會。

須：這裡所說的是海上的防禦，毫無政治上的區域的意義，只是沿岸根據地的問題。如果提出廈門、海南島等具體地點，中國人很可能會以爲這些地區將被（日本）拿走，所以將其說成「華南沿岸」，與貴意見剛剛相反。

扇：完全不要說地區，而只是當作軍事機密了解事項也可以。

陳：題目將來再說吧。

須：我們也不一定堅持原案。

陳：足下說在方針上包含了我的全部意見，但有的地方卻完全相反。譬如貸款，目前已經造好的港灣機場等，我們是希望馬上把它改爲貸款，但貴方案卻說這是將來的問題。中日兩國要負共同的責任，不能將全部責任推給日本海軍，中國只是在那裡袖手旁觀，這樣的話太不負責任了。我們希望將其馬上改爲無利息貸款，不是將來才來讓渡的意思。這一方面是對人民的體面問題，如果它是屬於中國，他們既會有愛護之心，在保護上和管理上就不會有問題。日本案對這一點完全誤解了。

須：我方認爲，現在軍事設施大部分已經建設完成，貴國對此根本不必負任何責任。從我方來說，好像是自己隨便來作，作了之後改爲貸款實有如高利貸之行爲，也好比租房者隨意叫人來修房子，然後將全部費用作爲房東的貸款，實在說不過去。

陳：貴案雖然是同情中國的案，但對我方自動的希望不要作這樣惡意的解釋。關於其他的問題，我還沒有與汪先生商量過，但關於要改爲無利息貸款的問題，我已經與汪先生談過，並得到了他的支持，這個案我是經過考慮的。

須：如果照貴案處理，任何人都會說日本是貪婪殘忍。如機場等可以移交省政府或者民間的，可以馬上改爲貸款。

陳：這個問題很容易解決。我只說原則，一部分是永久的使用，港灣、機場等的建設便是。其他部分是這些設備的維持費。永久的費用作爲貸款，臨時費由使用者日本來負擔。換句話說，經常費就是使用費。

扇：這些技術事項，我相信能夠適當地處理。

陳：無利息貸款是我想了很久的案，是在政治上考慮過很久才決定的案。原則上貸款是無利息，但如果日本準備負擔使用費當然也可以。

扇：財政問題我們不懂，無利息貸款日本政府原則上或許會反對也說不定，但站在海軍的立場，我們將盡最大的努力。

須：道路、橋樑等的使用費，也不必由貴方負擔。

陳：這些更容易解決，由地方政府來負擔就可以。

須：地方政府恐怕沒有錢吧。

陳：沒有也要想辦法。事業費必須由中央負擔。地方政府沒有錢是很難成爲省政府的最大理由之一。中央政府可以補助事業費，但不能出行政費。

扇：地方的行政費不要太多。

須：從埋藏資源的開發可以獲得不少。

陳：最後是警備的問題，爲什麼中方想從事警備呢？這是原則問題。我們不能令人家覺得這是無期限。我們並不是要日本馬上撤兵，日軍如果撤兵，港灣可能壞損，各種設備將荒廢，因此我們希望（日軍）逐漸撤退。但根據從前的案，看起來好像是完全無期限。我們認爲採取治安駐兵的形式是可以的，但我們擔心變成永久駐兵。

須：治安駐兵與軍事協定是兩回事。軍事協定是有期限的。

扇：依軍事協定的期限有一個大綱，這個問題可以公開而一個一個地逐漸移讓的方式來解決。

陳：我擔心的不是日本海軍的意圖，而是事實的問題。我相信日本海軍沒有行政上的野心，也無意從事行政侵犯，但問題不是意圖而是事實。外交、軍事、經濟，國家在體面上必須保全，但軍事至此將完成其大綱，如果被掌握機場和港灣，在軍事上將幾乎成爲無力，剩下的只有經濟。而日本如果在經濟上控制五〇%資本的話，日本的勢力將逐漸擴大，我們雖然不是討厭日本經濟勢力的擴大，但如果日本擴大其經濟勢力，中國的經濟勢力便隨之縮小，爲使我們的子子孫孫了解我們的意圖，從而免於發生差錯，中日兩國之間需要有這樣的約定。

須：我們也不希望因爲日本的發展而妨害當地人的發展。我們希望共同發展，這不是經濟侵略。（此外還懇談了經濟、軍事等具體問題）

第五次會談摘要

一九三九年十二月二十三日上午十時十五分至下午一時半

出席者：與上次同

陳：我們來討論上次的貴案。文字上的問題今天沒有時間討論，所以請只就各項表示意見。表題的「華南」請能再考慮。

須：刪掉「華南沿岸」也可以。

陳：那就這樣作好了。第一項的所謂軍隊是海軍的意思嗎？

扇：包括航空部隊。

陳：若是，規定爲海軍和空軍好了。

須：說這是海軍和空軍的一部分的意思作爲了解事項也可以。（此件保留）

陳：其次，希望明示「島嶼地點」。（此件等一下再討論）

須：把它當作了解事項如何？

陳：華北、蒙疆是防共，有期限。將來海南島的軍事協定應該也有期限，不過對蘇問題不出十年就可以解決。海軍的對手是英美，其期間可能更長，但不能太長。故我覺得應該這樣：爲共同目的的軍事設施，歸中國所有，由日本使用。

須：意思是不錯的，但我們不能斷定十年之內不會與美國發生戰爭，對蘇、對美不能分開來論。

陳：我相信我的原案應當能夠滿足貴方的要求，文字暫且不談，事實似與貴方不一致。

扇：「利用」與「便乘」（有就便利用的意思——譯者）係同一觀念，以這樣不徹底和「不嚴謹」的觀念，自不可能處理軍事上的問題。

陳：即使改變其文字也不能改變其本質。

我方希望由中國擁有，提供日本利用。不是要（日軍）馬上撤兵。我們不以爲期間很短。治安駐兵爲兩年，但艦船部隊好像是永久。

須：治安因爲比其他地方容易，所以我相信撤兵也比較快。

貴方以爲是永久，但我方卻並不這樣想。而且駐兵地點也只是華南的幾個地方，鑒於軍事協定的重要性，希望能夠忍耐。這是重點。如果沒有軍事設施，（軍事）協定便毫無意義，這樣不如撤兵。如果撤兵，中日兩國的生命線就無從確保。

陳：我知道這是局部的，數目也不多，但既然是駐兵權，數目多少都是一樣，故希望貴方明示軍事協定的內容以便協商。

須：我沒有這個資格。改天再商議吧。

扇：陳氏好像一下子就要實現其理想，但我們是要腳踏實地一步一步地前進，譬如軍事設施也不是馬上就可以移交爲中方所有。目標雖然要這樣訂，但還是要依實際情況來調整，否則無法滿足軍事上的要求，所以我希望陳氏能夠讓步到這一點。

陳：以上我所說的是，大致上根據近衛的原則。根據近衛的原則，雖然有防共，但現在貴方所說的是防英美，離開了近衛的原則，但我還是負個人的責任決心這樣做，故我一直（註：似指爲中國所有，由日本使用的想法而言）以個人的責任答應，但超過這限度，我必須請示汪先生。

須：華南沿岸的軍事合作的問題，已於六月提出，不是突然提出的。爾後因歐洲戰爭，情勢發生變化。

對於南方軍事協定的問題，我屢次與汪先生談過，所以我知道汪先生的決心。此件關係東亞的生死問題，如果不能使我們在軍事上全面運用，（軍事）協定便沒有意義，不是嘴巴或者筆墨的問題。因此我們要避免只取其名而失其實。第二條以下特別重要。如果失其實質價值就沒有意義。

足下不是軍人，故對於這些事或者有不能理解的地方，但我們所要求的不是沒有道理，這是任何軍人都能夠了解的，因此請足下好好想一想，並接受我方的案。

陳：對於這個問題，有沒有妥協的案？

不要說中國「保有」所有權，而將其定爲一定期間共同管理如何？在中國還沒有海軍之前委託日本海軍，這樣怎麼樣？

須：第四項（有事時由日本海軍使用軍事設施）沒有問題吧。

陳：沒有問題。

今天討論到這裡。

第六次會談摘錄

一九三九年十二月二十四日上午十一時至下午一時

出席者：與上次同

陳：關於「保有」、「利用」的問題，昨天我想了一個晚上結果，我覺得用「使用」最好。如何？

第四項完全沒有問題。

戰時的處理沒有問題。我爲這個目標曾經充分思考過。原案說軍事設施將由日方計畫，這一點沒有問題。

要點是如果由中國管理，日本就不放心，如果在日本人手裡，將爲永久駐兵，因而得找出妥協的案。關於華南沿岸的一切處理，我的結論是：

一、要在海南島設省的問題，不必形諸文字，而由汪先生以口頭聲明說將來一定實施。
二、經濟合作的問題要把內容具體地寫出來。
三、海軍協定的問題由中央派專員，處理軍官學校以至陸戰隊等一切事宜，具體內容將來再決定。

軍事設施問題，如果是由中國管理日本不贊成，假若由日本管理，則將變成永久駐屯，這樣不行，因此必須找出妥協的案。

關於妥協案，因為準備在幹部會討論，所以或許通過不了也說不定（須賀少將希望對方不要在幹部會討論軍事協定的問題，而由陳、周、汪三個人處理，對方答應）。

以上大致全部結束了，最後，這幾天來一直會談，我覺得（日本）海軍有沒有這種潛意識？陸軍在華北一切都規定得很明確，海軍是不是也有很想把它規定得很清楚的念頭？如果有，請能放棄。

（註：這是針對對方不願意明載要在海南島設省的意見，扇少佐說為何獨對海南島這樣主張？華北蒙疆寫得更清楚。這些不都是屬於秘密了解事項而發）

昨天晚上我對影佐少將也表示過過去關於華北所作了解內容的不滿。

日本一直處心積慮欲支配中國，我對他說完全消除這種觀念是先決問題。我認為華北問題，不只是在文字上，在內容上也需要作相當的修正。

我個人既然負責討論海南島，我一定要按照實際情況來負責處理。

我希望（日本）海軍不要考慮與華北的均衡等以面對這個問題。

須：（日本）海軍的眞意是始終一貫的，我們毫無討價還價的意圖。在本質上華北與海南島當然不同。要在海南島設省的問題也不是我們的要求。我方認爲只要它成爲特別行政區域就可以，至於行政形態應由貴方來決定。我們的基本立場是一定要由汪系的人物，以汪爲中心來處理。華南沿岸關聯到軍事協定，非常微妙。因此我們要重視其內容，不必太拘泥於形式。我們是光明正大的，我們開誠布公談問題，這一點請能充分了解。

陳：我們彼此長時間爭論，爭論對問題才能獲得好結論。我認爲對的，我絕不讓步，這是我的個性，但一旦答應，我一定實行。

此次商議的，有的還沒決定，決定的事項我會與汪先生說，並一定付諸實行。關鍵是「使用」與「管理」的問題。希望貴方提出妥協方案。我相信一定能夠獲得雙方都能接受的適當方案。

須：我希望貴方也能想出對案。

陳：我們要思考其他的妥協案。對此問題，我想請貴方多負點責任，想出對案。

須：貴方重視和思考對內問題是理所當然的事，惟由於這是軍事問題，如果沒有軍事上的價值，自無意義，故我希望貴方也能從軍事的角度來看這個問題。

陳：我們也一樣不希望使其成爲無價值的軍事設施，問題是不要說它是駐兵權，且要處理得不令人產生這種誤解。

只要沒有這種誤解，任何事情我都願意去做。今日的國際情勢眞是意想不到。以爲會發生日蘇戰爭的，現在卻變成中日戰爭，應該跟日本站在一起的中國卻向蘇聯靠攏。日本的陸海軍一向個別地來推行國策，我希望（日本）海軍能對（日本）陸軍大力勸告其公正的意見。

（註：陳以感慨萬千的態度侃侃而談，最後表示能得到海軍的知己覺得非常愉快，由之結束連日的會談。）

（譯自《現代史資料12，日中戰爭5》）

關於尊重中國主權原則等汪方要求中日雙方往返文書經緯

（一九三九年十二月十八日梅（影佐）機關）

關於實行尊重中國主權原則等中方的希望

第一、關於尊重主權

序言

回國後必須作使我同志和國民了解日本眞正尊重中國主權之眞義的各種工作。

以下分政治、軍事、經濟所述者，係爲實行上述工作必須獲得日本的了解與保證的最低條件，我們認爲實現尊重中國主權原則才有效果。

對上述事項日本第一次答覆（十月二十四日）

第一、關於尊重主權

對日方第一次答覆中方的答覆

第一、關於尊重主權

中國方面於中華民國二十八年六月間在東京提出「關於保障中國主權獨立的最低條件」（即日方的所謂「關於實行尊重中國主權原則對日本的希望」），於同年六月二十六日，接奉日本方面答覆，對以上條件，原則上並無異議，惟於實施地域及

第一、對「實行尊重中國主權原則之要求」的答覆要旨（十一月一日興亞院會議決定）

（日本）帝國屢次聲明日滿支三國在建設東亞新秩序的理念下，互相結合爲善鄰，以成爲東洋和平的樞軸爲共同目標，爲此以互惠爲基石的日滿支一般提攜，尤其設定善鄰友好共同防衛、經濟合作的原則，乃爲日支兩國國交調整的基礎。今後

詳細辦法將於中央政府改組歸還南京後，由中日兩國政府當局根據中日關係調整原則及其精神審慎研究之後作決定。

六月十三日

汪兆銘

補記

對本稿的高見，請能盡速惠示。即使是大致的意見，希望指示六月二十六日離開之周佛海。

一、內政

中國內政之獨立自主，爲日本迭次宣言公諸世界之原則，吾

一、內政

時機，希望中方加以考慮。同年十月二十四日又接到日方關於上述條件之更詳細答覆。茲就日方意見，逐條說明中方原案旨趣如左：

一、內政

希望更能互信至誠實行，以邁進於新秩序的建設。

一、內政

國同志固當努力宣傳，俾國民明瞭日本之眞意，對國民，惟爲謀上述原則之具體化起見，並謀以事實向我國民證明日本之好意起見，下列各點，須切實實行。

㈠中國絕對嚴禁抗日排日思想言論，確實推行親日的國民教育，希望日方亦改正侮華、侵華思想和態度，並實施親華教育。

㈠我們認爲不僅思想教育，因重視日支新關係調整的根本事項，故日支兩國在政治、外交、教育、宣傳、交易各方面要消除將破壞雙方友誼的措施和原因，並於將來要絕對禁斷。

㈠深具同感。

㈠對其旨趣沒有異議。日滿支三國要互相尊重本有的特質，渾然互相合作，確保東亞和平，爲實現善鄰友好，在各方面要研究促進互助聯環友好的手段，不但在思想、言論、教育，也要在日支兩國政治、

㈡在中央不設政治顧問及其他類似顧問之任何名義，以免我國民懷疑日本干涉我內政，一切與日本接洽事項，可循外交常規，經駐華大使行之。

㈢中央各院部，其純粹關於行政之院部，爲免除干涉內政之嫌疑計，以不任用友邦人士爲職員爲

㈡及㈢，在政治上需要與中方商議的事項，以由日本駐中華民國大使館辦理爲宗旨，故日方也不擬在中央政府設政治顧問，在中央政府各院各部不任用日本職員（但爲實現日支親善結合關係，對兩國的合作事項，希望密切與大使聯絡）。

對於日支合作事

㈡無異議

㈢原則上可以同意，但對於顧問之性質，希望彼此有下列之了解：

⑴無論純粹技術或非純粹技術顧問，均由中方認爲實際上有聘請日本顧問之必要時，方行聘請，並非基於條約上義務不得不聘請者。

（梅機關註：所謂

外交、宣傳、交易各方面，消除將破壞雙方友誼的措施和原因，以至將來都要禁斷。

㈡及㈢，在政治上需要與中央政府商議的事項，以由日本駐中華民國大使館來辦理爲宗旨，日本並沒有在中央政府設政治顧問，和在中央政府各院各部任用日本職員的念頭。爲實現日支善鄰結合關係，對於兩國的合作事項，希望沒有差錯遺漏，密切與日本大使聯

宜。

其有關於自然科學之技術之院部，可任用友邦專家爲技術專員，其職權只限於技術方面，不預聞一般行政，因之不得列席各該部之一般行政會議。其有關技術之會議，得依主管長官之命令列席。各該部任用技術專員，須事前呈請上級機關核准，不得事後備案，否則上級機關得以命令辭退之。技術專員任用規程及服務規程，由國民政府命令公布

項，我們認爲不僅自然科學技術，財政、經濟等要聘請日本的專家和中央政府的顧問，直屬中央政府的有關機關的教官、海關官吏專門技術官等，任用日本職員對日支兩國不但必要，而且有幫助。

非純技術顧問，譬如經濟顧問不是純技術顧問，如將其聘請定爲義務，對一個獨立國家沒有面子，故規定「認爲必要時」才聘請，但實際上要聘請）

備考：「李斯羅斯」使用經濟使節名稱，不稱爲顧問。

(2)顧問之唯一職務在備所在機關主任長官之諮詢，而盡量貢獻其專門之意見；至其意見之被採用與否，乃爲各該長官職務之自由。顧問人員

絡。

關於日支合作事項，不但自然科學技術，財政、經濟等，我們認爲聘請日本專家爲中央政府的顧問，在直屬中央政府的有關機關任用教授、教官、海關官吏、技術官等職員對日支兩國既必要且有幫助。關於日本顧問與職員的任用與服務等，與日方協議後決定。

之。

固不得以直接或間接之手段侵越長官之職權，或妨礙其職權之行使。

（梅機關註：既成政權說受顧問之害，主權之行使受限制）

(3)顧問在職務上應行辦之事務，依照法律與習慣，均須絕對服從主管長官之指揮及監督。

(4)至於中國政府因事務上之必要而任用日籍公務員時，該項公務員乃完全受中國行政法規之支配，其法律上地位與一般公

㈣各省政府及特別市政府，以上述同樣理由，亦不設政治顧問及其他類似顧問之任何名義。

在未撤兵以前，與當地友邦駐軍之接洽及一般涉外事項，可於省政府及特別市政府中設臨時性之交涉專員以任之。

友邦駐軍如有須省

㈣（日方）無意在各省政府、特別市政府所屬廳、局全盤設政治顧問，但在日支強度結合地帶，爲實現其目的，關於日支合作事項，依其程度，必要之機關設日本顧問職員，對日支兩國有其必要而且有幫助。尤其作爲過渡辦法，更有其必要。

務員無異。

⑸原提案所謂「顧問之職務祇限於技術方面，不預聞一般行政」云云仍希望日方予以諒解。

㈣日方聲明「無意在各省政府、特別市政府及其所屬各廳各局之全部設置政治顧問」一節具見日方尊重中國行政完整之誠意，中方深表謝意。但來文本節後半段所謂「中日強度結合地帶」究指何省何市，應請具體說明，所謂「中日事項合作

㈣（日方）無意在各省政府、特別市政府所屬各廳、局設政治顧問，但在日支強度結合地帶及其他特定地區，爲實現其目的，關於日支合作事項，依其程度及所需機關，設日籍顧問職員，對日支兩國既有必要也有幫助。

關於與日軍的商議

政府及市政府協助事項，須循外交手續，不得以命令式書面或口頭之通知行之。

省政府所屬各廳及特別市政府所屬各局其關於純粹行政者，亦不設顧問及其他類似顧問之名義。如因自然科學技術之必要，須任用技術專員時，倣照中央辦法辦理。

關於與日軍的商議等，中方擬由各該地方政府設交涉專員一事，（日方）無異議。

日軍需要與地方政府合作時，勿以命令式文書或者口頭通知，自無異議，惟有關爲因應事變繼續中特殊情況的措施，希望商議其辦法。

事項」不悉指事項而言，亦請列舉見示；又所謂「程度」所謂「必要之機關」究指如何程度及何種機關，均請具體說明。

關於此節，請保留至日方答覆上述疑問後再行討論。

（梅機關註：我們認爲貴方已答應在華北、蒙疆聘軍事、政治、經濟和文化顧問，在新上海聘經濟、文化顧問。新上海的政治顧問以涉外〔公關〕事項名義，可以同意對第三國關

等，中方擬在各該地方政府設交涉專員一事，我方無異議，至於日軍需要與地方政府合作時，勿以命令式文書或者口頭通知，在宗旨上實無異議，惟關於因應事變繼續中特殊情況的措施，希望商議其辦法。關於技術顧問，擬準用中央政府辦法，無異議。

(五)縣政府及普通市政府，係與人民直接接觸之行政機關，尤不宜以任何名義任用友邦人士爲職員，以免人民對友邦發生疑畏之心理，關於涉外事項，縣政府可設交涉秘書以任之。

在未撤兵以前，友邦駐軍如有須當地縣市政府協助事項，亦須循外交方式，不得以命令式書面或口頭之通知行之。

除實際尚在作戰之區域外，各縣宣撫班

(五)關於縣政府與普通市政府不擬任用日本職員一節，日方本無異議。

但認爲事變中特定地區的特殊情況當是不得已。

縣政府的交涉秘書與日軍的關係，與前項回答相同。

日軍在作戰地區以外的各縣宣撫班，希望因日支雙方的努力導致能夠撤退的情況。

係的政治顧問）

(五)本節來文第一段所謂「特定地域」及「特殊事態」，均請具體說明以便商討。至於作戰地域以外之各縣宣撫班，於中國人民之觀感頗爲不便，仍請維持原案於中央政府成立一個月內全部撤退。

（梅機關註：日方不可能答應，可能會回答作個別的具體研究，惟因中方內部有各種意見，故暫時附加如上的意見）

(五)關於縣政府與普通市政府不擬任用日本職員一節，日方本無異議。

但事實中特定地區的特定情況，中方當然要承認。關於縣政府的交涉秘書與日軍的關係，與前項的回答同。

各宣撫班，依日支雙方的努力，隨事態的平靜來予以整理，自無異議。

一律立即撤退。

㈥在未撤兵以前，友邦駐軍與省市政府接洽事項，須指定專任人員和避免我人民對日本的壞感情，在撤兵以前，日本駐屯軍爲與省市縣政府商議，應指定專任人員負責辦理。

㈦爲表現財政獨立，在中國的任何日本機關和個人，無論是直接或間接，不得占有或者操縱各種和各個稅收機關。

因軍事上發生特殊情況者（譬如鹽

㈥當考慮俾能符合要求。

㈦關於稅收機關，將尊重財政獨立，並努力於符合要求。

關於因軍事上發生特殊情況者，隨事態的平靜，當努力於能符合要求。

㈥希望日方早日實行。

㈦關於原案所說「財政的獨立」，希望日方予以明確的保證。所謂「事態的平靜」，希望將其解釋爲包括因「新中央政府的成立」所產生局部的平靜。

㈥當考慮俾能符合要求。

㈦對於稅收機關，（日方）無意予以占有或操縱。

關於因軍事上發生特殊情況者，隨事態的平靜，希望使其能符合貴方要求。

稅），要早日恢復其稅收行政的常態，在中國的任何機關和個人皆不得予以阻止或者妨礙。

㈧希望能改正在中國的日本（下級）官民侮辱中國人的行動和態度。這樣些小的事故成爲兩國民間親善的障礙。尤其在撤兵前希望對此點特別注意。

二、軍事

中日兩國國防方針既然一致，我國軍事設施當然要以與日本同一共同目標爲對

㈧這是理所當然的事，希望日支雙方共同努力。

二、軍事

㈧當然要以中日雙方的努力來求其實現。

二、軍事

㈧當努力於消滅所說的事實。同時希望貴方努力於消除造成此種事實之原因的事故。

二、軍事

象。惟關於中國最高軍權的獨立性，必須予以確立，這非常重要。

爲此希望實行左列各項：

㈠在中央的最高軍事機關（例如軍事委員會或者國防委員會）設顧問團，聘請日德義三國的軍事專家以組織。

顧問人數日本占二分之一，德、義占二分之一，以日本人爲主席，以輔佐國防計畫和軍事設施的規劃，其職權範圍和服

㈠就日支關係調整原則，關於日支兩國軍事合作事項，有關其防共部分，只設所需日本人顧問處理，不容第三國之介入。對於中國方面一般軍事建設，關於擬聘請第三國人爲軍事顧問，考慮前述旨趣，希望另行協議。

㈠日本案的所謂「日支兩國的軍事合作事項」，中國方面認爲只限於內蒙防共地帶的軍事設施，而日方意見似亦此種意見。關於一般軍事建設，當然依慣例，聘第三國人爲軍事顧問。

（梅機關註：吾人認爲日方的意見是，

㈠與㈡，就日支新關係調整原則，關於日支兩國軍事合作事項，設所需日本軍事顧問處理，關於日支軍事合作事項，不容第三國介入。關於上述以外之一般軍事，對於中國擬聘請第三國人爲軍事專家一節，考慮前述旨趣，擬另行協議。

務規定，由中央政府制定。

㈡各種軍事教育機關得聘請日德義軍事專家爲教官。

㈢爲避免監視或束縛中國軍隊的疑惑，各部隊不得任用或聘請任何名義之日德義軍事專家擔任職務。

但由中央最高軍事機關所派遣顧問，以臨時視察各部隊者不在此限。

但其視察不要涉及人事。

㈡無異議。

㈢對於旨趣原則上無異議，但在特別需要中日軍事合作之地區的特定軍隊，對中日軍事合作事項，設所需日本軍事專家對中日兩國既必要而且有幫助。

不限於內蒙反共地帶，凡是關於防共的軍事設施，只能有日本人）

㈡無異議。

㈢俟日方就「特別需要地區」、「特定軍隊」和「中日軍事合作事項」作具體說明之後再研究。

㈣各種兵工廠，必要時得任用日德義專家爲工程師。

其職權限於技術層面，並不參加各工廠的人事行政與經理。

㈤中央政府歸還南京之後，中國軍隊復歸新中央政府時，希望經協議，日軍局部撤退，將其地區交給該復歸軍隊，或者考慮駐屯其他地區。

三、經濟

㈣無異議。

㈤爲使容易獲得復歸軍隊，在提供方便的著想之下，對駐屯地區，當經協議考慮，希望努力於其復歸之施行。

三、經濟

㈣無異議。

㈤對於日本方案說對復歸軍隊之駐屯地區經協議再考慮一節，中方固無異議，但對復歸軍隊以盡量予以方便爲前提，經雙方在技術上協議後，如能局部將日軍駐屯地提供復歸軍隊，對軍隊之掌握有至大之效果。

三、經濟

㈣無異議。

㈤關於復歸軍隊之駐屯地區，根據中方提議旨趣，每次分別協議。

三、經濟

經濟合作應依互惠平等的原則已爲兩國人士所公認，爲使此原則具體化，希望迅速實行左列各項：

㈠在軍事期間，被在中國的日本機關或者個人占領或者沒收的中國公營和私營的工廠、礦山與商店，希望早日歸還中方，並另行制訂適當的合資辦法。

㈠隨事態的平靜，按照日支新關係調整原則，當然設合資辦法，或以合理方法考慮歸還，但在事變中，要承認軍事上的需要，和因敵性的存在，能夠諒解日軍已經處理者。

㈠我方感謝日方答應「隨事態的平靜，按照日支新關係調整原則，設合資辦法或以合理方法考慮」日方所占領或者沒收的中國公有及私有工廠、礦山與商店，但其末段所說「日軍已經處理者」，的「處理」應如何解釋，請具體說明以便研究。又所謂「隨事態的平

㈠目前管理中的公營私營的工廠礦山和商店並非占領和沒收的，除有敵性者和軍事上需要等特殊情形者外，對於作爲保護財產的措施所管理者，隨事態的平靜，按照日支新關係調整原則，考慮以合理方法逐漸移交貴方管理。其細目將另行示以具體方案。又歸還

㈡現在合資的公私事業，其固有資產的評估欠缺適當者，希望再以客觀標準予以評估。

㈢對於合資經營的公私事業，日方只提供股票等，實際上並未出資一節，希予改

㈡如果眞有評估不公正，對擬設立適當的評估委員再予評估，我方無異議。

㈢不合乎日支經濟合作之本旨，如果有不當之處，要予以改正，我方無異議。

靜」，應該包括因「新中央政府的成立」之局部的平靜。

㈡㈢皆甚滿意。

貴方時，希望按照日支經濟合作的本意，制訂合資辦法，使其處置完全有助於安定民心。

㈡屬於日支官警直接指導下處理的範圍者，係按照當時的實際情況，以妥當的方法予以公正的評估，至於民間合資等欠缺適當者，在日支間擬設委員再予評估，我方無異議。

㈢在日支官警直接指導下處理者，相信沒有此種情況，萬一有不合乎日支經濟合

正。

㈣合資經營的公私事業，希望日方的資本額不得超過百分之四十九。

㈣按照日支新關係調整原則，主要地在應實現日支經濟之強度結合的地區尤其是該地區的特定事實，需要有特別的措施，除此地區以外無異議。

㈣對於原案所說「合資經營事業，無論公營或私營，日方資本不得超過百分之四十九」一節，日方表示原則上無異議，爲中方所樂聞。惟日本方案所保留「應實現日支經濟強度結合的地區」、「該地區的特定事業」以及「特別的措施」，其意義不明確，希望日方作具體說明後再研究。惟中方欲事先聲

作之本旨，有不當者，要予以改正，我方無異議。

㈣對於按照日支新關係調整原則，主要地在應實現日支經濟之強度結合的地區尤其是該地區的特定事業，需要特別的措施，除此地區以外無異議。

明的是，對於在特定地區的若干特定事業即使需要特別的措施，日方的資本也不要超過百分之五十。

對於交通、通信等國營事業，由於必須保持行政的完整，故希望另行交涉和研究。

（梅機關註：中方對於埋藏資源的開發、航空、海運事業同意合資方式，但對於鐵路、電信和郵政則堅持國營，因此對此等事業已經投資部，要採取歸還中方

㈤合資經營之公私事業的最高主權固屬於中國。

㈤根據日支新關係調整原則，只要承認日支經濟提攜則照其希望。

改為貸款的方式，其會計及工務可適度任用日本職員。如果日本認為非投資不可，希望日方昭告其理由與目的，而日本所希望的目的，可研究以其他手段達到）

㈤原案所云「合資經營之公私事業的最高主權固屬於中國」，乃是所謂日支合資經營的事業，皆應遵守中國國內法的意思，至於兩國的經濟合作，因為是新中央政府的根本政策，當然新中央政府決心

㈤合資經營之中國法人，其最高主權當然屬於中國，但其運作，日支雙方要密切合作，俾名副其實地實現經濟合作。

㈥中央政府歸還前，在軍事期間內南北兩組織所許可的契約，希望有再審查之餘地。

備考

㈣㈤等本爲當然之事，惟爲加速中國人之復歸與投資，新中央政府認爲應予宣傳，故只是希望事先獲得日方之諒解。

對於關於實行尊重

㈥對於違反日支新關係調整原則者，要再審查，我方無異議。

予以實行。

㈥認爲滿足。

附記

日本案的所謂「日支新關係調整原則」，中方將其理解爲係中華民國二十七年十二月二十二日日本政府聲明而言，相信日方見解亦如是。

㈥臨時、維新兩政府所公布之法令以及經日支官憲協議所行者，希中央政府予以確認，萬一有違反日支新關係調整原則者，日後經日支協議要再審查，我方無異議。

中國主權原則之希望的日方意見。

昭和十四年
六月二十六日

對中方所提出的希望，其旨趣我方充分了解。

而作爲建設明朗的新東亞爲前提，現在面對的是打破抗日容共勢力，乃我所深爲同感。

欲達到此目的，如先前對中方回示意見，在地域上有日方的要求，在時機上因事變中不得不採取臨機應變之措施，如能

特記如上

中華民國二十八年
十月　日

考慮此等，對尊意見原則上無異議，我們希望此種情況能早日到來，並願爲其實現而努力。

　爲其實現，尙需要更詳細的具體辦法，關於這些，請與影佐大佐商議。

第二、就有關新中央政府財政問題對日方的希望

　前此就有關實行尊重中國主權原則對日方提出希望，日方回答充分了解此旨，並約定將努力於其實

第二、關於財政問題

第二、就有關樹立新中央政府的希望中方對我方提案的答覆

十月二十七日

　中華民國二十八年九月，中方根據前在東京所提出「關於實行尊重中國主權原則對日方希望」以及日

第二、對於「有關新中央政府財政問題的希望」的答覆

現，我方不勝感謝。惟成立新中央政府之時期迫在眼前，對於其財政基礎，曾作種種研究，財政問題之解決，不管採取何種方法，左列各項似為必須條件，故擬向日方陳述意見，請能同意。而左列各項之實行，當然要考慮各種情勢、地域和時期。

一、關於關稅收入

㈠在成立中央政府之前，請能由正金銀行保管中的關稅，以借款的方式借四千萬

一、關於關稅收入

㈠關於成立中央政府之前的借款，希由目前橫濱正金銀行上海支店的關稅收入以

方對上述希望之第一次答覆，在上海托今井（武夫）大佐封寄「就有關樹立新中央政府對日本希望」六項至東京，並於該年十月二十四日接到日方對以上各項答覆，故再述原案之旨趣如下。

甲、關於財政問題

（日本案之「第二」）

一、關於關稅收入

㈠關於中央政府成立前的借款，無異議。

一、關於關稅收入

㈠關於希由現在橫濱正金銀行上海支店保管中的上海海關關稅收入，於新中央政

元。

(二)關於中央政府成立後，保管於正金銀行的關稅，希悉數移交中央政府，以後每月的關稅收入，則繳交中央政府國庫一節，請予諒解。但其一部分，與從前一樣，由正金銀行保

借款方式借四千萬元一節，如在新中央政府成立之後，以正式調整日支新國交爲基準，對日支新關係調整原則及與其關聯的過渡辦法予以保證時，願盡力辦理以副尊意。

(二)對於新中央政府成立後關稅的處理，關於中央政府成立後關稅制度及關稅收入一節，原則上由中央政府統一管理，但由華北及蒙疆關稅收入扣除外債擔保部分，歸屬於華北及蒙疆，

(二)對於新中央政府成立後關稅的處理，日方同意「關於中央政府成立後關稅制度及關稅收入一節，原則上由中央政府統一管理」，中方甚爲滿足。惟日方希望「由華北及蒙疆關稅收入

府成立前在一定條件下以借款方式借四千萬元一節，當以誠意辦理，至於其金額，容後再具體商議。

(二)關於成立中央政府後關稅收入的保管，因英日海關協定的關係，希望與以往一樣以橫濱正金銀行爲委託保管銀行，但對於要充作貴政府收入的剩餘金的處置，在政府國庫制度尚未

管，其他則由中央政府所指定中國銀行保管亦可。

又依去年五月英日關稅協定，自關稅由正金銀行保管以來迄今，上海海關收入推定爲一億八千餘萬元，外債與賠款，迄今年一月卅一日止，已由重慶政府償還完畢，故本年一月以前的外債與賠款的基金和關稅剩餘，如因日方的善意，交付中央政府的話，將爲中央政府之財政基礎的重要部分，但其交付中

並在相當期間，關稅收入要與從前一樣由橫濱正金銀行保管。

扣除外債擔保部分歸屬於華北及蒙疆」一節，中方爲保持財政之統一，以至保持國家統一的必要上歉難同意。不過爲促進華北及內蒙之建設，華北及內蒙關稅收入中，特指定其百分之四十爲協款，專門充當華北及內蒙之建設事業經費。

關稅在中央必須統轄，不能直接騰出和支出其一部分，其支出預算及決算，亦應由中央審查並監督其執行，此點敬希日方

確立之前，暫時按照往例辦理。又關稅在原則上屬於中央稅，但我方認爲需要考慮將關稅收入剩餘的一定比例交付蒙疆與華北。

關於外債與賠款的基金，依英日海關協定，日本有保管的義務，故將繼續保管。

關於新中央政府成立前的關稅剩餘，鑒於事變中的特殊情況，將特別處理，希予諒察。

央政府的正式手續，自爲成立中央政府以後。

諒解。關於關稅收入之委託保管問題，將來成立新中央政府的中央銀行之後，擬一如從前全部存入代理國庫之中央銀行，在未成立中央銀行之前，可以將其一部分臨時委託橫濱正金銀行保管。其他則適當地存於中國的各商業銀行，以促進新中央政府與中國金融界緊密的聯繫。

(1)華北與中央政府之關餘比例爲四比六，但可能讓步到五比五。

二、關於統稅

目前，江蘇、浙江、安徽三省的統稅局擁有獨立的組織，並不隸屬於維新政府，每月的稅收先交給日方，然後由日方將其一部分交給維新政府。成立中央政府後，該局將由財政部

二、關於統稅

對於新中央政府成立後，擬逐漸調整江蘇、浙江、安徽三省之統稅，由中央政府的財政部接收，其稅收將繳國庫一節，無異議。

---

(2)委託中國商業銀行保管，乃為促進其與有關資本家的合作。

(3)所謂協款是暫先繳交中央政府，然後再分配給地方機關的意思。

二、關於統稅

日方同意「新中央政府成立後，江蘇、浙江、安徽三省的統稅由中央政府的財政部接受，其稅收將繳國庫」，中方極其滿意。故新中央政府成立後希望立刻實行，關於其他區域之統

二、關於統稅

雖無異議，但對於上海特別市的財源，希充分考慮。

接收，其稅收將繳國庫，此點希諒解。

三、關於鹽稅

鹽稅爲新中央政府重要的財政基礎，但現在卻完全沒有收入，華中雖有通源公司，但它卻是日本人所經營的食鹽搬運銷售機關，似並不繳稅。

因此，未成立中央政府之前，希望與日方商議，成立中央政府後有關鹽稅的稅務行政和納稅辦法，以事變前的情況爲基準恢復，此點請能獲得

三、關於鹽稅

樹立新中央政府之後，華北與蒙疆以外的鹽務行政和鹽稅納稅辦法，擬逐漸恢復到事變前的情況，無異議。

稅，亦希依照上述原則實行。

三、關於鹽稅

日方原則上同意成立新中央政府後，鹽務行政與鹽務納稅辦法恢復事變前的情況，中方甚覺欣慰。但不能同意華北和內蒙爲例外，這是由於爲保持國家與財政之統一不能不如此。此點特別要請日方諒解。

三、關於鹽稅

成立新中央政府之後，擬以華北以蒙疆以外之鹽務行政與鹽稅納稅辦法恢復事變前之情況爲基本，並商議逐漸調整一節，無異議。

日方的同意。

第三、對日方希望的雜件

㈠關於開放長江

長江開放問題與作戰具有不可分的關係，我方非常了解，但新中央政府是否能獲得第三國事實上的承認，對重慶政府的命運有很大的影響，我方認為如何處理長江開放問題乃是決定第三國走向的關鍵，故請賜告有關長江開放長江問題的意見。

㈡京滬鐵路通行

第三、雜件

㈠關於開放長江

日方雖然希望長江流域日軍作戰行動上的需要緩和，並能早日開放其全部或一部分地域，但依目前情況，還無法明示其時期。

㈡關於京滬鐵路通

乙、雜件（日本案「第三」）

㈠關於開放長江

中方亦很了解現在不能馬上開放長江的情形，但還是希望能夠早日實現。

㈡關於京滬鐵路通

第三、對於「對日方希望的雜件」的答覆要旨

㈠關於開放長江

日方雖然希望長江流域日軍作戰行動上的需要緩和，並能早日開放其全部或一部分地域，但依目前情況，仍無法明示其時期。

㈡關於京滬鐵路通

證，成立新中央政府以後，由政府發給，在首都停車場和各城門的檢查，由中國憲警從事，日本憲兵在城內要逮捕罪犯時應會同中國憲警，在作戰中對日方作這樣的要求或許不可能，但我方之以此小問題和難題要求日方，主要是欲藉此保持首都的威嚴，以轉變和改變民心，這關係至大，故請能考慮。

行證之發行及首都停車場等之檢查

對於貴方之意見，鑒於尊重新中央政府之行政權的旨趣，在原則上無異議，但對於其實際上的調整（溝通），按照治安的情形等現地的實際情況，由日支雙方的現地有關官警商議。

行證之發行及首都停車場等之檢查

希望中日雙方指定負責人立刻開始協商，以決定詳細的辦法。

又本案切望在成立新中央政府以前完成其準備。

行證之發行及首都停車場等之檢查

對於貴方之意見，鑒於尊重新中央政府之行政權的旨趣，在原則上無異議。但對其實際上的調整，按照治安的情形等現地的實際情況，由日支雙方的現地有關官警商議。

（譯自《現代史資料12，日中戰爭5》）

汪精衛一黨在上海的活動

（出處：諜報人員報告——汪精衛一黨在上海的活動）

(一) 中情報機密第五五號

（一九三九年四月二十五日　野村（直邦、中將）上海海軍特務機關首席武官）

汪精衛一黨的改組派，一向努力於上海文化圈內人才的培養，因之投下鉅額資金，而擁有不少新聞記者、大學教師、撰述者等相當大的潛在勢力。

去年由於汪的倡和，在上海下動員令，汪黨率先創刊《民力》、《心聲》以呼應，但各報反應的結果遭遇到本市文化界的反對、零售和訂閱的拒絕，而不能出版。

改組派於是改採其他方法，刊登蔣委員長的言論和左派的文章，以反宣傳的姿態出現，創辦《時代文選》月刊，以「文化救亡協會」的幹事諸青萊爲主編，將發行所設於靜安寺路滄洲別墅八十二號。

可是上海的共產黨外圍報《譯報》、《導報》和《國際日報》等於三月下旬便加以痛擊，幾天之內，各報一起開始攻擊，使該刊無法發售。

本市文化界之領導者的各報編輯主筆，幾乎全部操縱在共產黨分子手裡，雖然有人同情汪氏的主和論，但在共產黨勢力強大的環境下，不敢出來響應。

三月下旬，汪黨的要員高宗武、梅思平、周佛海等陸續來到上海，開始準備大規模的活動，欲在文化界的反對環境下打開一條出路。

其活動方針如下：

㈠收買過去曾爲上海輿論界之雄的陳德徵這批人馬，令這些文化人間接成爲汪黨的同路人。據說《申報》自由談欄的主編胡山源、《文匯報》上海行欄的編者蘇紫、嚴渭漁等將參加。
㈡以鉅資收買《大美報》和《文匯報》。
㈢由周佛海負責恢復新生活書局，以爲汪黨之出版機構。
㈣收編申報館一部分編輯，投下鉅資，最低限度要使該報的評論不再出於攻擊。
㈤恢復《中華日報》和《大美報》。
㈥恢復一直在上海活動的特務隊，並積極進行藯藍局。
㈦擬創辦兩所中學，請陳德徵出面負責籌辦，校址爲呂班路巴黎新村五十號。

被拒絕和銷售前述《民力》、《心聲》和《時代文選》而失去立場的汪黨，爾後遂以前述三個雜誌的人員與經費創辦《民力日報》，並正在與大東印刷廠交涉出版。

在另一方面，褚民誼出任反共會上海分會總幹事，提倡國策，慫恿各方面參加，同時指導特務隊，搜集各方面情報。

四月上旬，周佛海與梅思平離開上海，林柏生、陶希聖、李聖五、樊仲雲等繼續活動，準備發行《遠東日報》（總編輯林柏生）和《民力日報》（主筆樊仲雲），在由克路找好報址，收買大東印刷廠各種機器，另設小印刷廠，以便印刷各種刊物。

據說，報紙經費，每月由汪領取十萬元，以刊載汪黨在上海的活動爲絕對的條件。對《申報》，也與其總編輯胡仲時正在交涉中。

汪黨活動的目標如左：

㈠準備收買許多青年。

㈡對各種文化團體、學術團體作宣傳。

㈢吸收青年，組織團體，以進行上層工作。

㈣對於下層，以歌謠等煽動街頭群衆。

㈤收買勞工，組織特務隊，以對工人宣傳。

㈥收買女工，以吸引年輕工人。

特務隊對各種下層進行工作，成績相當可觀，以各種流行歌曲唱反蔣和抗戰之痛苦，利用少年和女工，以擾亂共產黨的組織工作。

四月十五日，陳德徵突然來到上海。七年前該人在上海教育界和新聞界擁有極大權勢，被稱爲老虎，但爲蔣介石拘禁而不得不下台。

陳德徵此次來滬，似乎與汪黨有相當聯絡。關於印刷廠問題，汪氏支出五千元，令廣東人林渠深收買威海衛路大同印刷廠的平版機器十一部，並以其名義創辦「新華印刷有限公司」，將其地址設於極司菲路，專門爲汪黨印刷刊物。

除上述者外，李聖五、樊仲雲、朱僕三人以大資本，計畫收買報紙和刊物。他們正在與《國際日報》、《華美日報》、《華美晚報》和《申報》交涉中。

（譯自《現代史資料13：日中戰爭5》一書，二三七—二三八頁）

(二) 申情報機密第九九號

（一九三九年六月二十八日　野村（直邦）上海海軍特務機關首席武官）

一、汪精衛一黨在上海的活動

最近，在上海的汪精衛一黨，曾以上海華東中學校長顧某夫妻爲人質，慫恿其參加汪黨，如果拒絕將予殺死，如果答允將給予該校每月所需經費，因受此種脅迫，顧某終於回校。

同時，對於上海的中文報紙，他們分別寄出如下內容的恐嚇信：「汪精衛是世界性的人物，目前正在主張中日和平，貴社如果不擁護汪先生的運動，我們（對貴社）將採取激進的手段。」

對於中文各報，據說以四萬元收買了《國際日報》，各以六萬幾千元收買了《文匯報》和《譯報》，但這些報社的編輯人員都全部逃亡，故無法發行報紙。從前一直眞正主張中日和平的雜誌《民力周報》的一、二名社員，以每月給予二百元而爲汪黨收買。該周報一向接近抗日文化青年階層，是個由衷欲改變抗日思想的親日文化機關，惟因此次汪黨的擾亂，其活動遂受到影響。

二、一般中國人對汪精衛一黨的態度

(一)汪精衛抵達河內當時，一般中國人內心同情汪，希望和平。

㈡但最近汪精衛一黨的活動，終於使一般民衆對汪失去信心，其失望與懷疑日趨嚴重。
㈢因環境的惡化，一般民衆都不敢公開其懷疑態度，表面上裝冷淡，並持靜觀態度。
㈣因一般民衆對汪的信用掃地，故對汪精衛一黨無一人歡迎其和平。
㈤一般對汪精衛的希望是，希望他爲東亞的和平盡力，惟鑒於最近汪黨的活動，事實上不但不能喚起全國的和平，反而在造成和平運動各派的內部分裂。
（譯自《現代史資料13：日中戰爭5》一書，二四三頁）

關於汪精衛的電報

一

至急　極秘

（一九三八年）十二月八日二三：五〇發
九日四時二〇分收

給次長①
台灣軍參謀長②
台電九七七號
香港電第五八二號
太田少佐第十號
近衛聲明請延至獲汪精衛到達昆明確實消息時再發表
理由
一、今八日十時，周隆庠訪西③轉達左列高宗武意思(1)昨七日深更高宗武接汪精衛電報說蔣

---

① 參謀次長爲中島鐵藏中將。
② 當時的台灣軍參謀長爲大津和郎少將。
③ 是指西義顯。

介石突然來此方面④不得不變更六日出發之預定但其前途不必悲觀蔣介石逗留不會長等其離重慶後如其逗留長汪精衛將藉口盡早離開重慶

(2)周佛海已於五日先往昆明作好準備迎接汪精衛目前正在作最好之安排

(3)情況如此故預定十二日發表之近衛談話高宗武希望設法延至獲汪抵昆明確實消息之時日發表

高宗武以預定發生差錯至爲抱歉請特別包涵

二、西勉勵（周）勿因小小挫折發生動搖希其奮發努力使事成功並答應盡力將其請求之事速轉東京以副其意

三、小官由西詳細聽取會面情況利用（原文）他們之認眞態度並確信本工作之成功故認爲日方在此大事之前更加隱忍請能接受其所請

（一九三八年）十二月十日上午一時發⑤

十一日上午五時四〇分收

二

至急　極秘

---

④ 指蔣先生從前線回到重慶。

⑤ 「上午一時發」可能爲下午一時發之誤，因爲太田於十日十時才接到高宗武的聯絡。

給次長
台灣軍參謀長
太田電第十二號
一、十日十時高宗武轉告左列汪精衛來電
(1)蔣介石之回重慶係爲其他事不是因爲工作暴露
(2)汪之心境與計畫完全不變請放心
(3)約延期七日預定照既定計畫採取行動
二、繼而高宗武建議「希從作戰觀點將蔣趕出重慶但勿轟炸」
三、請賜予關照
因中方之關係一再遲延甚歉
四、必要之事請轉告土肥原

（譯自《現代史資料9：日中戰爭2》六二四—六二五頁）

板垣陸相、汪會談要點

首次會面寒暄之後

（一九三九年六月十一日上午八時至十時半）

汪：前一陣子，在河內時貴大臣給我信中的反共這兩個字，至今給我的印象最深。第二點是，關於爆發這樣的事變，說要追究蔣介石的責任，我最重視反共，這不僅是中國的問題，也是東方的問題。蔣曾持反共態度，討伐共匪幾年，但到民國二十四年（一九三五年，以下改用西曆——譯者），他令我與德國搞親密關係，另派陳立夫到蘇聯會見「李托維諾夫」，以從事中蘇的聯絡。現在英美法各國都不喜歡見到日本在東方增強其勢力，因而援助中國抗戰，但援助中國抗戰的還是以蘇聯為主，這是很明顯的事實。如此這般蔣與共產黨握手，與蘇聯合作，繼續抗戰，而一般民眾之所以仍然擁蔣，主要是由於深怕中國受日本壓迫，從而陷於像印度的地位所致。所以現況是不但不能言反共，倡和平者也都受到排斥。中央軍接近共產黨者不過三分之一，其他三分之二採取反共立場，心中希望和平，惟因上述理由而不能公開反蔣和反共。如果能夠消除他們懼怕日本的心理，他們將馬上一致反共。我在武漢和重慶，以及參政會中與國民黨以外的人士談過，他們都贊成反共，十之八九決心與我同行動的龍雲，最後還是動不了就是受到上述氣氛所致。從一九二四年到二六年的容共時代，我因在政府服務，故應負當時的責任，但以後我一直反對共產黨，尤其反對與共產黨的此次合作。重慶政府的態度既如上述，我終於決心離開重慶，以從事反共工作。

板：關於足下脫離（重慶）前後的情況以及爾後的情形，我接到了影佐（禎昭）大佐的詳細報告，所以我很清楚。今日中國國民受到排日心理的支配是事實。我認為這是由於未能理解日本的眞正意思所致。日本國民和當局，數十年來一致努力於中日親善，其未能實現，大多基於誤解。若是，誤解的和被誤解的有責任。現在我敢斷言的是，日本絕無意使中國變成印度，為東方民族的解放，欲防止外來勢力之入侵，以確保東亞永久之和平。其第一步驟是，謀求中日的合作，我們認為此次事變是聖戰，故要殲滅阻礙中日親善的共產黨以及與其勾結的蔣介石的抗日軍隊，而完全無意以一般國民為敵。事實上，看看今日在現地戰線的日軍正在勇敢地與敵人作戰，愛撫善良的民衆就可明白。尤其對於反共，不僅是中國國內的共產黨問題，也有迫近滿洲國及中國北境的蘇聯的威脅問題。今日，日本舉國上下，國內自不必說，正在作徹底排除對滿洲北邊威脅的準備，是即日本為反共具有這樣重大的決心和準備。

汪：對於日本要求中國共同防共，中國一般國民往往曲解日本，以為日本假共同防共之名要自由統治中國。就此我對他們說明：日本的防共絕不是欺騙，日本希望中國統一和強大，不是要分化和弱化中國，唯有中國強大才能眞正達到共同防共的目的。如前面所說，我自一九二六年以後就採取絕不與共產黨相容的立場，今後將要邁進於反共的工作，其第一步是，要發揚光大國民黨的主義精神，一定要令目前在共產黨之下的國民黨站在共產黨之上。孫中山的素願是以日本為兄，中國為弟的合作。孫中山的主義絕非共產主義，我在第一階段要闡明孫中山國民黨的主義政策，第二階段，國民黨要公開接受日本所希望的反共救國的要求。為此中國需要統一和力量。我們當然要與國民黨以外的各黨派聯合前進，但主要勢力還是要以國民黨為核心。對於為防共國防應該如何作的問題，我們要請日本多多指教。在國內的辦法，首先我們要建立有力的統一政府，以努力於驅逐共黨勢力。

板：建立有力的中央政府，也是我們所希望的。惟應該注意的是，在此次事變，隨軍事的進展，在蒙疆、華中等成立新政權，在這些地方，居住有許多日本人，產生各種各樣的關係這個事實。對於這些事實必須予以相當尊重，這樣在各地方加強中日的結合，不但不弱化中央政府，反而會強化依中日結合的中央政府的立場，請能特別考慮這一點。其次我想請問的是三民主義的問題。在日本，有人視三民主義為危險思想。尤其因為它說民生主義就是共產主義，所以引起各種誤解。今後為消除此種誤解，需要採取適當的手段，這一點請能好好研究。

汪：孫中山有關民生主義的演講，因為想將當時的各種潮流各種思想全部拿來溶滙於國民黨，所以才有這種說法，其實好好研讀整個文字，便能夠了解民生主義完全與共產主義不同，它是勸人捨棄馬克思主義，接受國民黨的主義的。當然今後我要大事於闡明三民主義。

關於建立中央政府的工作，其詳細我們改日再談。

二十分中的第十分

板垣陸相、汪第二次會談要點

（一九三九年六月十五日上午八時至十一時半）

板：欲在中國建立新而堅固的中央政府，我覺得需要爭取許多重慶的要人和軍隊，對此足下似有相當的成算，能不能告訴我其內容？

汪：先講要人方面，目前蔣介石是絕望的。不過這個人是隨環境變化的人，他一直採取親日、親蘇雙腳踏雙船的作法，所以如果堵塞另一條路設法拉攏的話，未嘗不是沒有希望。其他如孫科、宋子文等接近蘇聯者，則很難拉攏他們。惟這些是少數人，大部分要人心中還是希望和平是事實，其主要者有戴天仇（戴季陶），他的立場是徹底反共，西安事變時，他強硬主張要以武力討伐共軍，蔣回來之後，戴仍然主張討伐共軍，此次事件後他前往西康，是不滿蔣的容共政策，非常悲觀時局的結果。可惜的是，他態度消極，還不跟我們合作。居正也是希望和平的人，唐紹儀在世時，他曾經建議唐為和平挺身而出。目前陳立夫兄弟是激烈的反共論者，惟陳立夫一時誤認為國內的共產勢力已經消滅，以為中國可與蘇聯直接合作，蔣派他到蘇聯與「李托維諾夫」見面，爾後與「薄哥莫羅夫」一起到新疆才發覺蘇聯之騙，明白與蘇聯合作的危險性，故愈來愈反共。其他重慶政府的所謂歐美派要人，無疑地都是贊成反共與和平。惟由於交通關係和在蔣監視之下，大部分要人很難逃出重慶，不容易參加我們的陣容。但從另外一個角度來說，這樣多反共和平人士留在重慶，乘機會分散蔣的勢力，一舉使重慶政府崩潰，或有幫助，因此我覺得他們不一定要冒險出來。其次在軍隊方面，今日重慶的軍隊，可以分成共產系、黃埔系和地方軍系的三種。其中共軍由中央每月補助八十萬元，此外由駐屯地徵收租稅，並努力於宣傳和組織的工作。這絕不可能爭取。共軍將來移向陝西、甘肅方面後，很可能與蔣發生衝突。未來蔣介石的所謂容共政策，不是聯絡共產黨（中共）與蘇聯合作的意思，而是排斥中共要直接與蘇聯合作的意思，基於這個觀點，我們可以說蔣是反共聯蘇。換句話說，蔣和中共是同樣以蘇聯為靠山而對立，所以這兩者因情況隨時可能發生衝突。黃埔系軍隊大部分反對共產黨，但為抗日而不能公開反共，故如果能使他們理解中日兩國能夠合作，我相信他們是會起來反共的。現在黃埔系逐漸由陳誠領導，陳雖為蔣所信任，權力很大，但因其閱歷聲望不夠，所以黃埔系不一定全部心服他，他們心服的是何應欽，如果何走向我們，不少黃埔系的人可能跟何同其行動。至於地方軍，因蔣介石的分散政策，很難得悉其內容，而且受到極嚴格的監視，因此不容易採取行動。而就中國的軍隊必須特別考慮的是他們的民族意識的問題。我想我們應該善用他們的愛國心作為建設新中國的礎石。我之所以一再強調國旗問題和政府的名稱問題，無非是要使其符合這些軍隊的民族意識，俾使他們早日走向和平的道路。近年來因中國民族意識的高漲，有人意圖予以消滅，有人想予利用，而老實說日本是被懷疑欲消滅中國的民族意識，蘇聯則想利用中國的民族意識以擴張其勢力，故放棄階級鬥爭，以抗日民族戰線的統一為口號。我要指出欲壓迫和消滅中國的民族意識是錯誤的，但我也不願意看到中國的民族意識被蘇聯所利用。為日本計，應該善用中國的民族意識，予中國以民族生存的機會，給予希望是上策。談到軍隊的事情，順便奉告，謹供參考。

板：陳誠、蔣介石與共產黨的關係是怎樣產生的？

汪：陳是浙江人，與蔣是同鄉，蔣創辦黃埔軍校時，邀陳來擔任砲兵獨立營長，爾後參加北伐，累次進升而為師長，九一八事變後在江西討伐共軍，有經驗，在軍人之中算是比較廉潔，因為精力充沛而為蔣所信賴，現在擁有掌握幾乎所有軍權的權力，而為保持其權力才與共產黨聯絡。惟因其閱歷聲望還不夠，李宗仁、白崇禧、閻錫山等心裡相當不滿。

板：世上所謂第三黨是否指孫科等而言？

汪：第三黨這個名稱出現於一九二七年，以不屬於國民黨和共產黨，而稱為第三黨，但自陳銘樞等的福州獨立事變（閩變）以後四分五裂，今日已經沒有所謂第三黨的組織，它可以說是中共的外圍團體。目前，除國共兩黨以外還有國家社會黨和國家青年黨。國家社會黨是以國家社會主義為主張的學者的組織；國家青年黨為標榜國家主義的所謂右傾團體。

板：我拜讀了足下所擬有關收拾時局的具體辦法，我想就我所發現的一、二件事談談。

第一是中央政府的名稱和首都等，要在中央政治會議決定，中央政治會議擬以南京為首都，政府的名稱要叫做國民政府我方沒有什麼意見。又對於建立中央政府，擬採取政府還都南京的方式也沒有異議。

第二是國旗的問題，如果中央政治會議決定採用青天白日旗為國旗，國旗黨旗等上面要附上印著反共和平的三角大型黃布條，軍隊要使用黃地大書反共和平的旗子，以避免混淆紛爭，不要使用其他的國旗等，對此點不知道尊意如何？

汪：閣下的意思是說軍隊要同時使用國旗和黃色旗嗎？還是只用黃色旗？

板：我認為軍隊只用黃色旗比較好。

（此時影佐大佐表示：上次我們與中方協議時，約定中方軍隊主動不使用國旗，而使用黃色旗）

汪：如果只用黃色旗，變成軍隊不使用國旗，作為國家的軍隊，這樣有點不成體統。

板：要軍隊使用黃色旗，主要是認為：因為在前線正在與在青天白日旗下的抗日軍作戰，如果（這邊）也用國旗，容易混淆，引起種種誤解，爲避免這種問題才希望軍隊不要使用國旗。

汪：在前線，或許有此必要，但離開前線以後，譬如在兵營則不妨使用國旗。軍隊如果沒有國旗，關係軍隊的士氣，而可能有不良的影響，如果長期不使用國旗，我擔憂將妨礙軍隊的精神統一。

板：從軍隊的立場來說，日軍正在與扛著青天白日旗的中國抗日軍作戰中。在占領地帶也有所謂游擊隊的跋扈，故日軍的敵愾心因這面旗子而產生，這是軍隊心裡理所當然的事，因此甚至在日軍占領地區，對於軍隊以外的政府機關和一般民衆之使用國旗，軍隊還是有意見。爲防止產生種種誤解，必須採取嚴格的取締方法，何況中國軍隊（汪方軍隊）如果突然掛起國旗（青天白日旗）極其危險。在這一點，不管在前線或者後方，至少在軍隊使用國旗我覺得很容易發生誤解，這是（日本）政府和軍隊充分研究的結果，請能了解。

汪：我了解了。目的既然是要避免發生誤會和混淆，在技術上應該有妙案，在中央政治會議以前研究具體作成決定可以不可以？

板：今後繼續研究沒關係。不過如前面所說，（日本）政府和軍隊研究結果得出剛才那樣的案，這一點請能諒解。

其次是說要取消既成政府的名義，這是要廢止臨時、維新政府的名稱，不是要取消其內容和事實是不是？

汪：這是權限的問題。

板：這當然是權限的問題，不過具體來講也可以說是政治形態。政治形態，依照中國的情勢，我認爲採取分治合作主義比較適當，這樣隨各地方的特殊情況，以加強中日的密切關係，具體言之，華北爲中日兩國在國防上和經濟上特殊的結合地帶，蒙疆爲國防上尤其是對蘇聯的防共地區，長江下游地區爲中日經濟合作最密切的地帶。鑒於隨這些地方的特徵，或者中日關係的密切，以往臨時、維新政府與日本所發生的關係，需要依某種組織予以保持。又在華南沿岸，因對南方國防上的需要，這主要是海軍的問題，必須考慮到兩國國防上的特殊關係。

如上所述，因各地方的特殊情況，爲使兩國關係密切，希望能夠尊重既成政府的內容和事實。

汪：我了解閣下的意思。歸根結蒂這是中央政府與地方的權限的問題，如果以臨時、維新兩政府的聯合委員會組織中央政府，或者合併國民黨的一部分與這兩個政府以組織中央政府，都必須確定這個權限。如果給予地方太大的權限，中央政府就無法成立，而由中央政府來從事中日合作更是重要。

總而言之，這是怎樣分配中央政府與地方權限的問題。

板：需要堅固的中央政府自不待煩言，關於中日合作，中央政府要保持其原則當然是必要的，但對地方，隨其特殊情況譬如設立政務委員會，予以自治的權限，在地方的中日密切關係下發展也是很好的。

汪：國民政府在一九二五、六年左右，有設立北京、廣東兩政府分會的例子，但那是因爲中央的權力不足所作暫時的措施而設立的機關。剛才所說的政務委員會是這種政治分會的意思嗎？如果只廢止臨時、維新兩政府之名稱，原封不動地保持其實體，中央政府將成爲有名無實，而且事實上中央與地方經常在爭權，很不容收拾時局。如果需要保存這兩個政府的實體，只有延期組織中央政府，國民黨將以另外一個地盤形成一個政權，等待時機再組織中央政府。

（影佐大佐問：在上一次協議，足下說需要早日建立中央政府以收拾時局，可是今天卻說是要延期，如果以延期組織中央政府，國民黨在另外一個地盤進行工作的方法，不可能擁有與重慶政府對抗的能力。今日提出這樣新的案究竟是什麼意思？）

汪：我說不要急於組織中央政府比較好，是因爲聽到要取消兩政府有困難，所以我覺得只有延期組織（中央）政府。

（影佐大佐：如果爲了收拾時局，還是趕緊組織中央政府比較好。問題是不是研究中央與地方的權限就可以？）

汪：政務委員會的權限過大時，必與中央衝突，這樣將對政務發生障礙。

板：當然這不是要給地方政府以與中央政府對抗那樣大的權限的意思，而是在中央政府之下給予相當權限就夠了。又前面所說所謂事實的尊重，是臨時、維新政府隨戰局的進展，與日本發生種種既成事實，亦有有關開發地方經濟的機關等等，所謂事實是就這個既成事實而言，這個事實因其性質，有的應歸屬中央，有的可由地方處理，我說的是要尊重這些與日本發生的既成事實，不是一定原封不動地要保留這兩個政府之組織的意思。

汪：華北因其特殊情況要設立政務委員會，並賦予比較大的自治權限是沒有關係的，但在華中，現在維新政府要採取何種形式是一大問題。譬如假定要設立經濟委員會，在國民政府時代，我們有過全國經濟委員會與鐵道、交通、實業、財政各部經常爭權限的非常混雜的經驗。如果中央與地方的權限不清楚，對外不知道向何處交涉，對內常爲爭權引起衝突。剛才大臣所說的，我已充分了解，所以我們將根據這個主旨作具體的研究。

板：很好。

其次，關於建立中央政府，其結構及建立的時期等各種事宜，請與日方密切聯絡決定比較好，不知尊意如何？

汪：好。當密切聯絡行事。

板：下來是外交問題，宣布建立中央政府以前，國民政府與外國簽訂的條約、協定等，按照中日的新關係及新政府的指導方針，宜加以充分研討以後，對於不適當的則予以廢止或者修正。當然這不是要亂排斥第三國正當權益的意思。

汪：對於從前國民政府所簽訂的條約和協定，所以採取承認宣布建立中央政府以前部分的原則，是因爲覺得如果片面地予以廢止或者修改，勢必引起國際糾紛，這樣不好所致。至於對違反中日新關係以及新中央政府指導方針者，當然考慮要以適當的方法予以廢止或者修正，故我贊成大臣的意見。

板：再其次是在建立中央政府之前，今後需要在臨時、維新兩政府的行政區域內工作時，如有要求，日方願意斡旋俾使（足下）能夠工作。又關於召開國民黨全國代表大會的地點，我覺得應該避免在南京，不知尊意如何？

汪：沒有異議。（下面一行不清楚）

以上因與近衛聲明不一致而引起各方面的誤解，該通電特地說「除協定地點以外」，並在爾後的具體辦法中詳細提出其撤退的時期與方法的意見，絕與近衛聲明並不矛盾，所以希望不要有這樣的誤解。

板：我知道。離開日本之前，如有機會，希望再與足下懇談，如無機會，關於具體的問題，請透過影佐大佐轉告。

五相應答要點（與渡邊①會面時的參考）

一、近衛聲明的旨趣是（日本）帝國處理事變的根本方針，現在與將來都不會變更。

一、對於汪精衛及其同志為重建東亞毅然決然向其信念邁進表示敬意，（日本）帝國絕對支持汪精衛，以努力於東亞新秩序的建設。

一、（日本）帝國對於抗日政府決徹底討伐，但不拒絕除掉蔣介石，掃除共產勢力而改組的國民政府在新中央政權的旗幟之下。

一、對於中國已有諸政權迄至今日的功績，要以武士道的精神保障其將來。

一、日本之所以與吳佩孚等聯絡，乃欲以這些力量對「汪」工作的進展作側面的援助，實無他意，但「汪」工作如果太慢時，一般的情勢或將對「吳」等有利，因此（「汪」）工作要快。

---

① 所謂渡邊是高宗武的意思。汪精衛工作稱為渡邊工作。汪稱竹內。

一、日本不若中國、英美等所想像在財政上戰力上那樣困難，現在正利用這個機會，國民一致協力，邁進於充實新的軍備，以為將來國際情勢變化之需，國力反而因為事變而大增。

一、國（日）軍的作戰屬於統帥的大權，不為政治理由所左右，不許亂插嘴。

（譯自《現代史資料9：中日戰爭2》，六五二——六五九頁）

附錄

對汪精衛的謀略工作

田尻愛義

一九三八年一月十六日的「今後不以國民政府爲對手」的聲明是有問題的。中日事變的解決，要順戰局的好轉來推動才是正道，但爾後戰局並不順利。於是陸軍也不得不考慮。近衛（文麿）首相請宇垣（一成）出馬，以接替廣田（弘毅）外相，希望宇垣推動中日和平工作。新外相之想以國民政府爲和平交涉的對手是理所當然的事。此時國民政府已經經由漢口遷到重慶（以下稱爲重慶政府）。而其財政部長孔祥熙與宇垣是老朋友。此事係由正在香港的辛亥革命以來的老中國通萱野長知①從中介紹與中村（豐一）總領事聯絡，中村回國向外相報告而開始的。據我所知道，這個和平交涉是由孔祥熙的政治秘書喬輔三提出的。換句話說，孔祥熙相信政治家宇垣，

---

① 萱野長知（一八七三—一九四七），中國革命之友，與國父和黃興關係特別親密，對中國革命很有貢獻，著有《中華民國革命秘笈》一書，頗富史料價值，譯者曾譯介其一部分，收於拙譯著《孫中山先生與日本友人》一書，此書由水牛出版社出版。另外，崎村義郎著、久保田文次編《萱野長知研究》於一九九六年十月由日本高知市民圖書館出版，是有關萱野的權威著作。

眼看宇垣就任外相便開始採取了行動。我以爲這是非常難得的機會，所以很鼓勵和送走了中村，但交涉還沒什麼進展時宇垣就辭職了②。宇垣在陸軍，人望很差，惟此時陸軍本身對重慶也進行著另外一項和平工作，因此宇垣的交涉遂遭到陸軍的排斥。加以一成立興亞院，就不能自由交涉。亦即中日間的外交機能將無法順利運作，宇垣被贊成新成立興亞院的不講道義的近衛出賣了。這比宇垣沒辭職，交涉進展到相當程度以後軍方才出來反對，因而一切歸於烏有，日本的受害或許比較小。這要看你怎麼解釋，但我還是覺得非常可惜。

那個時候，我也聽說過軍方在秘密中計畫著另外一項重慶工作。秘密之無法眞正保密，當時與今日並沒有什麼兩樣。這個工作，一言以蔽之，就是要令汪精衛背叛重慶政府，以減弱抗日的蔣介石陣營。換言之，這是令汪逃出重慶政府，並在重慶政府的勢力範圍內建立新反蔣勢力，造成反重慶宣傳和壯大反抗戰的趨勢，俾使日本在中日事變中獲得勝利的謀略工作。因爲是謀略工作，所以與宇垣的和平工作完全不同其性質。其實沒有必要敵視和妨害和平工作，但軍方似一天到晚在搶功。此項工作之詳細，今日已經很多人知道，它始於國民政府外交部亞洲司日文很好的董道寧③科長（第一科長即日本科長——譯者）於一九三八年年初，由溪口經由香港到上海，在

---

② 請參看石射猪太郎著《外交官の一生》，太平出版社，一九七三年，二七六—二七七頁；陳鵬仁譯《石射猪太郎回憶錄》，水牛出版社，一九八七年，一〇七—一〇八頁。

③ 董道寧，一九〇二年，出生於浙江寧波。日本京都大學畢業。曾任外交部亞洲司第一（日本）科長，去世於抗戰期間。

上海遇到滿鐵南京事務所所長西義顯④。他倆聯袂到東京與參謀本部的影佐禎昭⑤大佐懇談，後來高宗武⑥也參加。西義顯是受松岡洋右之意而活動的人，本來是眞心希望與重慶和平的，但日後卻參加了陸軍爲打開「今後不以國民政府爲對手」之僵局而發動的分裂蔣汪、瓦解重慶的謀略。迨至十一月，完成了這樣的計畫和步驟：發動中日事變的近衛，發表強調日本要尊重中國的獨立、中日和平、合作防共、建設東亞新秩序的聲明，汪對此表示贊成以公開其立場，並逃出重慶。但後來說和平後兩年之內要撤退防共駐兵的影佐、高宗武間的日華協議紀錄，在近衛聲明中卻看不到蹤影。這是嚴重的背信行爲，而日軍不肯撤兵的心理和態度，到一九四五年日本戰敗，一直沒改變過。

我受到有田（八郎）外相的指示，前往軍方，影佐告訴我的就是這個計畫，他拿出文件對我作了很詳細的說明。令我驚訝的是，和平以後的新中日關係，大體上並沒有超出廣田（弘毅）三

---

④ 西義顯，一九〇二年九月降生於日本栃木縣足利，爲最早從事中日和平運動者，著有《悲劇の證人》一書，爲陸軍大將西義一的胞弟。

⑤ 影佐禎昭（一八九三―一九四八），誘出汪精衛的主謀者，陸軍中將，曾任汪政權的最高軍事顧問，所遺留勾引汪精衛的紀錄《我走過來的路》，是此方面最有價值的史料。

⑥ 高宗武，一九〇七年出生於浙江省樂淸縣。畢業於日本九州大學。曾任南京中央政治學校教授、外交部亞洲司長，曾參與中日和平運動，與陶希聖暴露日華協議紀錄內容後，逃往美國，據說前兩年去世於華盛頓。

原則⑦的範圍，可是高宗武竟接受了，實在不可思議。我一再問他：「是想與重慶進行和平工作，還是爲幫助戰略的謀略工作？」他的回答是謀略。它的構想是：先令汪從重慶逃到河內，然後將其送到廣東內地尚在重慶勢力範圍內但未被日軍占領之地，由汪懷柔那一帶的中國軍譬如張發奎軍，以建立反重慶、親日和平的據點。同時展開相信近衛聲明所說日本的公正態度應該趕緊謀求和平的宣傳，另方面以汪所懷柔靠攏過來的軍隊向重慶挑戰，以迫使蔣氏投降。由於是否會成功沒有把握，因此日軍要一方面繼續作戰，同時加強在北京和南京的占領地政府。這完全是軍部以武力爲本位（本錢）的方案。爲實行這個謀略，香港成爲汪集團的中心，但日軍占領廣東以後，不能派軍人到在英人手裡的香港去指導聯絡工作。故陸軍遂要求外務省的幫忙。

中國方面，深知我性情的高宗武要求任命我爲香港總領事以爲日方的負責人⑧，而這也是陸軍的希望，這是陸相告訴外相的。高宗武的要求「任命」實在不敢當，不過陸軍的確在對「今後不以國民政府爲對手」束手無策，故其想法多多少少已經轉變到和戰均可的想法。雖然不是一下

---

⑦ 廣田三原則：岡田啓介內閣於一九三五年十月四日所決定對中國的三項政策，因以外相廣田弘毅名義發表，故稱爲廣田三原則。其內容爲㈠中國應停止依靠歐美；㈡中日滿之關係圓滿爲中日親善之前提。日本要中國承認僞滿；㈢中日共同防共。

⑧ 西義顯著《悲劇之證人》寫道，西曾由周隆庠傳達高宗武的意思說，汪出走重慶之後，或許需要日本香港總領事的保護也說不定，現在的總領事不熟，是否可以請他設法與東京聯絡，派田尻愛義來接替。因爲西義顯對參謀本部的建議，終於以田尻爲香港總領事。由此可見當時陸軍的勢力有多大。該書二一八—二一九頁。

子就要與重慶進入和平交涉的正面作法，而是日軍拿手的謀略這種旁門左道，但由此或許能夠發現新的和平途徑也說不定。我同時認爲，外務省參加此舉，將加強外務省未來的發言權（影響力）。因此我接受香港的新任命，並匆匆忙忙地出發。

由於汪精衛預定於十二日五日或者六日逃出重慶，所以陸軍以飛機把我送到廣州，但自日軍占領廣州以後，與香港的交通完全斷絕，故只有以海軍所答應的水路前往香港之一途。我在廣州發呆等了三、四天，好在汪的逃出也延後了。海軍遂以我這個新總領事要赴任爲藉口，取得港方的諒解，自發生中日事變以後，日本軍艦（宇治）首次開進香港。這隻小河砲艦，放著禮砲，正式訪問進港。海軍方面當然很高興，但我卻以乘軍艦赴任的外交官，而給予在港英國公私方面和一般中國人不好的印象。對於香港政府，爲避免日軍與駐港英軍在英國與中國國境發生無謂的糾紛而作了一些安排，但香港政府的態度還是沒有好轉。

因爲變更預定，汪精衛到十二月底（十二月二十日——譯者）才抵達河內，可是重慶的特務人員已經趕到，汪事實上陷於軟禁狀態，汪的親信曾仲鳴且被暗殺。因此想從河內逃出來都不可能。我在香港焦慮萬分，但卻束手無策。二月三日立春那一天，內人病逝於東京，爲處理後事我曾經離開香港一個多月，在這期間，汪還是沒有自由。至此，東京的陸軍不得不拿出對策。迨至四月，影佐率領犬養健等人，乘山下輪船公司的北光丸前往河內，以救出汪精衛。

另一方面，在香港從汪逃出重慶的前後，汪手下的陳公博、周佛海等人也前來香港，汪夫人陳璧君大顯身手策動張發奎等的軍隊靠攏（其實，此時陳璧君與汪在河內，並不在香港——譯者），資金由我給予。由於汪集團的林柏生遭遇到重慶特務的襲擊受傷，所以聯絡得格外小心。

他們藏身之處就是現在的日本總領事官邸，因此戰後我往還北京經過此地看到這座房子時令我感慨萬千。當時，香港一般的氣氛是汪這種叛徒「成不了什麼大事」。當然也因爲重慶的宣傳，中外對汪都不信任。汪雖然逃出了重慶，但要其對重慶從事和平宣傳工作的目的卻被重慶粉碎了。故日本的期待成爲畫餅。除這個謀略以外，在香港的工作之中令我遺憾的另外一件事是孔祥熙的秘書喬輔三。到任後的我敬遠了他，後來我便無法接近他，因而我覺得錯過了和平的機會，汪逃出來以後的情勢更是不能出手，但我總覺得很遺憾。

配合汪精衛與影佐所乘的北光丸到達上海的時間，在香港的汪手下，除陳公博外都趕到了上海。我到上海去確認汪與影佐所談以及將來的方針，我相信影佐毫無保留地告訴了我。他說，在北光丸船上，汪自動開口說，汪將來的行動將是以下三條路：㈠看破一切，前往外國；㈡留在上海等日本的占領地區，以言論來對重慶呼籲和平；㈢做統轄日本占領地新政府之首長，體會日本之意成爲對抗重慶政府的政治勢力，與日本合作，亦即建立與蔣介石對決的汪精衛政權。汪在河內再三考慮結果說他要選擇第㈢條路，而影佐也覺得這是汪唯一所能擔任的使命，因此兩個人意見一致，並已經向東京這樣報告。這也不是和平交涉，而是以對重慶的戰爭爲目標。是由第一所產生的第二個謀略。

影佐徵求我的意見，故我說：觀察河內逼塞以後的汪的行動，他放棄了說要爲中國人帶來和平的諾言，再次出賣蔣介石。我認識汪是北伐時在漢口的時候，以後他再次有出賣行爲，這次又與蔣爭權。在日本占領地的北京的王克敏和南京的梁鴻志，都是爲占領地的行政與日本合作，不是爲了對抗蔣介石。汪在逃出重慶以前非常討厭日本占領地的傀儡政權，可是現在他卻說要做統轄占領地政府的首長，這應該怎麼解釋呢？從我看來，汪只有一己的利害，沒有中國和中國人的和平與幸福。要在整個占領地建立政府，無異是對蔣對抗意識的作祟。這樣不僅出賣他自己，也欺騙占領地的中國人。要利用汪，首先我們得考慮汪的人緣，而在有許多蔣介石派的香港，一般輿論是「汪是成不了大事的人」。即使令他做占領地政府的首長，並把他綁得緊緊地，也不能保證他絕不會出賣日本。不是他會逃亡，而是可能「怠工」，要特別小心。我覺得最好讓他到外國去，不要拘於小節。我對影佐再三這樣強調。對此影佐回答說：汪因爲愛中國才逃出重慶要蔣反省。雖然失敗，而且即使被罵爲賣國賊（漢奸），他還是決心以這種心情去建立占領地政府。決不是背叛。與日本的關係，最重要的是日本要怎樣對待汪。對於這一點影佐說他要叮嚀日軍首腦。而且箭已經離開弦，他並已詳細勸告過日本政府。換句話說，影佐業已下了海，身不由己了。如此這般，謀略成爲再生產謀略的命運。我告訴影佐：代表中國民族主義之實力的是重慶政府，事實沒有改變。以重慶爲對手發動的戰爭，應該以重慶爲對手來交涉解決才對。如果要把中國分而爲二並成立汪政府，日本繼續堅持不以重慶爲對手的方針的話，很抱歉，我不擬予以合作。我希望影佐以後不要再找我。影佐認爲那也沒辦法並諒解我而告別。

於是我回到香港，而汪爲建立占領地政府決定訪問日本。爲了陳述建立統轄政府不合乎日本利益，希望中止這個構想的意見，我趕回東京請有田外相再三考慮。但慢了一步。爲著彌補第一個失敗，軍部早已決定了要建立汪政權的第二個謀略彌縫其表面。若是，成立占領地統轄政府以後，日本的第一項工作應該是努力於使汪信賴日本。全面信賴日本的汪政權，自應以與重慶的和平交涉爲最後目標。爲此，日本必須尊重汪精衛和汪政權的自主性。軍部能作到這一點嗎？我想非常困難。興亞院的態度很重要，但興亞院不過是軍部的分店（分公司）而已。如果讓興亞院去辦理，興亞院萬一太寵汪的話，汪將不會好好幹。但也不能把他綁得太緊。我一再表示政府特別是外務省的決斷最重要。汪以能夠讓他表現出他的愛國心，鍥而不捨地要求日本尊重中國的獨立和民族主義，但沒有得到能令其滿足的回答以前，就決定要建立占領地的統轄政府。我後來才知道這個事實，眞是太冒險的決斷。

我回到香港之後，馬上來電報說，政府爲協議汪的對策，希望我再回東京。我覺得我已經表示了我的意見，赴任香港以後常常不在香港，香港政府對此很在乎，因此我沒有回東京。而爲了解重慶政府和在延安的中國共產黨的軍方實際情況和實力，我不惜經費，全力以赴，搜集情報。這包括在延安拍的三卷宣傳影片。明明知道它是宣傳，但還是覺得充滿活力和秩序。我甚至於寫上「我們要留意他們那光亮的眼睛」這幾個字將其送到外務省。與此同時我也搜集了重慶克服技術等一切困難，爲鼓舞士氣所拍的影片和報紙等資訊，深深感覺到內地重慶一帶的不可輕視的戰力，更覺察以重慶政府爲對手的和平交涉的重要性，而請東京再考慮，但東京究竟如何評估重慶，一點反應也沒有。

迨至九月，德國入侵波蘭，因而爆發德英戰爭。從香港所觀察的歐洲情勢，在軍事上和政治上很可能分而爲二。如果令汪在占領地建立中央政府，中國內地分成重慶、南京兩個勢力的狀況將表面化，搞不好，中國問題將被捲入歐洲戰爭的漩渦，從而很可能變成包括美國之世界戰爭之一環的中日事變。因此建立這種汪政權的方針，亟須認眞重新考慮，我對外務省拍去這種意思的電報，但有如投出去的石頭，毫無回應。不特此，我又奉派爲駐中國大使館一等書記官（一等秘書），調往上海。

爲什麼把反對汪政權的我派到汪的勢力下的上海，我實在不得其解。我是外務省唯一直接參與從重慶誘出汪的人，但謀略失敗了。我反對汪政權的意見，都曾對影佐和有田極力表示過，可是爲何又把我調到上海呢？我沒有經過上海，直往外務省請示。事務當局的答覆（指示）大致是這樣的：「軍部要令汪建立統轄全占領地區的政權，但如果給予太自由或者太束縛，新政權都不能發生作用。它應該是既不妨害對重慶的強力戰爭，又能全力補給戰力。爲此，作爲日本掌握它和他們意願的明白根據，最好的方法是簽訂公正的條約。而在成立新政權以前，爲依內部指導取得內約（秘密的諒解），陸海軍以我們和軍之一夥的興亞院的特務任務，決定在影佐之下新設「梅」機關，以專門從事此項工作。這個內約，似乎將是誘出汪時候的近衛聲明和將來中日關係諒解事項的要點，也許很可能提出更嚴厲的條件。外務省也要派人到梅機關，因爲你與影佐的關係特別親密，所以希望你在上海與其接觸，以便監視內約不要太走上極端。」我認爲外務省要我在日本人同事之中充當間諜。作間諜也無所謂，但我覺得這簡直是捨本逐末的作法。汪政權固然重要，但爲什麼不去思考更重要的與重慶政府的和平問題呢？興亞院要搞與占領地統轄政府的關係是職責所在，但如果「不以重慶爲對手」實無法結束事變。我認爲不應該在戰略與謀略之間兜圈子。若是，外務省當堅持以外交達到目的的立場，俾完成其使命。我一直思考著重慶問題。這是爲什麼我上任以後在香港全心全力搜集中國內地情報的主要原因。我們既不能輕視重慶的潛力，以及考慮延安（中共）的將來，我以爲與重慶的交涉愈快愈好。回顧過去的經緯，宇垣（一成）的重慶工作受到軍方的阻撓。我是來替軍方所搞謀略「擦屁股」的人，但軍部失敗了。而對於軍方再次的謀略，政府要正面出來協助。這是沒有辦法的事，但實在沒有理由不去進行宇垣所想從事的重慶和平工作。為著不使軍方失敗，我願意暗中出力，我要作間諜工作沒關係，但希望以大局、外交的觀點來看時局，對重慶樹立新方案。我堅決地這樣對外務省建議，但沒有馬上得到回答。結果我祇有遵照訓令行動，但我始終不能理解的是，即使要由興亞院主其事，在與汪政權進行內約交涉之前，為什麼不將其內容提出來正式討論呢？汪逃出重慶之前的軍方與汪方的日華協議紀錄，以及近衛聲明都已過時。既然要把中國分而為二，建立汪政權，自應重新審議其內約的內容，外務省既不參與，而要由我扮演間諜角色以設法緩和其內容，實與從前要阻止當日拉出溥儀的訓令沒什麼兩樣。所以我坦白說，這簡直是要把外務省的責任推給現地的作法。當然我也知道外務省的苦衷。我雖然沒有自信，我於十月到達上海，盡了我的力量。派赴梅機關的外務省人員⑨雖是能幹之士，惟一旦進入興亞院，要重視其現地的工作乃是日本官兵的常情。他們對我的工作，無異是「路傍人」。影佐雖然欲尊重我的意見，但梅機關的成員卻不許他這樣做，所以一點辦法也沒有。他失敗於第一個謀略，且置身於軍內部虎視眈眈的爭權奪勢的情況之中。

幸好犬養健⑩在梅機關。從誘出汪精衛的時候起犬養就是影佐的協助者，他也在北光丸船

⑨ 這是指矢野征記和清水董三兩個人而言。戰後，在東京，譯者曾見過清水數次。

⑩ 犬養健（一八九六－一九六一），為中國革命之友，擔任日本首相時被少壯軍官暗殺首相官邸的犬養毅的第三公子。曾任眾議院議員，戰後曾出任第四次吉田茂內閣的法務大臣，著有其參與對汪精衛工作的《揚子江は今も流れている》（長江之水流不斷）一書，是一本有關汪偽政權的重要史料。

上。犬養比我還更擔憂將來的中日關係，所以每有內約的會談，他便告訴我其經過並與我商量，故多多少少反應了我的意見，但效果不彰，因為他是旁系，無可奈何。汪方的交涉負責人是高宗武（其實高宗武沒有參加—譯者）和陶希聖，他倆好像非常極力主張要尊重中國的獨立。內約的交涉結束於年底。其內容為綑緊廣田三原則，無限期地將汪政權亦即中國的主權大綁特綁綁得緊緊地，能使重慶政府放棄反日和抗日，促進與日本友好的連一項也沒有。軍部一廂情願的方針是，希望將來以此為與汪政權的正式條約，依其簽訂此約正式承認汪政權，在法律上一筆勾消重慶政府，至此他們完成了第二個謀略的第一個階段。

此時梅機關的成員始覺卸下他們的重擔。但與此同時突然發生了重大的事件。那就是高宗武和陶希聖將內約案在香港全部予以暴露。這實在太糟糕了，由此汪政權百分之百的傀儡性，以及日本侵略中國的將來的企圖遂大白於天下。我能夠充分了解高宗武和陶希聖的心情。派高宗武我可以理解，但汪為什麼派陶希聖為與日方交涉的負責人呢？高、陶兩個人為何能夠順利逃到香港，並將汪最高機密的文件予以暴露？我覺得這可能是汪精衛的謀略。詳而言之，對於汪要求尊重新政權的獨立，日本不但沒有接受，而且強制了綑手綁腳的內約。汪靜觀了愛國者之證明的內約的洩漏。但日本卻不能也不敢不要汪精衛，故只有忍泣吞聲，內約的拘束或許因此可能緩和一些。我這樣推斷汪的出賣習性出現於對日本是不是對愛國者汪精衛的冒瀆？總之，一旦成功的日本謀略的第一步，至此又告失敗了。因為要猴子戲的內幕既被汪公開於世，而興亞院也沒有什麼反省，即沒改變以此內約為正式條約，由日本政府自己對全世界公開了汪政權為日本之傀儡的事實的既定方針。

前面我說過，汪一夥人之中，只有陳公博留在香港。他雖然贊成汪的和平宣傳工作，但卻反對在占領地區建立政府。與極力贊成的周佛海成爲很好的對比。在東京接洽好的汪，經由華北到廣州去懇求陳公博的協助。當時我還在香港總領事館，記得我曾經雇了一條小船警備陳公博往還於廣州的安全。陳公博告訴我：他以與自己信念相悖而拒絕了汪的要求。我到達上海時，因爲近日將要成立政府，所以汪一夥人極其繁忙，但陳公博還是沒來。他以多年來的友誼難卻，而參加汪的陣營是過了年以後的事。

我在他上海市長時代，從一九四二年年底以後將近一年半，公私來往，非常親密，我覺得陳公博是個有信念的人，知道責任的人和行動的人。我從未見過比他更能明確地回答「是」或者「否」的人。他口頭答應的事，一定實行。談正經事時，他都把兩隻手放在膝蓋上，先說贊成或者反對，然後再加以說明。與汪精衛搓著手說些漂亮話完全不同。二次大戰後不久，他來日本暫居京都的金閣寺。當時由於我是大東亞省⑪次官，所以我得注意他的安全，後來接到回來南京的蔣介石的聯絡，遵照他留在南京的文件的約定回去南京⑫。在這裡，我要特別表明我極其尊敬陳公博。

一九四〇年元月，我被調回外務省出任東亞局第一課長。自成立興亞院以後，外務省對於中

---

⑪ 大東亞省是於一九四二年，爲處理中國（包括東北）以及被日本所占領東南亞各國政治、經濟的機構。請參閱陳鵬仁譯《石射猪太郎回憶錄》一〇二—一〇三頁。

⑫ 關於戰後陳公博亡命日本的來龍去脈，請參閱拙文〈陳公博亡命日本記〉一文。

國問題，特別是以占領地爲首的中日問題，外務省完全無權，如前面所說，實質上是由代替軍方，爲軍部的「分公司」，與軍爲一體的興亞院去決定和處理，形式上由外務省所爲，以裝門面。而在我辦公桌上，擺的竟是令我噁心不堪的那內約。興亞院的要求是：擬逐條審議，希望將其修改爲更貪婪的內容，以此與汪政權正式交涉，取得其同意，以爲兩個政府間亦即中日兩國間的基本條約。但這是費神結果雙方同意的果實，已經暴露其眞面目於天下的內約。如果想再得寸進尺，汪的態度將會怎樣不得而知，而由此更將成爲天下的笑柄。而且，既已一言一句被暴露無遺，因此我們主張：如果一定要訂爲條約，可以將其整理成爲三、四條的條約，內約以附屬文書處理爲宜。簡言之，訂爲三條的條約，不作新要求，不取消因日方的讓步汪政權某種權益的立場即合乎尊重獨立之主旨的條款。但主管的興亞院卻絕不接受。其背後的陸海軍都希望把汪政權綁得更緊。理由是說，除非這樣，無以對抗重慶和在其背後援助重慶政府的英美等國。他們責備我軟弱，並說外務省回到幣原外交。我在心裡雖然很想反駁他們說，在實際戰爭既無法致勝就不要在外交上多嘴，或者我不管，但在官制上外務省不能這樣說。所以我盡量設法抑制他們在正式條約比內約更緊綁汪政權的野心。我因爲忍受不了這種屈服，很想辭職不幹，但堀內干城局長不同意我辭職。因此我只好讓全是瘋子（我眞的這樣想）的興亞院和軍部爲所欲爲。明知這樣作太不負責任，最後我只有將他們搞好的正式條約案拿到南京交給阿部信行大使。這是外務省的任務，實在可悲。就我來說，自離開香港以來，從上海到外務省這一年左右與內約有關的工作，是最無聊毫無目的違反良心、最令我痛心疾首的日子。阿部大使在我卸任第一課長以後的八月底，令汪接受了這個條約案，並於十一月底正式簽了字。我很敬佩阿部大使拒絕興亞院的新要求，爲尊重在內約汪政權所爭取到的立場所作的努力，由衷爲中日的將來祝福。

一九四〇年七月中旬成立了第二次近衛內閣，松岡洋右出任外相，大橋忠一由滿洲回來就任外務次官，人事上有很大的變動。我在心裡期待一年也可以能有機會派到美國去。結果是，好像是爲了報復我對內約工作不力，而派我爲駐汪政權大使館參事。爲什麼老把我推到汪精衛那邊去呢？我既覺得應該「拍屁股」走路，又反省我似乎作了有些過分，不知該如何進退，在東京左顧右盼時，人間萬事塞翁失馬，我又恢復了元氣，開始埋頭於新的工作⑬。

⑬ 本文譯自《田尻愛義回想錄》一書，此書於一九七七年，由東京原書房出版。田尻愛義，島根縣人，出生於一八九六年，東京高等商業學校商業教員養成所畢業，曾任外務省東亞局第一課長、調查部長、特命全權公使南京大使館上海事務所長、大東亞省次官、外務省政務局長，戰後曾任東亞學院院長。

陳公博亡命日本記

陳鵬仁

現任日本拓殖大學常務理事小川哲雄，於民國七十四年五月間由東京原書房出版《日中終戰史話》一書，以叙述他陪同陳公博等人亡命日本，和應中國政府要求，日本政府把陳公博等送回中國大陸的經過。

日本顧問安排路線

一九四五年八月二十四日晚上，當時隸屬於「支那派遣軍總司令部軍事顧問部」的陸軍主計中尉，汪精衛僞政權的軍事顧問兼經濟顧問助理小川哲雄，在日本駐淪陷區大使谷正之官邸，得到副參謀長今井武夫少將的命令如下：

㈠領導陳（公博）「主席」一行亡命日本。
㈡亡命日本的途徑，先到青島，爾後伺機赴日。
㈢一行亡命的所需經費儲備券一億元（合當時日幣大約一千八百萬圓），將經由橫濱正金銀行匯去。

㈣明天（二十五日）淸晨出發。

二十五日淩晨，小川趕往「主席公館」，「主席」陳公博、陳太太、「經理總監」何炳賢、「行政院秘書長」周隆庠、「實業部長」陳君慧、「安徽省長」林柏生、「秘書」莫國康七人與小川，由總司令部參謀小笠原「歡送」，分乘兩部車子，從頤和路的「公館」出發，一路上彎了幾條街，到達故宮機場。

他們乘的是MC機，機內前面左邊祇有一個座位，給陳公博坐，其餘的人都坐在用油地氈舖的鐵板上面，飛機往北越過長江，小川下令往東海飛去，隨後即問陳公博，是否就直飛日本，降落鳥取縣的米子。陳說：「全交給你，你給看著辦罷。」飛機勉強降落在亂七八糟、全是沙灘的跑道——米子機場。

機場沒有任何人影，小川把他們留下來，隻身往東北方的松林走去，走出松林後，遇到一輛老爺卡車；小川請司機開到市政府，待司機同意了，小川才回去把他們帶上卡車，讓陳公博夫婦坐在司機旁邊，其餘站在車臺上。

在路上，小川借一家雜貨店電話打給米子市長齋藤千城，齋藤是得悉陳公博一行亡命日本的第一個人。他說：「歡迎你們來。」當他們到市長辦公室後，齋藤更說：「遠路辛苦。這裡已經是日本了，請坐請坐，請放心，我們一定盡全力來效勞。」齋藤曾任日本陸軍第五師團軍醫部長和關東軍軍醫部長，因此他表示很親切。

市政府的女職員端來了三大盤的白米飯糰和黃蘿蔔給他們做午餐，用手拿著吃。（以當時的

情況來講，這是很不容易的了）

市長派兵役課長倉敷恆和課員東中勳來照顧他們，祇派了一輛消防車給他們用；小川覺得很狼狽，陳公博也啼笑皆非，陳夫婦只好坐在司機助手位子，隨行人員只有名副其實地掛在消防車的左右前後，車子開到戰時的海軍軍官俱樂部水交社，分配房間後，林柏生才伸著腰喊說：「啊！終於到日本了。」

晚飯的菜大多是魚，但他們不敢吃生魚，祇吃些炸的和煮的東西。當天晚上，小川和周隆庠、東中商量第二天的事。談到費用，小川從口袋裡掏出一百萬元的汪僞政權儲備券；東中說，在日本這不能用，這一百萬元等於一堆廢紙。

在上海東亞同文書院畢業，並曾在「每日新聞外報部支那課」工作過的織田收，受米子市長之託向銀行借了兩萬圓日幣，給陳公博一行作生活費用。

改裝日人避過耳目

由於穿西裝的男人和著中國服的女性乘消防車走過米子市內大馬路，因此已經有不少人知道中國人來到此地。八月二十六日，小川和倉敷不得不找別處去藏身，最後在鳥取和米子兩市之間，南背湖、北向日本海的淺津溫泉的望湖樓落腳。

倉敷好不容易找到一部老朽的木炭巴士，問題是他們的服裝，讓人一看就曉得他們不是日本人，故他主張他們必須改扮成日本男女模樣，即女的穿裙褲，男的穿日軍士兵的軍服；當巴士抵達望湖樓，老闆中島夫婦出來迎接，簡直不敢相信他們是汪政權的「要人」。

八月二十七日，小川前往鳥取縣政府與特高課長和內務部長（即民政部長）會面，請求給予照顧。但他們態度卻非常冷淡，縣政府官員之所以這樣冷淡，一是因爲這不是他們分內的工作，其次還是怕給盟軍知道，從而受到連累。因此，小川祇好到東京設法。

小川前往東京之前，告訴了陳公博，陳說：他也要正式向日本政府致意。於是拿起毛筆，給當時的首相東久邇宮稔彥、陸軍大臣下村定和外務大臣重光葵寫了信。根據小川的說法，書信內容大致如下：「爲使戰後處理順利，我一時離開南京，來打擾貴國，請多多關照。但絕不會爲貴政府添加麻煩，萬一發生此種情況，請勿客氣告訴我。謹此致敬意。」

八月二十九日，小川在沒有立錐之地的火車裡，站了三十多個小時纔到達東京。他看不到戰前東京的任何影子；小川在新橋車站睡了一晚，便趕往陸軍省。他到大臣副官室塡寫自己姓名和官階，求見陸軍大臣。副官以藐視人的眼神交互看他和陳公博的信，而往裡邊走去。一會兒出來的大胖副官說：「大臣和次官正在開重要會議，不能見面。親筆信我負責轉呈。」副官又自言自語說：「因爲麥克阿瑟飛抵厚木機場……。」

把三封親筆函交給副官以後，小川到了陸軍省幾個單位，但沒人理他；他垂頭喪氣地離開陸軍省，走完了陸軍省的下坡路，他忽然想起，應該到外務省去看看。

小川走進外務省的一個單位，向最靠近門口的一個職員說明來意。這個職員立刻替他打了幾個電話，並請他稍等一下，然後出去。不久，滿頭大汗的回來。他對小川說：「田尻（愛義）次官要見你。」即把小川帶到田尻次官的辦公室。

東山工作方案人物

田尻請小川坐下，並說：「太辛苦了。」同時道：「要請你到京都去。」原來外務省已經在著手辦理「東山工作」了。所謂「東山工作」，根據《昭和史的天皇》之作者松崎昭一所發現的資料，內容如下：

有關東山商店一行之案件（昭和二〇・八・二九　管二）

陳前國民政府代理主席一行居留日本期間的處置：

一、以東山商店一行為其假名，一行的化名如次：陳公博—東山公一，陳夫人—東山文子，莫國康—青山貞子，林柏生—林博，陳君慧—西村君雄，周隆庠—中山周，何炳賢—河田賢三。

二、本案的實施，由外務省擔任（令外務囑託，前國民政府顧問岡部長二在現地關照，並另派臨時官員）。

三、特派遣外務省官員到米子，將一行移往京都，並令其暫時居住該地。但依情況變遷，可能移動其他地區，並應作其準備（在京都，以民間人的住宅供其住宿）。

四、關於有關本案由南京的匯款，設法以十八元的行市兌換成日圓。

上述文書，係以大東亞省的信紙打字，上面蓋著「極秘」（極機密）的紅色印章。而由此我們當可知道，第一，由外務省負責處理陳公博一行的亡命；第二，關於陳等的亡命，因為日本大使館的聯絡，已經作了某種程度的預測和安排；第三，「以十八元行市兌換……」，顯然地指著今井副參謀長在南京大使谷正之面前所說「匯一億儲備券」而言；第四，小川於八月二十六日或者二十七日，從鳥取縣松崎打給陸軍省的電報，確已收到，因爲它說「特派遣外務官員到米子」。

由外務省移送京都

外務省派了當時的調查官山本晃一和大東亞省支那事務局事務官仲村清市前往米子，以便帶領陳公博等到京都。田尻說：「他們預定九月一日抵達京都……。」小川便直往京都去等他們。九月一日，陳公博一行告別望湖樓，外務省顧問岡部長二、近衛前首相的私人秘書塚本義照、京都府警察本部特高課警部補（相當於我國的巡官）廣瀨秀夫，和另一位特高課課員，代表重光葵外相、近衛前首相和京都知事三好重夫在福知山車站，歡迎他們。

爲避開人們的注意，陳公博一行在嵯峨車站下車，本來京都府政府安排他們住宿京都飯店，但陳公博不肯住旅館，後來改住洛西花園柴田一雄的別邸；惟因房間不夠用，林柏生、陳君慧、何炳賢、小川和外務省官員都住在京都飯店。別邸的事，則由不破貞子照顧，飯菜悉由京都飯店送去。

九月二日，在東京灣密蘇里軍艦上，日本政府正式向盟軍投降。陳公博一行非得另找隱匿處不可。經三好京都府知事與臨濟宗天龍寺派大本山天龍寺的關精拙老師商量，找到由村上慈海師主持的金閣寺。但金閣寺頂多祇能住四、五個人。因此另外找得對文莊。

九月八日，陳公博夫婦、周隆庠和莫國康住進金閣寺，林柏生、陳君慧、何炳賢和小川搬進對文莊。金閣寺是臨濟宗相國寺派的特別本山，正式名稱爲鹿苑寺，於一三九七年，由足利義滿所創建。陳公博住最裡頭的常足亭，其餘三個人在書院起居。外務省官員則住在俵屋旅館。

安原斯艾（斯艾是片假名的音譯）任陳公博夫婦的日語老師，不破貞子和大原美代子照料其身邊的一切。陳公博每天的活動是讀書、散步、學日語和打麻雀。每天早晨，周隆庠（九州大學出身）翻譯報紙的要點給陳公博聽，陳感覺興趣的，則全部譯出來。中文書祇有織田收送給他的那三本。黃昏時刻出去散步，晚上打牌，這是他們唯一的娛樂。九月十二日（或十三日），陳公博曾經欲以手槍自殺未遂。

放出舉槍自殺新聞

在這以前，亦即八月三十日《朝日新聞》，報導北京二十九日同盟通信社的消息，據說陳公博於二十六日企圖自殺，情況嚴重，於二十九日不治死亡。但於八月二十九日，當時的外交部情報司長邵毓麟，已經向谷正之提出引渡日本幫助其亡命到日本之陳公博的要求。

九月三日，重慶中央社消息說：「陳公博自殺是虛報，實亡命日本。」其所報導內容，與所有事實大致相符。九月八日，何應欽總司令向支那派遣軍總司令官岡村寧次提出備忘錄，正式要求岡村負責轉達日本政府，速將中華民國的叛國罪犯陳公博等（裡頭有岑德廣，沒有陳公博太太）逮捕，並押送到南京陸軍總司令部。

九月二十五日，外務省管理局第二部長大野勝巳（外相已經換了吉田茂），以東山工作負責人身分，前往金閣寺，代表日本政府，正式對陳公博轉達日本政府的意向。其內容是：(1)詳細說明與重慶當局折衝的經過，包括何應欽備忘錄；(2)強調日本政府並非不顧信義；(3)不說日本政府的正式意見，設法套出陳公博的意向，以便處置。

大野帶了一個姓中村的翻譯官。周隆庠陪陳公博在書院等著。大野坐下後低著頭，一言不發，於是周隆庠說：「這麼熱，辛苦了，京都的夏天眞是……。」這時大野纔抬起頭說：「讓您們很不自由……。」爾後便說不出話來。至此，陳公博開口了：「大野先生你想說什麼，我已經大概都知道。沒有什麼擔心的事，你放心吧。」

大野把來意告訴了陳公博，但沒說出日本政府的希望。陳公博望著天花板，然後瞪著大野斷然說：「我要回去，回去中國。」陳公博要求大野代其給何應欽總司令打電報，請中華民國派專機接他回去，以便自首。

對於這個電報，九月二十九日支那派遣軍總參謀長來了極機密回電（總參三電第二九四號），它說：

一、關於陳公博之回國自首，今井副參謀長和石黑（四郎）書記官已將陳公博的電報和外相的希望轉達何總司令部。

二、回國時將派中國飛機，中國方面三人，日方五人前往迎接。

三、陳公博夫人及莫國康女士等必須全部回國。

總參謀長又來一電（總參一電第四九一號）說：

關於陳公博的回國，中國當局催之甚急。爲此擬於三十日派遣專機赴日，請考慮左列事項，進行準備，急回電。左記

一、派遣飛機：中國空軍飛機（C—四七）。

二、往接人員：顧問部淺井大佐、總軍楫山中佐、大使館石黑書記官外兩名。

三、三十日先飛抵福岡（雁之巢）（一語不清楚）。

四、飛行許可手續悉由中國負責。

十月一日晚上，陳公博一行離開金閣寺，往九州出發。當天下午，近衛託辭乃母去世四十九日，前來京都與陳公博會面，由周隆庠任翻譯。

回國受審被處死刑

十月三日下午三時許，陳公博一行所乘的空軍專機，飛抵南京大校機場。陳公博首先被關於老虎橋監獄，後來移到蘇州獅子口監獄。

一九四六年四月五日，江蘇高等法院開始審判漢奸南京僞國民政府主席陳公博，四月十二日，判處陳死刑，六月三日上午八時槍決。林柏生也判死刑，周隆庠無期徒刑，陳君慧十四年有期徒刑，何炳賢八年有期徒刑，莫國康十二年有期徒刑。

陳公博太太李勵莊，因爲陳公博的要求，臨走時交給小川，要她將來照顧陳公博母親和兒子，但後來陳太太還是希望回國，乃於十一月二十七日，由博多乘明優丸回國，小川陪她去。船

從吳淞砲臺左邊，溯黃浦江而上，沒多久就停了。一隻小汽艇前來靠近明優丸。小川以爲是海關的汽艇，爲準備上岸，陳太太回到她的房間，小川留在甲板上。小川正在望著岸邊的風景時，陳太太被五、六個中國兵帶走，乘剛才那條汽艇而去。

日皇胞弟反省自肅

小川的這本書，還有一件事特別値得一提。日皇的胞弟三笠宮於抗戰時期，在大陸當大尉參謀，用的是若杉姓。

這個若杉參謀，曾於一九四三年春天，對總司令部的尉級軍官下命令，以三十字以內文字說明中日事變至今未能獲得解決的根本原因。

數日後，幾百名尉級軍官集於總司令部大禮堂，若杉參謀站在講台上，背向黑板，左右兩邊由總司令官、參謀長、將官、佐（校）官陪著坐；若杉參謀對每個人的解答一一講評，並認爲祇有一個人答得滿意。

這個人是澤井中尉，他的答案爲：「中日事變未能解決的根本原因，在於日本人不能徹底作爲道地的日本人。」若杉參謀令澤井讀其答案，爾後大聲怒說：

「對！事變未能解決之根本原因，在於日本人未有眞正的日本行動。搶奪、強姦，什麼是皇軍？欺侮中國老百姓，還敢叫做聖戰？日本軍人在大陸的這種作法，對得起陛下嗎？」

總司令官以下，將官校官都低著頭，滿堂一片肅靜。若杉參謀繼續說：

「我日本軍最需要的不是武器彈藥，也不是訓練，而是這個。」他向後轉，在黑板上寫「反省、自肅」四大字。「自反、自慎，自問自己的一舉一動是否合乎聖旨？」他的一言一句，抨擊日軍的驕傲，和在大陸日本人的墮落。說畢，在全體人員起立中，苦杉參謀憮然而去。

一九八五、六、三十於東京

（原載一九八五年十月《時代文摘》）

日本對汪精衛工作

陳鵬仁

壹

日本自發動九一八事變、盧溝橋事變、太平洋戰爭，以至無條件投降，對中國積極進行侵略戰爭前後達十五年之久。在這十五年戰爭當中，中日單獨正面武力衝突是自盧溝橋事變到爆發太平洋戰爭的四年多。在這四年多的戰爭過程中，日本一直無法完全打敗以爲幾個月就可以予以打敗的由蔣中正先生領導的中國國民黨和國民政府，因此透過許多管道曾有過各種各樣的對中國的和平工作①。而且，這些和平工作都是由在軍事上居於優勢的日本所主動，中華民國政府從未對

① 衛藤瀋吉在其論文〈對華和平工作史〉有一個概括的介紹。此文收於其所著《東アジア政治史研究》一書，此書於一九七五年由東京大學出版會出版。

日本求過和平②，這表明中華民國對日本徹底的不信任和抗戰到底的決心③。

本文的目的，是擬就在這許多日本對中國和平工作中，關係最大影響最深的日本對汪精衛工作作一個綜合性的探討和叙述。

貳

影佐禎昭④與日本對中國和平工作發生關係始於與中華民國外交部亞洲司第一（日本）科長董道寧⑤的接觸。一九三八年一月十七日，董道寧訪問滿鐵南京事務所所長西義顯⑥於上海南京

---

② 影佐禎昭《我走過來的路》，臼井勝美編《現代史資料13：日中戰爭5》，一九六六年七月，東京みすず書房，三九三頁。

③ 石射猪太郎作陳鵬仁譯〈我對於收拾中日事變的意見〉，《近代中國》，民國七十五年八月卅一日，收於陳鵬仁譯《石射猪太郎回憶錄》，一九八七年，水牛出版社。

④ 影佐禎昭（一八九三—一九四八），廣島人，陸軍大學畢業。誘出汪精衛的主謀者，陸軍中將，曾任汪政權的最高軍事顧問，所遺留回憶錄《我走過來的路》（據說原文存於美國普林斯頓大學）是日本對汪精衛工作最重要的史料。

⑤ 董道寧，一九〇二年出生於浙江寧波。日本京都大學畢業。曾任外交部亞洲司第一（日本）科長，去世於抗戰期間。

⑥ 西義顯，一九〇二年九月降世於日本栃木縣足利市。早稻田大學畢業，滿鐵社員，著有《悲劇の證人》一書，爲抗戰期間中日和平運動的重要史料，陸軍大將西義一的胞弟。

路的滙中大飯店。這時，日軍已經占領了南京（一九三七年十二月），國民政府業已遷往漢口，董道寧是由漢口飛往香港，由香港搭乘外國輪船前來上海的。其目的是與日本駐華大使川越茂會面，以便從側面促進德國駐華大使陶德曼調停中日和平的成功。但沒有能夠達到目的⑦。

董道寧往訪西義顯的前一天亦即一九三八年一月十六日，日本首相近衛文　發表了其極著名但又極笨拙的「今後不以國民政府爲對手」的聲明⑧，所以董道寧訪問西義顯時，西義顯便打電話給同盟通信社上海分社社長松本重治⑨，請他立刻來與董道寧會面。

在這以前，西義顯已經說服董道寧，要董道寧前往日本，向日本政府當局表明中國對和平的誠意，西義顯知道松本是近衛首相在中國的私人代表⑩，因此希望松本與董道寧見面，面商董道寧前往日本的一切事宜。

---

⑦ 西義顯《悲劇の證人》，一九六二年三月，東京文獻社，九〇—九二頁。

⑧ 石射猪太郎《外交官の一生》，一九七三年二月，東京太平出版社，二六四—二六六頁，拙譯《石射猪太郎回憶錄》，水牛出版社，九四—九六頁。

⑨ 松本重治，一八九九年十月二日出生於大阪，東京大學畢業，留學美國、瑞士、奧地利，曾任同盟通信社上海支局長，現任東京國際文化會館理事長，著有《上海時代》（三卷）、《近衛時代》（二卷）等書。

⑩ 西義顯，前引書，一二五頁。

松本很贊成董道寧去日本，並保證對其上司亞洲司長高宗武⑪說項，使其擅自前往敵國日本無事，因爲董道寧的任務只是到上海。松本同時建議西義顯：事先回日本一趟，去見希望早日結束中日戰爭的參謀本部第八（謀略）課長影佐禎昭，安排董道寧在日本的一切行動⑫。而松本之所以敢對董道寧保證無事，是因爲他與高宗武是「莫逆之交」，他倆之認識，係由於何廉的介紹⑬。於是西義顯便於一月十九日，隻身搭上開往長崎的班輪。這是所謂日本對「汪精衛工作」的開端⑭。

到達東京的西義顯，遂前往位於橫濱市鶴見的影佐的住家，說明其來意。西義顯有一個哥哥叫做西義一⑮，當過陸軍大將，爲西義顯所欽佩的軍人，但西義顯因爲工作關係，看過許多不肖的「政治軍人」即軍閥軍人，因而非常討厭和輕蔑這些軍人。可是西義顯對影佐的看法卻不同，西義顯認爲影佐到他擔任日本駐華大使館武官輔佐官（助理武官）時爲止，是個日本陸軍傳統的對華強硬政策的健將，但到發生盧溝橋事變，影佐從仙台的聯隊長調回參謀本部出任支那課長，

---

⑪ 高宗武，一九〇七年出生於浙江樂清。畢業於日本九州大學。曾任南京中央政治學校教授，外交部亞洲司長，曾參與中日和平運動，據說前幾年去世於美國華盛頓。
⑫ 松本重治《近衛時代》（上）一九八六年一月，東京中央公論社，一五－一六頁。
⑬ 同前註。
⑭ 西義顯，前引書，九八－九九頁。
⑮ 西義一（一八七八－一九四一），陸軍大學畢業。一九三四年陸軍大將，一九三六年陸軍教育總監。

受參謀本部第一部長石原莞爾⑯的影響以後，他的想法完全改觀了，因此西義顯決定去找影佐商量⑰。

西義顯對影佐禎昭的評價極高，認爲他是日本軍閥中的「俊麾」，水平超群，所以影佐經常被安插在中央。所謂「中央」，不僅是軍閥支配整個陸軍，而且支配全日本的中樞。而主控這個中樞的就是以陸軍省軍務局爲首以及與其相對的參謀本部的部課長們。故此時的日本，無異是「主權在軍」。西義顯之所以那麼重視影佐，理由在此⑱。影佐後來調任握有極大權力的陸軍省軍事局軍事課長。

徵得影佐同意安排一切之後，西義顯前往熱海找由上海回國中的其他另外一位盟友伊藤芳男⑲，請他趕回上海，陪同董道寧到日本來。

董道寧與伊藤芳男於一九三八年二月二十五日由上海出發，次日抵達長崎。西義顯在長崎接他們兩個人。二十六日上午動身長崎，二十八日上午在董道寧長大的橫濱下車，住進紐英格蘭大

---

⑯ 石原莞爾（一八八九—一九四九），陸軍大學畢業。九一八事變的主謀者，被視爲日本陸軍最傑出的戰略家，陸軍中將，最後是第十六師團長，昭和天皇對他的評價缺佳，陳鵬仁譯《昭和天皇回憶錄》一九九一年，台灣新生報社，三三頁。

⑰ 西義顯，前引書，一〇二—一〇三頁。

⑱ 同前註，一〇五—一〇八頁。

⑲ 伊藤芳男（一九〇六—一九五〇），山口縣人，倫敦大學畢業。曾任僞滿外交部囑託、僞滿駐汪大使館參事。戰後創辦住宅新報，並任社長。

飯店，與影佐大佐首次會面⑳。西義顯因扁桃腺發炎，遂把事情交給伊藤，到大磯養病去。

在東京期間，由影佐引導，董道寧見了參謀次長多田駿中將，參謀本部第二部長本間雅晴少將和參謀本部支那班長今井武夫中佐等人。董道寧由多田得知，日軍中央確實希望中日之間早日獲得和平。影佐因為受了自稱日華人的董道寧熱愛中國和東亞的感動，答應全力支持這個和平運動，同時自動給與其在日本陸軍士官學校同期㉑的何應欽、張群寫信㉒。

董道寧於三月十日，由西義顯、伊藤陪同，搭乘烏蘇里輪，由神戶出發，三月十一日抵達大連，訪問了滿鐵總裁松岡洋右。在船上，為了今後工作的推展，西義顯、董道寧和伊藤芳男三個人，約定將分別稱呼為「太郎」、「次郎」和「三郎」，而偶然，這也是成為年齡大小的順序。董道寧與伊藤，於三月十三日乘輪離開大連到香港，董道寧由香港回到漢口，西義顯回東京，然

---

⑳ 松本重治，前引書，一七頁。西義顯，前引書，一一三－一一四頁。董道寧給張群的親筆報告。總統府機要室特交檔案。董道寧在日本一共待了九天。

㉑ 影佐是日本陸軍士官學校第二十六期（一九一四年五月）畢業生；張群是該校中國留學生班第十期（一九一五年五月），何應欽為中國留學生班第十一期（一九一六年五月）的畢業生，他們是先後同學。因為期別與畢業日期差得很大，所以我們談到某人是日本陸軍士官學校第幾期畢業時，要特別留意。

㉒ 影佐禎昭，前引文，三五八－三五九頁。西義顯，前引書，一一六頁。松本重治，前引書，一七頁。上述董道寧報告。

後經由長崎又前往香港㉓。

叁

一九三八年三月二十六日，西義顯到達香港，住宿於伊藤替他代訂的利巴爾斯灣大飯店，二十七日，除太郎、次郎、三郎外，加上高宗武和松本重治五個人聚會於該大飯店。此時決定今後稱呼高宗武爲「四郎」、松本爲「五郎」㉔。

高宗武對於董道寧擅自前往日本沒有深究，回到漢口以後，董道寧將影佐寫給何應欽、張群的私信交給高宗武，高將其交給周佛海，周交給汪精衛看了之後，經由陳布雷轉呈蔣中正委員長。高宗武告訴西義顯：蔣委員長看了影佐的書信之後非常感動影佐的誠意和勇氣。保證絕不公開影佐的信件。中國所以與日本抗戰，是認爲不抗戰不可能親日，勝負在所不問。如能了解中國的本意，蔣委員長願意考慮以下條件。蔣委員長認爲，日本對中國作戰的眞正意圖是：一、對蘇聯關係的安全保障；二、確保對中國的經濟發展與依靠。蔣委員長原則上承認這兩項。

第一項可以再分類爲：與(1)東北四省；(2)內蒙；(3)河北、察哈爾有關聯的問題。關於(1)與(2)，以後再協議；(3)絕對要還給中國，並尊重長城以南中國主權的獨立和領土的完整。如能接受

㉓ 西義顯，前引書，一一八—一一九頁。松本重治，前引書，二一一頁。

㉔ 西義顯，前引書，一二四頁。

上述旨趣，當即停戰，並以上述條件爲基礎進行和平細節的交涉㉕。

高宗武以上這番話，到底眞的是蔣委員長告訴他的，高宗武擬稿經過蔣委員長同意的，還是高宗武個人獨創的，西義顯說他無法判斷，但卻答應照高宗武的意思一定轉達影佐其內容㉖。爾後，因爲松本工作太過於繁忙，故推荐犬養健㉗來接替其與東京的聯絡工作。以後犬養在日本對汪精衛工作上也扮演了極其重要的角色㉘。

這時西義顯一再慫恿高宗武親自前往日本，以便向日本當局負責人說明中國當局的和平意願和條件。高宗武可能眼看董道寧去日本一行滿有所獲，加以促進中日和平心切，故決心去日本。但陳布雷暗中告訴他蔣委員長絕不會同意高宗武到日本去。

㉕ 西義顯，前引書，一三五—一三六頁。松本重治，前引書，二六—二七頁。據松本書說，高宗武告訴他，蔣委員長沒同意張群和何應欽給影佐回信。

㉖ 西義顯，前引書，一三七頁。

㉗ 犬養健（一八九六—一九六一），爲中國革命之友，擔任日本首相時被少壯軍官暗殺於首都官邸的犬養毅的第三公子。曾任衆議院議員，戰後曾出任第四次吉茂內閣的法務大臣，著有其參與對汪精衛工作的《長江之水流不斷》（日文書名爲《揚子江は今も流わている》一書，是一本有關汪僞政權的重要紀錄。

㉘ 西義顯，前引書，一二六頁。

高宗武之所以選擇這個時候要到日本，是因爲傳聞近衛內閣將進行改組，外相將由宇垣一成㉙接任，宇垣有意改變近衛「今後不以國民政府爲對手」的政策，希望乘此機會促成中日兩國之間的和平。高宗武陷於進退維谷，因而與周佛海商量，周佛海主張高宗武應該到日本，他願意負責說服蔣委員長。故高宗武於六月十日左右到了香港㉚。

在此之前，爲著高宗武的赴日，西義顯於四月十九日，搭了靖國輪趕回東京，以安排有關事宜。四月二十七日，回到東京的西義顯，在參謀次長辦公室，對多田次長、本間第二部長、陸軍省軍事課長柴山兼四郎大佐，在影佐、伊藤陪同下，拚命說明高宗武所帶來中國當局對和平的條件，以爲是絕好的時機，意圖說服多田等人。但多田中將和在軍閥中素以自由主義者著稱的本間雅晴少將卻無動於衷。原來，日軍正在準備進攻徐州，五月五日開始攻擊㉛。爲了高宗武的正式訪日，西義顯於六月十九日，搭郵輪墨洋丸趕回日本，請影佐事先準備一切事宜。六月二十三日，高宗武由伊藤芳男陪同，乘日本女王輪，由香港出發，經上海，於七月二日晚抵達橫濱。松本送走高宗武和伊藤之後，由上海飛往福岡，五日到達東京。伊藤到東京車站接松本，並說他們

㉙　宇垣一成（一八六八—一九五六），岡山縣人，陸軍大學畢業。陸軍大將。曾任陸軍大臣、外務大臣、朝鮮總督，曾奉命組閣，因遭陸軍激烈反對，未組成。昭和天皇對其評價很差，拙譯《昭和天皇回憶錄》，三八—三九頁。

㉚　松本重治，前引書，二七—二八頁。

㉛　西義顯，前引書，一七四—一七七頁。

於一個小時以前抵達東京，高宗武住在住友銀行所有之空屋㉜。

影佐曾與高宗武會談數次，並由伊藤、西義顯陪同會見了多田參謀次長、板垣征四郎陸軍大臣、近衛文麿和松岡洋右。也由松本作陪見了松本的老闆同盟通信社社長。高宗武對表示其此行目的是：⑴欲試探日本陸軍有沒有早日實現和平的意思；⑵如果有，日本是否要與蔣氏直接交涉，還是要與汪精衛進行交涉。影佐說，高宗武告訴他：將來能為日本和平交涉對象的只有汪精衛㉝。西義顯說，高宗武在東京一再強調：唯有日本放棄帝國主義政策，把中國當作對等的國家，中日兩國之間才有實現和平的可能㉞。松本對其上司說，和平運動的成功與否，完全要看日方能不能聲明要由中國撤兵。但表示，撤兵非常不容易㉟。這時，松本曾為高宗武介紹犬養健，也將犬養介紹給影佐，俾將來必要時分擔松本的工作。

高宗武於七月九日，仍然由伊藤陪同離開橫濱。對於高宗武擅自赴日一事，據傳蔣委員長連聲說「荒唐荒唐」。蔣委員長在六月二十四日日記說：「高宗武擅自妄動，可謂膽大妄為矣！」

㉜ 高宗武的《東渡日記》，總統府機要室特交檔案第二十七卷。原文說是在箱根會談乃影佐的記憶錯誤，那是高宗武第二次赴日之事。

㉝ 影佐禎昭，前引文，三五九頁。松本重治，前引書，三三三頁。

㉞ 西義顯，前引書，一九五頁。

㉟ 松本重治，前引書，三三一三四頁。

因此周佛海聯絡高宗武暫時不要去重慶㊱。由日本回到香港以後的高宗武，因爲生病住院，與周佛海商量結果，周佛海推荐梅思平㊲代替高宗武參加工作㊳。

肆

一九三八年八月二十九日，松本與梅思平開始會談。梅思平原爲中央政治學校政治學系主任，因受到校長蔣先生欣賞，而被提拔出任全國只有五個實驗縣之一的江寧縣長。松本與梅思平前後會談五次，梅思平最後表示中國方面的和平運動必須由汪精衛出面領導㊴。

梅思平與高宗武見面之後，於十月二十二日飛往重慶與汪精衛、周佛海等「同志」協議，並決定派高宗武和梅思平爲代表與日方作進一步的具體折衝。在另一方面，松本因患腸傷寒住進上海的醫院，故將與梅思平會談的結論與備忘錄交給前來探病的西義顯和伊藤，由伊藤面交出差正

㊱ 犬養健《揚子江は今も流わている》，一九八四年二月，東京中央公論社，一一三頁。秦孝儀總編纂《總統蔣公大事長編初稿》，卷四上冊，民國六十七年十月三十一日，二二四頁。

㊲ 梅思平（一八九六—一九四六），浙江永嘉人，北京大學畢業。曾任中央大學、中央政治學校教授、江寧實驗縣長。汪僞政權成立後，曾任其實業部長及內政部長，戰後以漢奸罪名被處死刑。

㊳ 日本國際政治學太平洋戰爭原因研究部編著《太平洋戰爭への道》，第四卷《日中戰爭》（下），一九六三年一月，東京朝日新聞社，二〇二頁。

㊴ 松本重治，前引書，三七頁。影佐禎昭，前引文，三八七頁。

在上海的參謀本部的今井武夫中佐，然後由今井轉交影佐㊵。

身受新任務的梅思平，於十一月二日回到香港向高宗武報告一切，並聯袂於十一月十二日，乘船到達上海，當晚起與日方進行會談。而由上海回到日本的今井，則將松本、梅思平會談的結論報告陸軍中央。於是板垣陸相遂派影佐、今井、犬養、西義顯和伊藤五個人前往上海，與高宗武和梅思平會談，而這就是日後的所謂重光堂會談㊶。這個重光堂位於上海虹口新公園旁邊，是從前日本特務頭子土肥原賢二中將的住處，被稱爲土肥原公館而馳名於世㊷。

參加重光堂會談者，汪方爲高宗武、梅思平和周隆庠；日方爲影佐禎昭、今井武夫、犬養健、伊藤芳男和西義顯。其目的是具體化第二次近衛聲明（十一月三日），使日本政府的和平決心更加明確，並使汪精衛等人徹底了解日本政府的本意㊸。但實際上經常參加討論的主要人物是今井和梅思平，周隆庠擔任翻譯。

重光堂會談的主要內容爲：

㈠承認滿洲國？

㈡日軍撤兵（隨恢復治安，兩年以內撤兵）。

㊵　松本重治，前引書，三九頁。

㊶　影佐禎昭，前引文，三六一頁。《太平洋戰争への道》，第四卷《中日戰爭》（下），二〇二頁。

㊷　犬養健，前引書，八九頁。《太平洋戰争への道》，前引書，二〇二頁。

㊸　西義顯，前引書，二一二頁。

㈢防共駐兵（爲防止共產主義，日軍要駐紮內蒙。其期限以日華防共協定有效期間）。（這雖然有很多問題，但如果沒有這一項，日本絕不會接受）

㈣將租界歸還中國。

㈤撤銷治外法權。

㈥要不要向中國索取賠償未定㊹。

在這個會談，汪方代表所提出有關和平運動的步驟大致如下：

㈠如果協議成功，日本政府要確定和平條件，並通知在重慶的汪精衛。

㈡經過一、二日以後，汪精衛將與同志藉口前往昆明。配合其到達昆明的時機，日本政府要發表和平條件。次日，汪精衛公開表明與蔣氏分手，即日飛往河內，然後轉往香港。

㈢到達香港後，汪精衛立刻正式聲明爲建立東亞新秩序，響應日本以收拾時局。同時由國民黨黨員聯合發表反蔣聲明，並對中國內地和南洋華僑展開和平運動㊺。

重光堂會談最後的協議案「日華協議紀錄」，於十一月二十日，在上海由影佐和今井與高宗武和梅思平分別簽字，並約定日本政府與汪精衛雙方同意之後，汪精衛要逃出重慶，即按照上述

㊹　鹿島平和研究所編《日本外交史》20，上村伸一著《日華事變》（下），一九七一年三月，東京鹿島平和研究所出版會，二六七—二七三頁。外務省編纂《日本外交年表並主要文書》（下），一九七八年二月，東京原書房，四〇一—四〇四頁。以上兩書皆有全文。犬養健，前引書，九五頁。

㊺　松本重治，前引書，四〇頁。

汪方所提出步驟採取行動㊻。

結束了重光堂會談的影佐和今井，於十一月二十日黃昏離開上海回到東京。翌日，影佐與犬養訪問近衛首相私宅於東京荻窪，以報告重光堂會談的經過和結果。此時近衛表示，他個人對其所簽訂「調整日華國交之基礎條件」沒有什麼不同的意見，但其可否要由五相（首相、外相、藏相、陸相和海相）會議來作決定。

五相會議於十一月二十五日召開，通過板垣陸相的報告。以這個報告為前提，在十一月二十八日的內閣會議席上，除將「調整日華國交之基礎條件」中的「駐屯地以外之日軍要在兩年之內撤兵」修改為「駐屯地以外之日軍要早日撤兵」之外，也加上一些條件和修正，並決定了「日支新關係調整方針」。由於陸軍要求要使其成為國家的根本方針，故於十一月三十日的御前會議將其通過，正式成為日本的最高國策㊼。

伍

重光堂會談後，高宗武自上海到香港，梅思平前往重慶。在重慶，汪精衛聽取梅思平的報告

㊻ 影佐禎昭，前引文，三六一頁。《太平洋戰爭への道》，前引書，二〇三頁。

㊼ 松本重治，前引書，四四—四五頁。前述《日本外交年表並主要文書》（下），四〇五—四〇七頁有全文。

之後決心離開重慶，並在中國任一地區從事和平運動。

十二月二日，高宗武的哥哥往訪伊藤，轉告汪精衛完全同意重光堂會談的內容，並說汪之逃出重慶將在十二月八日左右。在香港得到這個消息的今井，向東京報告之後，首相官邸準備近衛於十二月八日到大阪，發表首相談話。但卻毫無汪精衛逃出重慶的消息，近衛不得已遂稱病取消大阪之行㊽。此時，近衛以為受了騙。十二月十日，汪的親信林柏生由香港聯絡說，蔣委員長於六日突然從前線回到重慶，以為被蔣氏發覺，但也沒有這種跡象。所以汪的逃出重慶還要晚幾天，請放心㊾。

十二月十九日，汪精衛利用蔣委員長對青年訓話的機會，帶著夫人陳璧君、秘書曾仲鳴飛往昆明，二十日由昆明乘包機飛抵河內。據汪精衛說，飛往河內的包機是龍雲替他訂的，而汪自重慶到昆明的機位，係由其門生交通部次長彭學沛所設法。繼汪之後，陳公博、林柏生、陶希聖也逃離了重慶㊿。

配合汪精衛逃往河內，近衛於十二月二十二日以「總理談」的方式發表聲明51，該項聲明係

㊽ 風見章《近衛內閣》，一九八二年八月，東京中央公論社，一六五—一六六頁。作者風見是第一次近衛內閣的書記官長（秘書長）、第二次近衛內閣的司法大臣（法務部長）。

㊾《現代史資料9：日中戰爭2》六二五頁。犬養健，前引書，一〇〇—一〇一頁。

㊿ 上村伸一，前引書，二八一頁。

51 前述《日本外交年表並主要文書》（下），四〇七頁。

以上述「日支新關係調整方針」為基礎，但卻完全沒有提到撤兵。但撤兵是汪派所堅決主張的一項，俾以此減少甚至消除汪精衛一群人的漢奸性質。但站在日本用兵的立場和觀點，不能輕言撤兵二字，所以犬養健感慨萬千地說「撤謊是萬事的開端」[52]，西義顯大為憤慨說「日本欺騙了汪精衛」[53]。而據影佐的說法，近衛聲明之所以沒有撤兵二字，乃由於軍方的要求[54]。

但民政黨籍眾議院議員齋藤隆夫[55]於一九四〇年二月二日，在米內（光政）內閣第七十五國會發表「關於處理事變的質詢」演說，提到前述近衛聲明與由中國撤兵的問題時，明明說到日軍的撤兵[56]。可見近衛聲明，正如影佐所說，因為軍方的強硬要求，故意把撤兵部分拿掉，以免影響在中國作戰的日軍士氣。

對於近衛的聲明，蔣委員長於十二月二十六日發表嚴正的聲明，予以反駁和痛擊。他說：「中國若承認了他的『東亞新秩序』和『日滿支』協同關係，就是將中國全部領土變成日本所有的大租界，這樣一來，中國若不是變為他的奴屬國也就降為保護國，而且實際上就是合併於日

---

[52] 犬養健，前引書，一〇一頁。

[53] 西義顯，前引書，二一七頁。

[54] 影佐禎昭，前引文，三六二頁。

[55] 齋藤隆夫（一八七〇—一九四九），兵庫縣人，早稻田大學畢業，留學美國耶魯大學，律師，當選眾議院議員十三次，抗戰期間，大事抨擊日本政府的中國政策；戰後曾任第一次吉田茂內閣和片山哲內閣（唯一的社會黨內閣）的國務大臣。

[56] 齋藤隆夫《回顧七十年》，一九八七年七月，東京中央公論社，二七四—二七五頁。

本，他說要使中國爲完全獨立國家，豈非就等於馬關條約中的朝鮮麼？我可以斷言，在這篇聲明發表以前，世上或者有人希冀日本能悔過，自他這個聲明發表後，就再沒有一個明大義識時勢的中國人，再存和平妥協之想了！……老實說：中國的老百姓，一提到日本，就會聯想到他的特務機關和爲非作惡的浪人，就會聯想到販鴉片，賣嗎啡製造白麵銷售海洛英，包賭包娼，私販軍械接濟土匪，豢養流氓，製造漢奸，一切擾我秩序，敗我民德，毒化匪化的陰謀。」

「綜觀近衛的這個聲明，我們可以斷言，日本眞正之所欲，乃在整個吞併我國家，與根本消滅我民族，而決不在所謂中日合作或經濟提攜等等的形式，至於割地賠款，在這個大欲之前，當然更非侵略者之所重。拆穿來說：他們的所謂經濟集團，就是要將中國整個的財力資源受日本統制以代替其所謂不要賠款；他們要求內蒙華北駐兵，要求全中國土地內自由居住和營業，就是要使中國全部土地受其統制與支配，中國全部人民任其壓迫和奴役，以代替其所謂不要割地。」⑰

響應近衛聲明，汪精衛於十二月二十九日發出所謂艷電，對中國國民黨中央、蔣委員長和中央執監委員呼籲「反共和平救國」，林柏生在香港發行的《南華日報》並將其內容全部發表⑱。

---

⑰ 中國國民黨中央黨史委員會編《中華民國重要史料初編——對日抗戰時期，第六編，傀儡組織（三）》，一九八一年九月，三三—四五頁。

⑱ 上村伸一，前引書，二八四頁。前述《太平洋戰爭への道》，二〇六頁。艷電全文，請看前註書，五二—五四頁。

一九三九年一月一日，中國國民黨永遠開除汪精衛的黨籍59，二日，蔣委員長電告龍雲中央對汪的處置，希望其能洞察奸人的陰謀和不要動搖。到達河內以後的汪精衛，因爲深感生命的危險，故曾經考慮過要亡命歐洲，並曾向英、德、法三國申請其本人、夫人陳璧君和秘書曾仲鳴的簽證60。這似乎由於四川、雲南等地並沒有出現汪精衛所期待的局面所致。

據傳二月一日，高宗武曾前往河內與汪精衛協議，結果達成要成立救國反共同盟會、軍的組織以及取消臨時、維新兩個政府的共識，高宗武並攜帶這些結論於二月二十一日抵達長崎，同行者有伊藤和周隆庠，犬養去接高一行。在東京，高宗武與首相平沼騏一郎和外相有田八郎等人會談61。

爲著避免人們的耳目，高宗武一行被安排住在箱根的富士屋大飯店，犬養與高宗武住三樓，房間是隔壁，影佐爲了與東京秘密電話聯絡住二樓。惟因立刻被警察懷疑，故第二天晚上便搬到半年前高宗武住過的東京「花蝶」62。

日本政府以五相會議決定汪精衛出馬，並於三月十八日通知將派遣其所要求的田尻愛義出任

---

59 前述《傀儡組織（三）》，一二四一一二五頁。《總統蔣公大事長編初稿，卷四，上冊》，一九七八年十月，二八七—二八八頁。
60 前引《太平洋戰爭への道》，二〇七頁。
61 犬養健，前引書，一一一頁。前引《太平洋戰爭への道》，二〇七頁。
62 犬養健，前引書，一二三—一二四頁。

駐香港總領事⑥。四月一日，日本興亞院⑥會議決議：自四月以後六個月，將每個月補助汪精衛的救國反共同盟會三百萬元共計一千八百萬元，此筆經費由海關剩餘金支付⑥。

在另一方面，於三月二十一日，汪精衛在河內的住處遭到襲擊，曾仲鳴被暗殺。日本政府為救出汪精衛，決定派遣影佐到河內，影佐徵得陸相同意，以外務省的矢野征記書記官、海軍的須賀彥次郎大佐、衆議員犬養健、僞滿外交部囑託伊藤芳男、大鈴軍醫中佐和憲兵丸山准尉、松尾軍曹（中士）爲隨員，另外還帶了一條最好的狼狗⑥。

他們於四月六日，由九州的大牟田乘山下輪船公司的貨輪北光丸（五千三百四十六公噸）出發，四月十六日抵達海防。他們在表面上都是裝著商人，前來越南買鐵砂的。影佐的頭銜爲日本糖業聯合會庶務課長、犬養改姓平，身分是該聯合會的書記。但矢野和伊藤於四月五日由福岡飛往上海，由上海搭英輪於十日抵達香港，十七日與影佐一行在河內會合的⑥。

---

⑥ 田尻愛義《田尻愛義回想錄》，一九七七年十月，東京原書房，六八頁。西義顯，前引書，二一八—二一九頁。

⑥ 興亞院，一九三八年十二月設立於內閣的對中國的中央機關。它的任務是策劃、執行有關中國的政治、經濟、文化等政策，並與各省廳協調對中國的事務，以首相爲總裁，外務、大藏、陸軍、海軍大臣爲副總裁。

⑥ 前引《太平洋戰争への道》，二〇七頁。

⑥ 犬養健，前引書，二二五—二二六頁。

⑥ 上村伸一，前引書，二八六頁。

替影佐與汪精衛擔任聯絡的是同盟通信社駐越特派員大屋久壽雄，他的法文很好，是受松本重治的指示來全力協助的。四月十七日黃昏，大屋透過伊藤轉達汪方的回信說：擬於明日下午一時半在汪住處會談。請日方人士在郊外的賽馬場排隊買票，此時汪方懂得日語的青年也會站在隊裡頭。這個青年將以老朋友的態度走近日方人士以英語說：「How are you？」這是口令，故請與其握手。然後坐他的車子過來⑱。

前往與汪精衛會談的日方人士是影佐、犬養和矢野三個人，而到賽馬場去接他們的則為周隆庠。周隆庠開的車子，以很快的速度繞了河內市內的大街小巷好一陣子，最後向右轉並向二、三十公尺前面的鐵門衝進去。鐵門馬上啓開然後又立刻關上。這裡就是汪精衛在科羅碁街的住處。影佐等被帶到二樓，旋即穿著白色中國服的汪精衛由周隆庠陪同出來。這是影佐一行首次見到汪精衛。汪一個一個地握手良久，眼睛一直正視，表示對客人的禮貌。因爲穿的是白紹衣衫，所以其舉措顯得有些女性般的優雅。他的中國話有廣東口腔，但卻有法語般柔軟的腔調⑲。

影佐代表日方人士對汪說：「我是奉（日本）政府命令，爲幫助先生遷移到安全的地方而來的。」繼而向汪介紹矢野和犬養。因深怕待的時間太長，爲重慶的特務人員所探悉，而發生再次襲擊，故此時只談必要事項，其他事留待船上再詳談。汪精衛對於坐在他後面擔任口譯的周隆庠一句一句慢慢地說，好像要使周方便於轉譯，同時也不使初次見面的客人感覺他在感動，汪精衛

---

⑱ 影佐禎昭，前引文，三六三頁。犬養健，前引書，一三二—一三三頁。
⑲ 同前註，一四三頁。

首先感謝影佐等遠道趕來相助，然後表示在河內非常危險，而且很難與香港、上海的同志聯絡，本來想前往香港或者廣州，但在香港，英國官警監視極嚴，陳公博、林柏生等在那裡束手無策，廣州雖然是與孫中山先生和他自己關係很深的地方，但卻已爲日軍所占領，到廣州將給中國國民以他在日軍保護下從事和平運動的印象。因此他選擇到上海。上海雖然也在日軍手裡，但上海有英美的共同租界，外國人掌握著市政和裁判權，中國人的自主行動遠勝於廣州，所以周佛海、梅思平已經在那裡積極作準備(70)。

對於影佐問要怎樣與越南當局交涉離開河內，汪答說將以和平方法與其交涉，他相信越南當局希望把這個「燙手芋」交出去，故一定贊成他離開。影佐問他有沒有交通工具？並告訴他日方準備有五千五百公噸左右的貨輪。汪說他們已經租了一條法國籍小船。影佐問這條船多大？因爲要航行中國沿海，對汪又有通緝令，需要格外小心。汪回頭問周隆庠然後微笑著回答「據說是七百六十公噸」。它叫做法安·福連哈紅。對於日方人士表示擔憂，汪說雖然有些危險，但如果他乘日輪到上海，和平運動將受到很大的誤解。故出海時，希望在海防海面與影佐的船碰頭，並請能離開些距離跟蹤他們的船，萬一發生危險時將以無線電聯絡。至於其他事務性的事，則由汪精衛的小舅陳昌祖代勞，請汪稍微休息。經過大約兩個小時，影佐等才告辭。臨走前，汪又出來，送影佐等走出走廊時，汪默默地打開一個房間給他們看。它是間空房，床上枕頭上放著一個黑色

---

(70) 影佐禎昭，前引文，三六四頁。犬養健，前引書，一四四—一四五頁。

蝴蝶緞帶。這是曾仲鳴被暗殺的房間。影佐等默默地向它鞠了躬㉛。

四月二十日下午十時以前，大屋來電話告知：越南當局將於明日上午九時動員一切警力負責將汪精衛由其住處沿路警衛護送到 Hon Gay 港口。惟因辦理出國手續、海關的檢查、解聘中國船員、新聘越南船員、裝載糧食、飲用水等等，至少需要三、四天時間，故希望在二十五日中午，在海防五海里海面叫做巴克龍比無人島附近會合㉜。

從四月二十五日中午左右開始，北光丸繞了海防各方面巴克龍比島四周好幾趟，但皆找不到福連哈紅輪。經過了三天，毫無消息，影佐以爲汪精衛「完蛋了」，而非常後悔沒強制汪一行坐北光丸。迨至第四天下午三點鐘左右，以無線電聯絡到福連哈紅輪，並約定在汕頭附近碣石灣會合。到第五天即三十日快到中午，福連哈紅輪才開到碣石灣口，接近北光丸。其所以未能在無人島與北光丸準時碰面，是因爲碼頭設備陳舊，裝載飲用水要用提桶，船的速度本來說是八海里，其實最快每小時只能走七海里所致。由於該輪太小，大家暈船暈得一塌糊塗，故汪一行終於全部移到北光丸來㉝。

㉛ 犬養健，前引書，一四五—一四七頁。

㉜ 犬養健，一五二—一五三頁。

㉝ 影佐禎昭，前引文，三六四頁。犬養健，前引書，一五三—一五六頁。

陸

五月二日，北光丸臨時變更行程開進基隆港，西義顯竟在碼頭歡迎他們。北光丸之所以落腳基隆港，是爲了要補充糧食和飲用水。可能因爲汪一行在河內吃得太差，所以在北光丸上大吃特吃，致使糧食和飲用水都短缺㊹。

在北光丸上，影佐和犬養常於晚餐後與汪精衛會談。此時汪精衛對他們兩人談的重點是：㈠希望建立和平政府，以與日本合作的成績，使人民和重慶政府感覺抗戰之無意義；㈡希望日本政府名副其實地實行近衛聲明，不要使近衛聲明成爲表面文章；㈢和平政府需要有兵力，但不希望以這兵力與重慶的軍隊戰鬥（內戰），以演民族間流血的慘劇；㈣日本人要了解：和平論既是愛國精神的流露，抗日論也是愛國精神的表現；㈤希望與日本政府各要人見面，以聽取他們對近衛聲明的誠意和對和平政府的意見；㈥他的和平運動不是要爭政權，其目的在於要使重慶政府贊成和平，停止抗戰。將來有一天如果重慶政府與他的運動匯合時，運動目的已經達到，故他願意隨時下野。汪特別強調：和平運動不是反蔣運動㊺。

北光丸於五月六日到達上海。因爲好多日本新聞記者在那裡等著，因此汪精衛不登陸留在北

㊹ 犬養健，前引書，一六一頁。

㊺ 影佐禎昭，前引文，三六五—三六七頁。犬養健，前引書，一五七—一六〇頁。

光丸上，但汪夫人陳璧君卻不願意住在日本租界，堅持要到法國租界去住。結果讓陳璧君這樣作。影佐和犬養住進重光堂，在這裡犬養首次見到周佛海。犬養形容周佛海說：「高個子，大眼睛，說話很快，動作敏捷的典型的湖南人。」⑯

汪精衛住進事先準備好的臨時住處之後，與褚民誼、周佛海、梅思平、高宗武等會商結果決定訪問日本。汪立刻將此意轉告影佐，希望影佐與日本政府聯絡，同時著手起草和平工作計畫和對日本政府的希望事項等等，準備屆時帶往日本。影佐遂將汪意電報參謀本部，參謀本部回電表示同意，並說東京方面準備就緒後將另行電告⑰。

五月底，東京電知接待汪精衛的準備工作完成，因而汪一行於五月三十一日，由上海海軍機場搭乘日本海軍軍機經九州佐世保飛抵橫須賀。汪的隨員為周佛海、梅思平、高宗武、周隆庠和董道寧，日方隨行者是矢野征記、清水董三外務省書記官、犬養健和影佐禎昭。六月十日起，分別訪問首相、陸相、海相、外相、藏相（財政部長）和近衛文麿前首相。在這些會談，大多由清水擔任口譯⑱。

在與平沼騏一郎首相的會談，平沼首相先表示中日提攜應以道義為基礎，並稱贊汪對和平的

---

⑯ 犬養健，前引書，一六六—一七〇頁。
⑰ 堀場一雄《支那事變戰爭指導史》，一九六二年九月，東京時事通信社，二五八頁。
⑱ 影佐禎昭，前引文，三六九頁。上村伸一，前引書，二九四頁。前引《太平洋戰爭への道》，二一一頁。

熱情；汪說中日兩國長時相爭毫無意義，並問日方爲解決中日衝突究竟要以重慶爲和平運動的對象，或者以國民黨以外在野人士爲對象，還是要以不分在朝在野、國民黨與否，凡是願爲兩國前途著想、贊成和平的一切人士爲對象？如果日方認爲應以第三種方法爲適當，汪願以他爲首組織和平政權爲達到和平目的而盡棉薄。

對此，平沼答說，現今內閣完全繼承和堅持近衛聲明的精神，同時贊成汪所陳的和平方策，日方絕對要支持和援助汪。汪似乎由此大大地加強了信心，日後他再三引述平沼的中日道義提攜論以訓勉部下⑲。

汪精衛在訪日期間，對日本政府所提出要求的要點如下：

㈠汪精衛要組織中央政府。

㈡這個中央政府繼承中華民國國民政府的法統，所以要採取還都南京的方式。

㈢以同樣理由，國旗要用青天白日旗，以三民主義爲最高指導方針。

㈣從前已經獲得結論之有關明示日軍撤退的時期，希望能有更明確的答覆。

㈤在日軍占領地區的中國法人或者個人所有的鐵路、工廠、礦山、商店、普通房屋，請能迅速發還。

以上各項，日本政府如果不能接受，汪精衛將取消建立中央政府的念頭，而將以民間人士的

⑲ 影佐禎昭，前引文，三六九—三七〇頁。

身分去從事促進和平的運動。

對於以上汪精衛的要求，日方的回答是：

㈠目前三民主義是排日抗戰的本源，故要求對其作理論上的修正。

㈡現在，青天白日旗爲重慶抗日政府所使用，是日軍前線部隊攻擊的目標，爲避免混淆起見，希望變更國旗圖案。

㈢在日軍占領地區之中國國民的住宅、工廠、商店等可以發還，惟因鐵路的運作與軍事作戰具有密切關係，故在戰爭期間請能仍由日方處理。全面和平後立刻發還㊽。

根據影佐的說法，汪精衛對於板垣就承認僞滿問題問其意見時，汪答說，從孫中山先生於一九二四年在神戶的演講（大亞洲主義）來說，承認滿洲獨立並不違反孫文主義；既然要與日本和平，只有承認滿洲國的獨立㊾。

難怪高宗武批評「汪先生太美化日本國策」㊿，最後唾棄汪精衛，脫離汪陣營，並與陶希聖一起暴露汪日密約的內容。

汪精衛來日本不到一週，日本政府則於六月六日的五相會議決定了「中國新政府樹立方

㊽ 犬養健，前引書，一九〇—一九一頁。

㊾ 影佐禎昭，前引文，三七一頁。

㊿ 犬養健，前引書，一七六頁。

針」⑧和指導對汪工作的復案。這是日本政府對於汪和平運動態度的正式決定，極其重要。其要點如下：

㈠新中央政府以汪、吳(佩孚)、既成政權、反悔的重慶政府爲其構成分子。

㈡新中央政府的構成分子，要事先接受有關調整日支新關係的原則。

㈢中國將來的政治形態採取分治合作主義，根據調整日支新關係方針，以華北爲國防上及經濟上日支強度結合地帶，並在華南沿岸特定島嶼設立特殊地位⑭。

不知道日本政府已經決定了態度的汪精衛，竟於六月十五日向日方提出「就實行尊重中國主權原則對日本的希望」⑮，盼望日方盡快答覆，最好在周佛海於六月二十六日離開日本之前，最低限度給予大綱的提示。其主要內容如下：爲實現內政的獨立，中央政府不設政治顧問等；需與日本商議的事項，要透過正式管道，由日本駐中國大使辦理；省政府、特別市政府不設政治顧問；最高軍事機關，設日、德、義三國的軍事顧問團，一半是日本人，德國人義大利占各占一半等等⑯。

但這些要求與上述日本五相會議的決定內容是格格不入的，因此對汪所提出的要求，遲至十

---

⑧《日本外交年表並主要文書》(下)，四一二—四一三頁。

⑭前引《太平洋戰爭への道》，二一〇頁。

⑮《日本外交年表並主要文書》(下)，四一三—四一五頁。

⑯前引《太平洋戰爭への道》，二一〇頁。

月二十四日才作第一次答覆，興亞院的決定是十一月一日⑧⑦。

在這裡值得一提的是，六月十五日，汪再度與板垣會談時，板垣問汪：對於重慶方面的要人和軍隊的靠攏有多大把握的時候，汪這樣回答：目前，蔣介石的轉變沒有希望，不過蔣是會隨環境改變的人，所以不是絕對不可能。孫科和宋子文是親蘇派，很難轉變；戴季陶、居正、陳立夫弟兄及所謂歐美派，大部分是反共和平。惟因蔣的監視很嚴，故很難逃出。不過這些人在重慶，反而有幫助。軍隊方面，大致可以分成黃埔系、共產系和地方軍系，後兩者暫且不談。黃埔系大多是反共的，因此只要日華合作有名分，他們有豎起反共大旗的可能。目前領導黃埔系的是陳誠，但陳誠的資歷聲望都不夠，何應欽比他好得多。何應欽有投靠汪的可能性，也能夠離間黃埔系。不過軍隊的民族意識特別強，日方對這一點認識不夠令人耽憂⑧⑧。

汪精衛一行留下周佛海，於六月十八日，乘由東京芝浦開往天津的山下汽船會社的天星丸回國。此時，日本五相會議決定：爲幫助汪精衛建立新政府工作，將每月貸款汪精衛三百萬元，此筆款項，自一九三九年七月以後，由正金銀行上海分行以貸給影佐的方式辦理，然後由影佐交付。但這筆貸款，遵照汪的意思，交給周佛海⑧⑨。爲日後與汪方交涉，日本政府決定在上海設立梅機關，由影佐負責。

---

⑧⑦ みすず書房，《現代史資料13：日中戰爭5》。
⑧⑧ 上村伸一，前引書，二九六頁。
⑧⑨ 影佐禎昭，前引文，三七二頁。

柒

隨汪精衛建立中央政府的具體化，日本政府便準備按照既定方針要汪精衛事先接受其對汪新政權的要求。因而阿部（信行）內閣遂於十月十七日遣派田尻（愛義）書記官攜帶「中央政治會議指導要領案」前往上海，開始與汪方交涉。

這個案的內容，基本上係根據一九三八年十一月御前會議的決定，它對汪政權所要求的條件極其苛酷，故難怪參與交涉的犬養要說：「假若原封不動地實行這個案，事實上華北將由中國獨立，海南島將歸於日本海軍所有。世上還有比它更差的傀儡政權嗎？」高宗武則罵說：「北也不行，南也不行，海也不可能，山也不可以。那麼你們要叫中國民族到那裡去？」實不無道理。外務省的清水董三更對影佐說：「如果眞的對汪強制此種要求，作爲國家的日本將沒有信義。我們是不是乾脆取消這個內約的交涉。」⑩影佐也擔憂說：「這個文件的七成左右是戰時的要求。而且有八個地方是作爲秘密協定的苛求。這還談什麼實現和平？若是，汪先生則非對中國國民道歉其不敏不可。」⑪影佐又說：「這已經不是日華交涉，而是名副其實的日本與日本的交涉。這樣下去，對蔣和中國國民，汪先生將成爲賣國賊。所以從今天起我將展開我一生最重要的保衛戰。

---

⑩ 影佐禎昭，前引文，三七七頁。

⑪ 犬養健，前引書，二〇〇頁。

……這可能是我穿軍裝爲國家作事的最後一次。」㉜

日汪調整國交原則的協議會從十一月一日起，在位於上海愚園路的六三花園舉行。此項會議，前後開了七次，首次參加者有周佛海、梅思平、陶希聖、周隆庠、影佐禎昭、須賀彥次郎（海軍大佐）、犬養健、谷荻那華雄（大佐）、矢野征記和清水董三。林柏生從第五次開始參加：第二次以後日方增加了扇少佐、小池囑託和片山少佐等等㉝。

梅思平等人雖然曾以九牛二虎之力與日方抵抗，但在基本上還是抵抗不了以日軍爲後盾的日方的橫暴主張，而在駐兵、派遣顧問、經濟、海軍在廈門和海南島的勢力範圍等問題上不得不讓步。這只要一看日方文獻就能夠知道汪方「無奈的抵抗」和日方的「戰果」。

日方在現地交涉所獲得的重要成果（摘錄；省略一、二）。

三、掌握了軍事上的實權。

1. 確保了防共駐屯權。
2. 確保了治安駐屯權。
3. 日本對於駐屯地區及與其有關聯地區之鐵路、航空、通信、主要港灣以及水路在軍事上的

㉜ 犬養健，前引書，二〇三頁。影佐說，成立這樣的內約，他覺得非常遺憾，心情極其暗澹。影佐前引文，三七九頁。

㉝ 《現代史資料13：日中戰爭5》，二四九—三〇一頁刊載整個討論紀錄。

要求，獲得願意提供的保證。

4.確保了透過軍事顧問和教官由內部指導中國軍之權。

四、獲得了經濟上利權。

甲、在全中國。

1.確保了有關航空的支配地位。

2.有關國防上所必需特定資源之開發利用的企業權（在華北，日本優先，在其他地區則中日平等；省去3.4.）。

乙、在蒙疆。

確保了整個經濟層面的指導權與參與權。

丙、在華北。

1.掌握了鐵路的實權。

2.獲得了有關通信（不包括有線電信）中日共同經營權。

3.確保了特定資源特別是國際上所必需埋藏資源的開發權和利用權。

4.確保了國防上所必需特定事業的合資事業參與權（日本優先）。

5.確保了華北政務委員會有關經濟行政的內部指導權（以下從略）[94]。

---

[94] 前引《太平洋戰爭への道》，二二一—二二二頁。

由於這種原因，高宗武挖苦犬養說：「你的努力，套用影佐式的說法，是要把三十分的拉到五十八分左右的努力。」㉕也因此，使汪精衛大爲緊張起來，而把影佐找來說，這個「內約」的原案，與起初的近衛聲明的精神大相逕庭，這樣下去，和平陣營裡對前途悲觀致使有些同志已經開始脫離，而且還可能增加⑯。

也正因爲如此，所以高宗武和陶希聖終於良心發現告別汪集團，並將「內約」的原案內容公諸於世⑰。對於「內約」內容被「自己人」公開，周佛海聲淚俱下對犬養說，高宗武曾向他借這些文件一個晚上而覺得非常後悔⑱。

在這裡，我想說明一下所謂梅機關。這是爲支援和幫助汪精衛以及日本政府聯絡的機構，設於上海北四川路，通稱梅華堂。起初是影佐、一田中佐（日後換成矢荻大佐）、晴氣中佐、塚本誠少佐、大村主計少佐、海軍的須賀少將、扇少佐、外務省的矢野、淸水兩書記官、衆議員犬養等人。此外還有華北大學教授北山富久次郎、經濟專家末廣幸次郎、朝日新聞社客座神尾茂、前上海日報社長波多博等人的自動協助。參謀本部後來將他們的工作稱爲梅工作，並將該組織命名

㉕ 犬養健，前引書，二六八頁。

⑯ 同前註，二六九頁。

⑰ 前引《傀儡組織（三）》，三三七—三四四頁。胡秋原先生面告筆者，陶希聖曾告訴他，陶之所以拒絕簽字，是受陶太太勸告和鼓勵的結果。

⑱ 犬養健，前引書，二六九頁。

爲梅機關。梅機關的經費，辦公費由陸軍負擔，人事費及汽車費等則由其所屬機關負責，民間人士大多自行負擔其經費。因此影佐一再強調梅機關不是特務機關。

梅機關到一九四〇年八月，開設滿一年，汪精衛在南京成立政權時正式結束，大部分的梅機關人員成爲阿部駐汪大使的隨員，同時爲汪政權軍事委員會的顧問，譬如影佐爲最高顧問、須賀爲海軍首席顧問、矢荻陸軍大佐、川本陸軍大佐、原田（熊吉）陸軍大佐、岡田陸軍主計大佐、晴氣（慶胤）陸軍中佐、沖野海軍中佐、扇海軍少佐等也分別由汪聘爲其軍事委員會顧問⑲。

汪政權於一九四〇年三月三十日，以「還都」的方式成立於南京，汪精衛自任行政院長，代理「國民政府」主席。同一天，美國國務卿赫爾發表聲明支持重慶的國民政府，不承認汪政權。

日本政府於四月一日任命前首相阿部信行陸軍大將爲駐汪大使並與汪政權交涉建交條約。對於此項條約的交涉，日本政府指示阿部兩點：㈠這是「在對抗日勢力繼續進行大規模戰爭行爲中以成立於我占領地區內的新政府爲簽訂的對象」，與一般交戰國間停戰後所簽訂的媾和條約完全不同其性質；㈡現在戰爭仍然繼續中，故不要因爲承認汪政權，締結新條約而受到可能連累目前戰爭行爲的拘束⑩。

新條約的交涉，自七月五日起至八月二十八日，舉行於南京，前後舉行過十五次會議。出席者日方爲：阿部信行、日高信六郎、安藤明道、影佐禎昭、須賀彥次郎、松本俊一、犬養健、中

---

⑲ 影佐禎昭，前引文，三八二頁。

⑩ 前引《太平洋戰爭への道》，二二三—二二四頁。

村勝平、谷荻那華雄、太田一郎、華鹿淺之介，汪方爲：汪精衛、褚民誼、周佛海、梅思平、林柏生、徐良、周隆庠、楊揆一、陳春圃和陳君慧[101]。

起初，汪方以爲這條約是要把去年年底所成立的「調整日汪國交原則之協議會議紀錄」整理成爲條約之條文的，但結果卻不是。日本的意圖是欲從「內約」抽出對其有利的部分擬在新條約予以體系化，其餘的統統不要了[102]。結果幾乎全部按照日本的原案通過[103]。

這個日華基本條約於十一月三十日，由汪精衛與阿部信行分別簽字，由此日本正式承認汪政權。新條約雖然已於八月底就談妥，其所以遲至十一月底才簽字，是因爲日本於此時與重慶的兩個管道正在進行和談所致。一個是宋子良工作即所謂桐工作，另外一個是錢永銘工作。對於前一項工作，根據影佐的記載，板垣總參謀長曾經將事實告訴汪精衛，並獲得汪的諒解；對於後者，

---

[101] 前引《傀儡組織（三）》，三五八—三五九頁。

[102] 同註[100]，二〇五頁。

[103] 日汪條約全文，請參看《傀儡組織（三）》，三七五—三八〇頁。但中文有些脫落字，甚至於有意思不明白的字。譬如基本條約第六條有一個地方掉了「國防上」三個字，是否黨史會版掉了呢？還是本來就沒有，待查。日文說「長短相補」，中文爲「以知相補」。

松岡洋右外相曾以書面徵得汪的諒解而進行，但均歸於失敗⑭。眼看與重慶國民政府談和無望，日本政府才死心與汪精衛簽訂條約，承認汪政權。

汪政權成立一年多以後，汪政權內部的一部分人認爲，此時汪應該正式訪問日本，俾與日本政府商議將來的重要問題。於是汪一行於一九四一年六月十四日由上海乘船出發，十六日抵達神戶。隨員爲周佛海、林柏生、徐良、陳君慧和周隆庠等人⑮。

汪此行曾與昭和日皇見面，並與首相近衛文麿、外相松岡洋右、陸相東條英機、海相及川古志郎、藏相河田烈等人舉行會談，大多由周佛海陪同⑯。汪精衛最感動與昭和見面，汪說：「我赴日的目的，因會見日皇已經達到大半。」因爲昭和一再對他表示中日提攜（合作）的重要⑰。

---

⑭ 影佐禎昭，前引文，三八二～三八四頁。種村佐孝《大本營機密日誌》，一九八一年七月，東京芙蓉書房，五八頁。一九四〇年十一月二十二日，有一則日誌題爲：「蔣介石對和平交涉的回電」，其內容說：「請暫緩延期承認汪政權，先全面撤兵然後擬另外條約商議駐兵」。這是由陸軍省轉告松岡外相的。此電報之眞僞不明。據種村日誌，當時在日本有十七個管道與重慶的國民政府進行著和平工作。

⑮ 蔡德金編注《周佛海日記》（上）一九八六年七月，中國社會科學出版社，五二九頁。影佐禎昭，前引文，三八六頁。

⑯ 《周佛海日記》（上），五三三～五三六頁。

⑰ 影佐禎昭，前引文，三八六頁。

乘汪此次訪問，日本政府答應給予三億日圓武器貸款和歸還收押房屋及日軍所管理的工廠⑩⑧。

汪精衛一行，除周佛海之外，於六月二十八日返抵南京。對於此次訪問日本，周佛海說，在神戶、東京有成千上萬（他說有十萬人以上）的日本國民沿途歡呼萬歲歡迎是出於民衆自動，不是政府的指示表明周佛海的天眞，見到昭和以及周在其母校京都帝大演講，比十幾年前黎元洪在該大學之演講更盛大，表示「當年苦學時，不圖有今日大丈夫得意時也」⑩⑨，說明周佛海好大喜功的性格。

種村佐孝《大本營機密日誌》，一九八一年七月，東京芙蓉書房，五八頁。一九四〇年十一月二十二日，有一則日誌題爲「蔣介石對和平交涉的回電」，其內容說：「請暫緩延期承認汪政權，先全面撤兵然後擬另外條約商議駐兵。」這是由陸軍省轉告松岡外相的。此電報之眞僞不明。據種村日誌，當時在日本有十七個管道與重慶的國民政府進行著和平工作。

影佐在神戶把汪精衛送走之後，曾經回到東京向近衛首相建議再公開表示要遵守一九三八年十二月二十二日的第三次近衛聲明，和援助汪政權的誠意，俾有利於和平運動的推動，並希望能將日華基本條約修正到近衛聲明的水平，但近衛並不積極⑪⓪。此時，近衛將有關「正在努力於調整美日國交」的秘密信件交給影佐，要他親交汪精衛。影佐回到南京之後將這信件交給汪。汪看

⑩⑧ 影佐禎昭，前引文，三八六頁。
⑩⑨《周佛海日記》（上），五四三頁。
⑪⓪ 影佐禎昭，前引文，三八七頁。

了此信以後說，希望日美的關係能夠改善，否則重慶政府將與英美成爲一體，和平運動勢將更加困難(111)。這是影佐與汪精衛關係最後的一幕。一九四二年五月，首相東條英機以「影佐對中國太寬大」，而把他調任北滿國界牡丹江的第七砲兵司令官，一九四三年六月，更將其調往定會戰死的南太平洋紐不列島拉巴烏，擔任第三十八師團長(112)。日本戰敗後，影佐由南太平洋的孤島被直接送往國立醫院，一九四八年，病逝於此，享年五十六歲。

捌

日本對汪精衛的工作，無疑地始於謀略和終於謀略。外務省唯一參與此項工作的田尻愛義，曾經在參謀本部親自問過影佐，這是想與重慶進行和平工作，還是爲幫助戰略的謀略工作，影佐的回答是謀略(113)。日本軍部和興亞院對於汪精衛，意圖建立滿洲式的傀儡政權，從而希望在中國大陸奠定牢不可破的權益。因此起初對汪所許的諾言，多沒有兌現(114)。

---

(111) 同前註。

(112) 犬養健，前引書，一三一頁。日本近代史研究會編《日本陸海軍の制度、組織、人事》，一九八二年三月，東京大學出版會，二二一頁。

(113) 《田尻愛義回想錄》，六七頁。

(114) 重光葵《昭和の動亂》上卷，一九五二年六月，東京中央公論社，二一二頁。

汪精衛以爲，只要他登高一呼，雲南的龍雲、四川的潘文華、鄧錫侯、劉文輝以及其同鄉張發奎等人會起來響應他和支持他，但他們都沒有動。這是汪精衛的最大失算。其次是他對日本的看法太天眞。日本內部、軍、政界的思想、政策都沒有統一，首相近衛根本沒有意思要汪精衛建立政權，近衛是想透過汪精衛與重慶的國民政府達到和平的目的⑮。近衛根本就不相信中國人，當汪精衛再次延期逃出重慶時，近衛曾經對元老西園寺公望的秘書原田熊雄說：「反正是中國人的事，是否給汪騙了？」⑯但後來到日本與近衛會談過的汪精衛卻非常稱讚近衛的人格高超，見識豐富⑰，這眞是一種諷刺。日本政府對於汪的謀略也報告了昭和天皇，昭和說：「謀略這種事是不可靠的。不成是原則，成才是奇怪。」⑱元老西園寺則極力反對搞謀略，他認爲「謀略是不宜用於文明的政治外交，如果這樣作，日本的外交太低調了。」⑲

影佐禎昭對汪精衛非常欣賞，說他是一個「偉大的愛國者」⑳。不過影佐認爲建立汪政權是

---

⑮ 風見章，前引書，一七〇頁。
⑯ 犬養健，前引書，二一七頁。原田熊雄述《西園寺公と政局》，第七卷，一九六七年十一月，東京岩波書店，二三三頁。
⑰ 前述原田熊雄書，第八卷，六頁。
⑱ 同前註，第七卷，二三四頁。
⑲ 同前註，二三五頁。
⑳ 影佐禎昭，前引文，三九四頁。

失敗的，他說他相信汪精衛可能也這樣想[121]。影佐結論說：「要使重慶轉向和平不是方法論的問題，實只有以事實來對重慶證明日本不是侵略國家，日本的對華政策不是侵略主義，捨此別無他途。」[122]這是千眞萬確的話，但問題是日本軍國主義者絕不可能作到這一點，這是影佐悲劇的所由來，也是汪精衛的悲劇，因爲任何美麗的謊言都抵不過國家和民族的大義。

---

[121] 同前註，三九三頁。
[122] 同前註。

怎樣實現和平？

汪精衛

各位同胞：

如今我在廣州向你們廣播，眼睛裡雖然看不見你們，心神早已和你們在一起的，如今身體也和你們在一起了，說不出的感動，說不出的興奮！

七月九日我曾經廣播一次，題目「我對於中日關係之根本觀念及前進目標」。當時沒有將廣播地點說出來，有些自命高調的人，說我定然在淪陷了的地方失了自由了。我如今告訴各位，我自去年十二月二十九日發表和平建議之後，沒有離開河內一步，我當時實在盼望蔣介石肯替國家民族著想，接收我的建議。等了幾個月，知道盼望是徒然的，可是國家民族不能不救，於是開始奔走。當奔走的時候，我沒有通知藍衣社的義務，自然只好把行蹤秘密起來，不但當時如此，以後如有必要也是如此。如今我第一句要問的：我爲什麼不可以走到淪陷了的地方？須知道在戰時一個人所能站著的地方，不外以下幾種：一是前方，一是後方，一是淪陷了的地方，一是外國。可是中國人呢，卻多了兩種：一是租界，如上海，天津等；一是外國的殖民地，如河內，香港等。我並沒有鄙夷住在這兩種地方的人，我以爲只要看他的目的和他的言論行動。如果他的目的給受第三國際指揮的共產黨，以爲西安事變替他個人救苦救難之酬勞品。明明白白和平有了希望，而且這和平明明白白無害於國家之獨立自由，他偏要悍然不顧的加以反對。這樣一來，和平的實現，便遇著極大的阻礙了。

然而要除去這極大的阻礙也有方法，而且這方法並不繁複，實在簡單得很。只要在前方後方的行政當局，以及帶著軍隊的人，明白了和平有了希望，而且這和平無害於國家之獨立自由，破除了蔣介石的欺騙宣傳，擺脫了蔣介石的箝制力量；第一步公開的贊成和平，在自己力量所及之地，肅清共產黨的一切陰謀罪惡，保衛地方的治安，保衛人民生命自由財產的安全。第二步將贊成和平的聯合起來，公開的要求蔣介石以國家民族爲重，不再做和平的阻礙。這樣和平的實現，在短期間內，必然普遍全國，由和平實現而得回獨立自由，由得回獨立自由而奠定了共同生存，共同發達的基礎。復興中國，復興東亞，必由於此。

或者有人會提出疑問道：假使我們有這樣的表示，而日本軍隊仍然進攻，那麼，不但和平會成泡影，而且徒然懈怠了軍心，散亂了人心，豈不爲害甚大嗎？我如今鄭重的明白的答覆道：如果在前方後方的行政當局，以及帶著軍隊的人，能有贊成和平表示，反共的表示，則日本軍隊必不會進攻。因爲日本政府，已有聲明在前，盼望中國有同憂具眼之士出而收拾時局，以復興中國，以進而分擔東亞的責任。因此，日本軍隊，決不會向著我們和平反共的地方及軍隊進攻的。現在我在廣州與安藤最高指揮官會晤，關於怎樣實現和平，彼此互相披瀝誠意。其結果使我確信，如果廣東方面的軍隊，有和平反共的表示，安藤最高指揮官，必能以極友好的考慮實現以下幾件事，即是：不僅對於這種軍隊立刻停止攻擊，而且更進一步將日本軍隊已經占據的地方，所有治安警備，以及行政經濟，都從日本軍隊手裡，次第交還中國。因此我今日敢公開約束：廣東方面的行政當局和軍隊，能贊成我的和平主張，則我必能得安藤最高指揮官的同意，先東做起部分的停戰，而以次及於全國，使全國和平得以完全恢復。尤其是對於廣州市民，我在最短期間，必能以廣州市還之廣州市民之手，使廣州市成爲比較去年十月以前更有秩序，一幸福的地方。

各位同胞，聽到了我這篇廣播之後，可以知道我所謂和平可以實現，而且和平的條件，於國家之獨立自由，不是一種空想，而是早晚可以證明的事實。各位同胞，你們不是淪陷了方的民衆啊！你們從前曾經盡了前方後方的責任，忍受了許多的痛苦，許多的犧牲，及至蔣將你們丟了之後，還要加你們種種惡名，恨你們死不盡，燒不光，加你們以種種惡名，好將繼續的燒，繼續的送往死路。蔣介石不是以日本爲敵，是以中華民國爲敵，是以中華民國的爲敵！蔣介石在今日已爲和平之唯一阻礙者，你們只有將這阻止除去，你們必然能洗卻了種名，而重新做中國復興之柱石，進而做東亞復興之柱石。

各位同胞：我知道我廣播了這一篇談話之後，蔣介石必然又逼迫各前方後方的行政當局及帶著軍隊的人發出聯名通電來攻擊我，但我知道這是無效的。只要和平的條件無害於國家立自由，而且可以爲復興之基礎，我相信沒有一個人能阻礙和平之實現！

（二十八年八月九

（錄自《汪主席和平建國言論選集

給受第三國際指揮的共產黨，以爲西安事變替他個人救苦救難之酬勞品。明明白白和平有了希望，而且這和平明明白白無害於國家之獨立自由，他偏要悍然不顧的加以反對。這樣一來，和平的實現，便遇著極大的阻礙了。

然而要除去這極大的阻礙也有方法，而且這方法並不繁複，實在簡單得很。只要在前方後方的行政當局，以及帶著軍隊的人，明白了和平有了希望，而且這和平無害於國家之獨立自由，破除了蔣介石的欺騙宣傳，擺脫了蔣介石的箝制力量；第一步公開的贊成和平，在自己力量所及之地，肅清共產黨的一切陰謀罪惡，保衛地方的治安，保衛人民生命自由財產的安全。第二步將贊成和平的聯合起來，公開的要求蔣介石以國家民族爲重，不再做和平的阻礙。這樣和平的實現，在短期間內，必然普遍全國，由和平實現而得回獨立自由，由得回獨立自由而奠定了共同生存，共同發達的基礎。復興中國，復興東亞，必由於此。

或者有人會提出疑問道：假使我們有這樣的表示，而日本軍隊仍然進攻，那麼，不但和平會成泡影，而且徒然懈怠了軍心，散亂了人心，豈不爲害甚大嗎？我如今鄭重的明白的答覆道：如果在前方後方的行政當局，以及帶著軍隊的人，能有贊成和平表示，反共的表示，則日本軍隊必不會進攻。因爲日本政府，已有聲明在前，盼望中國有同憂具眼之士出而收拾時局，以復興中國，以進而分擔東亞的責任。因此，日本軍隊，決不會向著我們和平反共的地方及軍隊進攻的。現在我在廣州與安藤最高指揮官會晤，關於怎樣實現和平，彼此互相披瀝誠意。其結果使我確信，如果廣東方面的軍隊，有和平反共的表示，安藤最高指揮官，必能以極友好的考慮實現以下幾件事，即是：不僅對於這種軍隊立刻停止攻擊，而且更進一步將日本軍隊已經占據的地方，所有治安警備，以及行政經濟，都從日本軍隊手裡，次第交還中國。因此我今日敢公開約束：如果廣東方面的行政當局和軍隊，能贊成我的和平主張，則我必能得安藤最高指揮官的同意，先在廣東做起部分的停戰，而以次及於全國，使全國和平得以完全恢復。尤其是對於廣州市民，我敢說在最短期間，必能以廣州市還之廣州市民之手，使廣州市成爲比較去年十月以前更有秩序，更有幸福的地方。

各位同胞，聽到了我這篇廣播之後，可以知道我所謂和平可以實現，而且和平的條件，無害於國家之獨立自由，不是一種空想，而是早晚可以證明的事實。各位同胞，你們不是淪陷了的地方的民衆啊！你們從前曾經盡了前方後方的責任，忍受了許多的痛苦，許多的犧牲，及至蔣介石將你們丟了之後，還要加你們種種惡名，恨你們死不盡，燒不光，加你們以種種惡名，好將你們繼續的燒，繼續的送往死路。蔣介石不是以日本爲敵，是以中華民國爲敵，是以中華民國的民衆爲敵！蔣介石在今日已爲和平之唯一阻礙者，你們只有將這阻止除去，你們必然能洗卻了種種惡名，而重新做中國復興之柱石，進而做東亞復興之柱石。

各位同胞：我知道我廣播了這一篇談話之後，蔣介石必然又逼迫各前方後方的行政當局，以及帶著軍隊的人發出聯名通電來攻擊我，但我知道這是無效的。只要和平的條件無害於國家之獨立自由，而且可以爲復興之基礎，我相信沒有一個人能阻礙和平之實現！

（二十八年八月九日）

（錄自《汪主席和平建國言論選集》）

怎樣強化國民政府怎樣實現全面和平

汪精衛

（七月一日下午十時二十五分在首都對全國廣播）

各位同胞：

我此次訪問日本，承日本皇室這樣的優禮相待，政府諸公這樣的開誠布公，協商大計，各界民眾這樣的熱烈的期待和深厚的同情，這在日本方面實實在在給予中國方面以一個絕大的證據，這證據是什麼？是日本所提倡的建設共存共榮的東亞新秩序，是誠意的；近衛聲明所標舉的善鄰友好，共同防共，經濟提攜，是誠意的，這種誠意，本於愛東亞愛日本愛中國的眞情自然流露，我想中國方面，大多數民眾以至全體民眾，總應該把從前一切懷疑的心理以及觀望徘徊的心理，快些驅除乾淨。大凡人與人的結合，全靠誠意，有了誠意，纔能互相信賴，以共同擔負責任。國與國亦然。大凡要幹一樁大事業，總得拿出誠意，纔能將勇氣與毅力不斷的使用出來，決不是權謀術數可以成功。日本此次所表現的，不只是信賴我個人，而是信賴國民政府，信賴全中國民眾，日本所期望於中國者，不過彼此相親相愛，相與協力來負擔建設共存共榮的東亞新秩序便了。我想中國方面全體政府同人，全體民眾，也應該一樣信賴日本，彼此以誠意相結合，把勇氣與毅力不斷的使用出來，以期分擔這重大的責任，完成這重大的使命。

自從中日基本關係條約締結以後，一般民衆所憂慮的，不過是，日本一方面雖然與國民政府締結了和平條約，一方面仍然與重慶繼續戰爭，在這種狀態之下，國民政府在政治上、經濟上、軍事上、文化上一切建設都未免受有牽掣，國家的權力，未必能充分行使，民衆的痛苦，未必能充分解除。這誠然的，全面和平沒有實現，許多事情都不能做，然而這只是相對的，不是絕對的。此次近衛總理大臣和我聯名發表的共同宣言，即係明白指出在戰爭繼續期間，日本仍然願意於可能範圍內，予國民政府以極大的援助，俾其在政治、經濟、軍事、文化各方面，得以發揮其權能。這個原則確定之後，各種具體問題也得到適當的解決了。加以建設借款三萬萬元亦已成立，將來工商業的恢復，民生的休養生息，都已得到憑藉，我想以後的同胞，於流離顛沛之餘，聽到這些消息，必都已得到一點安慰罷。如今清鄉委員會已開始做清鄉的工作了，治安確立是第一著，治安確立之後，改善人民經濟生活，便是第二著了，我今年元旦所敬告於全國同胞的兩件大事，可以坐言起行了。不過我還有一句話要聲明，若要全體民衆都能夠得到和平幸福，仍然要在全面和平之後，如果全面和平一日沒有實現，不但在重慶方面壓迫下的民衆痛苦不堪，死亡無日，即在國民政府領域內的民衆，也必然直接受到痛苦。例如米貴，重慶方面的慘淡不能具述，數月前福州每一擔米要五百多元，人民不堪飢餓投河自盡者，每日十數起至數十起，即此一處，可概其餘，而在國民政府領域內的民衆，也就不免因人民生產力的減退，運輸的困難，以及其他的原因而忍受著痛苦。所以我們今天一方面固然先要於國民政府領域內，確立治安，改善人民經濟生活，俾民衆得以稍稍解除痛苦，一方面仍然要喚起在重慶方面壓迫下的民衆，一致起來，參加和平，俾全體民衆，早日脫離痛苦，建設共存共榮的東亞新秩序的工作。

還有一層，要鄭重的爲國民告，德義兩國已於今日正式承認國民政府了，跟著正式承認的，還有六七個國家，這是國民政府在國際上已得到信任之明徵。這許多友邦對於國民政府之外交方針，一致明瞭，知道中日基本關係條約之精神，知道中日滿共同宣言之精神，知道中日滿要結成軸心以保衛東亞，知道中日滿軸心結成之後，必能以友好精神與這許多友邦講信修睦，以共同貢獻於世界之和平。國民政府還都以來，所標舉的外交方針，至此已得到國際之信任，而互相結成友好關係了。在這時候，重慶方面，忽然又發國際民主陣線的呼聲。這些呼聲當德蘇締結不侵犯條約之時，不是已銷聲滅跡了麼，如今於德國責蘇聯失信予以進攻之後，這呼聲又發出來了，這不只是滑稽，而又可憐。各位同胞，須認識清楚，當此國際形勢複雜變動之際，我們除了結成軸心應付一切之外，再沒有第二條出路。各位同胞，自從盧溝橋事變以來，共產黨與經濟侵略主義的走狗互相勾結，發出依賴蘇聯依賴英美的口調，將中國一誤再誤，誤至這步田地，斷斷乎不可再誤了。

今日是國民政府成立的紀念日，七日以後，是盧溝橋事變紀念日，我想著爲政不在多言的古訓，打算不再說什麼，綜括一句，我們紀念國父逝世後繼續遺志，在廣州創造起來的國民政府，便應該身體力行國父生平最後一次大亞洲主義的演講，樹立中日關係，共同奠定東亞永久和平，使盧溝橋事件永遠不再發生，我們並應該體念著這兩個紀念日連續而來之時，正是國際形勢複雜變化之時，也就是國民政府還都以來，國內政治得到進一步發展國際地位得到進一步鞏固之時，我們應該同心協力向前猛進，不要失了時機。第一，我們必須知道日本曾經以誠意援助國民政府使之成立，今再以誠意援助國民政府使之強化，我們應該體會日本的誠意是出於愛東亞愛日本愛中國，盼望我們早日達到全面和平，共同擔負建設共存共榮之東亞新秩序，我們應該以誠意答誠意，遇事和衷，遇事協力，以求此共同目的之達到，共同使命之完成。第二，我們必須知道所謂強化國民政府，其根本仍然在我們自己努力，所謂惟自助者乃能得人之助。自從還都以來，我們究竟爲和平反共建國盡了多少力呢？我個人應該首先檢討自己，責備自己，我覺得我自己，還是沒有能夠認眞的盡力，這是我所應該首先鞭策自己的。今日以後要自強，先從中央做起，以次及於地方，先從政務官做起，以次及於事務官。國民政府是整個的，中央政府，譬如首腦，地方譬如肢體，如果分割便是頭足異處肢幹不全了。國民政府爲什麼要強化呢？其意義要使之強有力，能將和平基礎樹立起來，逐步拓展，以達到全面和平。然則強化國民政府不是國民政府自私自利的動機，而是爲能更負責任更迅速的完成使命起見，如此則中央與地方應如身使臂，如臂使指，完成其爲整個的體制，方纔於強化之目的無悖。中央對地方應盡其領導的責任，地方對中央應盡其服從之義務，同時中央應該處處體恤地方，地方應該處處維護中央，努力使國民政府強化，即是努力使全面和平早日實現。至於政務官與事務官，同爲國民政府之官吏，服務的精神是一樣的，不過服務上的注意點，有些不同便了，政務官重在決定政策，事務官重在能使決定了的政策有條不紊的一一實現。政策的方針不對，是政務官的責任，政策的施行不力，是事務官的責任，但是政務官對於事務官有指揮督率的權，如果施行政策不力，政務官也不能辭其責的，政務官自以爲決定政策有特別的尊嚴，因之卑視事務官的專門本事，固然不對，事務官仗著專門本事施展手段，使決定了的政策，成爲空洞的原則，甚至於變了質，則事務官不惟無以對上官，並無以對國家，一切決定了的政策往往不能推行，甚至於得相反的結果，其原因多在於此。以上所說中央與地方之關係，政務官與事務官之關係，本來是極平凡的常識，但是還都以來，覺得這些關係，還有些未臻妥善之處，爲強化國民政府計，不能不先由兄弟自己申儆以及於我全體的同僚。

最後對國民政府領域內之民衆，有一句話，望你們同心協力，先樹立一個和平的基礎，然後一步步的拓展起來。再對在重慶壓迫下的民衆說一句話，你們的觀望徘徊，只有使中國的國力民力再消耗下去以至於盡，你們應該立刻起來，參加和平反共建國運動，使全面和平早日實現。

（三十年七月一日）

（錄自《汪主席和平建國言論集》）

國家圖書館出版品預行編目資料

近代中日關係研究 第二輯：汪精衛降日秘檔 / 影佐禎昭 著 / 陳鵬仁 譯. -- 初版. -- 臺北市：蘭臺出版社, 2022.11
冊； 公分-- (近近代中日關係研究第二輯；4)
ISBN 978-626-95091-9-5(全套：精裝)

1.CST: 中日關係 2.CST: 外交史

643.1 111011488

近代中日關係研究第二輯 4

汪精衛降日秘檔

作　　者：影佐禎昭
譯　　者：陳鵬仁
主　　編：張加君
編　　輯：沈彥伶
美　　編：淩玉琳、陳勁宏、塗宇樵
校　　對：楊容容、古佳雯
封面設計：陳勁宏
出　　版：蘭臺出版社
地　　址：臺北市中正區重慶南路1段121號8樓之14
電　　話：(02) 2331-1675 或 (02) 2331-1691
傳　　真：(02) 2382-6225
E - MAIL ：books5w@gmail.com或books5w@yahoo.com.tw
網路書店：http://5w.com.tw/
https://www.pcstore.com.tw/yesbooks/
https://shopee.tw/books5w
博客來網路書店、博客思網路書店
三民書局、金石堂書店
經　　銷：聯合發行股份有限公司
電　　話：(02) 2917-8022　　傳真：(02) 2915-7212
劃撥戶名：蘭臺出版社　　帳號：18995335
香港代理：香港聯合零售有限公司
電　　話：(852) 2150-2100　　傳真：(852) 2356-0735
出版日期：2022年11月 初版
定　　價：新臺幣12000元整（精裝，套書不零售）
ISBN：978-626-95091-9-5